● 現状と展望

SOCIAL
COGNITION:
NOW AND
BEYOND

唐沢かおり 編
KAORI KARASAWA

社会的認知

ナカニシヤ出版

まえがき

　私たちは，自分や他者，さまざまな社会的出来事について，絶え間なく押し寄せる情報の中で生きている。意識的に，また暗黙に頭の中に取り込んだ情報に基づき，感じ，考え，行動するという日常の営みこそが，私たち一人ひとりの有り様を決め，「社会の中で生きる」ことを形作っている。したがって，「社会の中で生きる」ことについて考えるためには，心の中に描き出される社会がどのようなものなのか，また，社会について感じ，考え，行動することに関わる心の仕組みを知る必要がある。社会的認知は，まさにこの問題に取り組んできたわけだが，実験や調査を通して学術的な知見を提出することにとどまるのではなく，「人のあり方と社会的な心の関係」にまで，考察をつなげていく貢献も期待されるだろう。

　この期待に応えるためには，「社会を描く心の特性」に関する緻密な理解と，その特性が社会の中での多彩な相互作用，さらには社会そのもののあり方とどう関わるのかを明らかにする必要がある。社会的認知領域の見取り図と今後の展開が各章で語られているが，それぞれの議論が，単に個別領域の研究成果の列記にとどまることなく，社会的な心がどのようなものなのかを考える手がかりを提示することが求められる。編集にあたって，著者の先生方には，この点も踏まえた執筆をお願いしていた。社会における個人内の情報処理過程に焦点を当てた，いわば社会的認知のコアとも言える話題で構成された章はもちろんのこと，他の研究分野との接点での動向，また，方法論的な話題にも及ぶ章はいずれも，このような編者の願いに応じていただいた内容になっている。

　社会的な心のあり方を情報処理的視点から探求するアプローチにおいて，他分野との接点で生まれる知見も含みながら，社会生活の中で作動している心の働きと「社会の中で生きること」との関わりを考える営みが途切れることはない。社会的認知に関心をもつ社会心理学者だけではなく，「人と社会」の関係について関心をもつ，さまざまな分野の研究に携わる人たちにとって，また，社会の中での生活者としての一人ひとりにとって，本書での議論が有意義なものになれば幸いである。

　さて，このまえがきを書いているのは，2020 年 9 月初旬であり，この何ヶ月か，世界を苦しめているコロナ禍についても触れないわけにはいかないだろう。現段階で，これがいつごろ，どのような形で収束するのか，その見通しはない。海外にいる友人とのメールの最後には，いつも「早く，お互いに訪問しあえる日が来るように祈っています」という言葉が添えられるが，そのようなときがいつ来るのかわかならい。

　非常事態というものは，私たち人間の姿を残酷な形であらわにする。その中にあって，私たちが「ありのままに」「正しく」社会を理解しているのではないという，社会的認知の基本的なメッセージのもつ意味は大きい。その時々の感情や動機により，取り入れる情報が偏り，記憶が変容し，ゆがんだ推論が行われる一方，私たちはそのことには気がつかず，自分が「間違っている」とも思うことなく，生活している。これが私たちの普通の姿であるのだけれど，そうであってもうまくやっている日常があった。しかし，命をめぐる危機という圧力がかかるとき，このような私たちの心のあり方が，偏見，コミュニティの分断，情報の錯綜ゆえの混乱を招くことを，改めて学ぶことになった。この状況の中，社会心理学，そして社会的認知が，何を見出だし，語るのかが問われているが，本書に記された言葉のいずれかが，その問いを深めることにつながるのであれば，嬉しく思う。

　本書を編むことになったきっかけは，ナカニシヤ出版の宍倉さんからのお声がけであった。社会的認知に関する本を，というお話を最初にいただいたときから，かなりの時間が過ぎてしまったが，ようやく形にすることができた。早々に原稿をいただいた執筆者の方々をお待たせすることにもなり，申し訳なく思っている。私事であるが，私の卒論は，当時の社会的認知研究の主要な話題の一つである，対人記憶に関するものであった。社会的認知との付き合いは，相当長いのであるが，このたび，本書の編纂を通して，改めてこの領域の identity（正体）を問い直す機会を得ることができた。心より感謝申し上げたい。

2020 年 9 月
唐沢かおり

目　　次

第1章

社会的認知とは

唐沢かおり

　社会的認知という領域が社会心理学の中に生まれてからこれまでの間，さまざまな
テーマが開拓され，数多くの知見が重ねられてきた。では，改めて，それらを俯瞰し
たとき，社会的認知とは，どのような研究領域であると位置づけることができるのだ
ろうか。またその貢献と未来に向けた展開の方向性をどこに見出すことができるのだ
ろうか。本章では，対象としてきた研究テーマの背後にある問題設定の構造，領域が
成立した経緯や研究の歴史，提出された主要な概念や人間観などを確認しながら，社
会的認知が何を明らかにしようとしてきたかを考える。加えて，社会心理学全体に与
えた影響についても検討し，その本質や功罪についても考察する。これらの議論を通
して，科学知，実践知（応用知），人文知として社会的認知のこれまでの貢献と，これ
からの可能性について，理解を深めたい。

1. はじめに

　社会的認知とはどのような領域なのだろうか。社会心理学の中の一領域として見る
のであれば，認知心理学の概念や研究方法を導入したうえで，個人が行う社会的情報
処理過程に焦点を当てた研究から構成される領域ということになる。個人の心的過程
というミクロな現象から，集団や文化というマクロ現象までカバーする社会心理学の
中では，「ミクロ側」に属すると見なされているかもしれない。社会心理学の教科書の
多くで前半に記載されているような，対人認知，原因帰属，自己，社会的推論，態度
などの分野が，典型的なトピックと言えるだろう。これらは，いずれも私たちが得た
情報を，いかに記憶し，理解し，表象の形成や判断，さらには行動に至るのかという
問題を扱っている。したがって，情報処理過程についてのモデル構築や，その過程が
生み出した表象や判断の特性を明らかにすることが，直接の研究目的となっている。
　もっとも，社会的認知が，社会的な情報処理という，個人の内的な過程の記述のみ
に焦点化しているわけではないこともまた，そのとおりだ。社会的な場面における私

たちの社会理解のあり方とその規定要因を解明するというミッションのもと，多様な行動の基盤として社会的認知を位置づけたうえで，個人の情報処理が対人関係や集団内で展開される諸過程，さらには規範や文化の形成と維持に，どのよう関わるかを考察することで，心の社会性も論じようとしているのである。

　このような志向性は，先に挙げた典型的な分野における，主要な実験論文の序論や考察の中においても，しばしば見出すことができ，さらには，社会的認知についてのまとまった論説（レビュー論文や，書物）で，繰り返し指摘されてきたことでもある。そもそも，社会的な行動自体が，社会理解の過程なくしてはありえないわけだから，対人関係やグループ・ダイナミックスなど，「狭い意味での社会的認知以外の領域」が扱う諸現象に関わる議論であっても，必然的に，個人の心的過程に言及せざるをえない。認知，感情，動機，態度といった心的過程が，社会的行動やひいては規範や文化という現象につながっていくさま，また規範や文化などのマクロ構造が，個々人の心的過程を規定するさまを明らかにすることは，社会心理学のどの領域でも，重要な研究目的となる。その意味において，社会的認知過程は，暗黙に社会心理学の各領域における研究の中に，埋め込まれていることになる。

　したがって，控えめに言っても，社会的認知が提供する知見は，「社会行動の認知的基盤」という観点から，多様な社会心理学の研究テーマにも影響を及ぼしてきたと言えるだろう。社会心理学が，個人の心のはたらきという観点から諸現象にアプローチするという点において「心理学」である以上，認知や感情，動機などの内的な心的メカニズムが議論の基盤となるのだから，それらを明らかにしようとするのであれば，「社会的認知」という考え方自体が，社会心理学全体に通底する，一つの方法論として位置づけられるものとなる。

　とは言え，社会的認知の役割を，このような表現のもとに評価したうえで，あたかもそこが安住の地であるかのように思い込むのは，決して賢明なことではない。神経科学的な知見の蓄積や，複雑化する社会問題に対して，応用的・学際的な知見を求められるという近年の学術動向は，目覚ましい展開を見せている。その中にあって，これまでの成果を確認しつつ，新たな研究課題や論点を明確にし，近隣領域との連携可能性を探ることは，すべての心理学に関わる研究領域の課題であり，社会的認知も，その例外ではない。

　本書は，このような問題認識のうえで編まれたものである。社会的認知のこれまでの貢献と現状の課題を明確にしたうえで，他分野との接点で展開されている研究にも目を向け，将来の可能性を考えることを目的としている。また，そのことを通して，人の社会性や，人と社会との関係を「心的過程」の観点から論ずる「科学知」としての意義，ひいてはその成果を人に対する洞察につなげる「人文知」，さらには環境，制

度設計に生かす「実践知（応用知）」としての可能性などについても，考察を深めたいと考えている。

　以下の各章では，これらを目指しての議論が展開される。それに先立ち，この章では，社会的認知研究が展開してきた歴史的な経緯やその過程でなされてきた自己定義を振り返ることで，社会的認知とは何かについての理解を共有しておこう。

2. 目的とテーマの構造

　社会的認知が何であるかを理解するためには，まずは社会心理学の一領域としての社会的認知が行ってきた研究に着目し，その全体を貫く目的や研究テーマを形作る構造を把握すること，およびこれまでの研究の推移を知ることが有用だろう。本節では，これらについて整理しておこう。

　先に社会的認知は「社会的な情報処理過程」を扱うと述べたが，この表現には，社会的な存在に関わる情報処理過程と，社会的な場面における情報処理過程の二つの意味が込められている。社会的な存在については，自分や他者，集団や社会的な出来事など，認知対象となるターゲットの観点から研究が蓄積され，自己，対人認知，ステレオタイプ・偏見，社会的な推論などの分野が形成されている。一方，社会的な場面については，社会的状況の特性がもたらす情報処理過程の変容が問題となる。具体的な場面ごとというよりも，状況の特性が処理過程に与える影響の観点から着目すべき状況要因を同定し，それらを含めたモデルを構築することが行われている。いずれにしても，ここでは，社会的認知研究が，認知対象と，認知が生じる場面の特性の両者を重視し，検討を行ってきたことを確認しておく。

　そのうえで指摘しておきたいのは，社会的対象に対する，また社会的な場面で喚起される「認知」のみならず，「感情」や「動機」も大きな役割をもち，社会的な行動につながっていく点に着目していることだ。社会的な対象は，私たちとの関係性の中で，さまざまな感情や動機を喚起するし，他者とともにいるというだけでも（同じ場にいなくても，その存在を意識することも含めて），さまざまな感情や動機が心の中に生まれてくる。社会的な行動は，認知とこれら感情や動機との相互影響過程により，多彩に展開していく。

　また，加えて指摘すべき重要なポイントとして，たとえ個人内の情報処理過程を扱っていたとしても，個人が「社会」の中に置かれているがゆえに生じる過程，ひいては個人と社会の関係を論じることに研究の関心が向けられる点が挙げられる。個々の実証的な研究は，限られた変数のみしか対象にできないので，社会という概念に含まれる多くのものを切り捨てて，個人の情報処理過程の特定の部分に焦点を当てて進

めるしかない。他者との相互作用や集団のダイナミックスにより生じる諸現象は，ここでいったん，個人の処理過程に還元されることになる。しかし，他者とともにあることから生じる「認知，感情・動機，行動の複雑なダイナミックス」を前提とし，その一部分でも明らかにするというパースペクティブこそが，社会的認知の根幹をなす。そのうえで，他の研究知見との関連も踏まえて，「このような処理過程が私たちの心に存在する意義」を語ろうとする。そうであるからこそ，社会的認知を，認知過程の解明を通して「心の社会性」にアプローチしようとする領域だと表現することもできるのである。

　では，実際に研究を行う際の問題設定はどのように構成されているのだろうか，その構造を確認しておこう。典型的な問題設定は，情報処理の対象と処理過程の特性のマトリックスで構成される形をとる。対象という軸からみれば，先に述べたように，社会的な存在である自己，他者（対人認知），集団（ステレオタイプや偏見），社会的な出来事（原因の推論や態度）が主たるものとして挙げられる。また，処理過程という軸であれば，注意，情報の解釈，記憶，推論の諸過程や，そこでの動機や感情との相互影響過程，情報処理の2過程性（自動的処理と統制的処理）などが主要な論点になる。多くの実証的な研究は，たとえば，「対人認知における統制的処理の阻害要因の検討」というように，これらの組み合わせから生まれる問いにより進められる。

　このような構造を踏まえると，研究知見を理解するためには，特定の対象に関わる特徴という観点と，特定の処理過程の特性という観点の両者から見ていくことが必要だということになる。これら2軸で構成されたマトリックス内に，さまざまな知見が納められており，それらが有機的につながっているありさまを把握することが，社会的認知という領域総体を理解することにつながる。

3. 認知革命と社会的認知

　前節で，心の社会性という視座や，認知のみならず感情や動機への着目について触れたが，これらはもちろん，社会的認知が「認知」過程を重視することと矛盾するわけではなく，密接に関係している。認知過程に焦点を当てる手法が導入され，一つの研究領域として確立したことは，社会心理学の方向を決めるうえでも重要なことであった。この点について理解を深めるために，社会的認知研究という領域が生まれた歴史的経緯を参照しながら，意義を論じておこう。

[1] 認知革命の意義
　社会的認知という領域が成立した背景として，しばしば言及されるのは「認知革命

(cognitive revolution)」だ。認知革命は，人工知能や計算機科学といった，1960年代頃より新たに生まれた学問アプローチの影響を受け，今日の認知科学の創出につながった動きである。ともすればそれまで行動主義の影響でブラックボックス化されていた「心」について，認知を中心とする機能に焦点を当てて検討する潮流を生み出し，認知心理学という領域の確立と隆盛をもたらした。

　もちろん，それまでの心理学が，認知的なことにまったく関心を払ってこなかったわけではない。たとえば記憶は，記憶術という観点から，西洋古典の修辞学の伝統の中で，古代ギリシャでも論じられていた話題ということもあり，記憶の容量やスパン，忘却曲線などの例にみられるように，かなり以前から研究の対象となっていた（Ebbinghaus, 1885; Miller, 1956など）。

　では，認知革命が心理学，とりわけ認知に関する考え方や心理学者の問題意識に「革命」をもたらしたのはどの点にあったのだろうか。この点についてブルーナー（Bruner, 1990）は，記憶や推論に関わる現象の記述を超えて，私たちの心が世界をどのように意味づけるのか（meaning-making）に大きな関心をよせたこと，また，意味づけの過程とさまざまな行動との関連の仕方，さらには，そこに関与する要因を明らかにすることが心理学の課題である点が，共有認識として認められたことを指摘している。認知過程に関わるメカニズムを統合的にモデル化することの意義は，処理過程の解明にとどまるものではなく，世界を理解する主体としての人間像を描くことにつながるが，これが心理学の仕事の根幹となるという認識が獲得されたのである。

[2] 社会心理学への影響

　このような動向は，社会心理学にも大きな影響を与えた。もとより社会心理学は，対人認知や態度研究の例を挙げるまでもなく，行動主義が全盛の時代にあっても認知的であったと言われている（Fiske & Taylor, 1984）。

　たとえば，アッシュ（Asch, 1946）の印象形成研究は，全体的な印象（Gestalt）が個別の情報の解釈に与える影響過程を論じている。この研究は，多くの教科書で，また，社会心理学の概論レベルの授業でも，しばしば言及される古典的なものである。その意義について，ギルバート（Gilbert, 1998）[1]は，印象形成研究としての価値を超え，認知革命以前において，認知を重視していたという点から評価されてしかるべきだと論じている。つまり，外的環境が提供した情報（たとえば特性形容詞という情報）を超えて，私たちが，環境（この場合は，理解すべき他者）を解釈し意味づける「主体」として行っている認知活動（Gestaltの形成）を提起した点に，意義を認めるべきだと

1　ハイダーに対しても同様の評価を与えており，対人認知の祖として両者を並列的に論じている。

いうのである。研究の動向を一連の歴史的な流れとしてみるなら，アッシュの研究は，認知革命の問題意識を先んじて獲得しており，次に述べる認知的な社会心理学研究への道を開いたものとして意味づけることができるのかもしれない。そうであるなら，対人認知が初期の社会的認知研究の中心であったことも，この流れの延長として理解することができるだろう。

　さて，アッシュの研究を上記のように評価したうえで，それ以降の研究を振り返ると，認知的不協和理論や，自己知覚理論などにみられる態度と行動の非一貫性の認知，自分の行動理由の推論など，一連の古典的な態度研究の役割が注目に値する。いずれも，態度形成の過程が，その後の，認知，感情，行動につながるという主張を展開して「情報を意味づける過程」を強調した研究であり，1950年代から70年代にかけて行われたものだ。この時期は，社会心理学が，心理学の中でも固有の位置づけをもつ，いわば一つのディシプリンとして確立したときであり，対人関係や集団内過程，グループ・ダイナミックスなどでも，重要な知見が提出されている。この時期に，態度に焦点を当てた認知的な研究が，社会心理学の主流の一つであったことは，アッシュからつながる問題意識が，社会的認知の成立につながるための，歴史的背景要因であったと言えるだろう。

　つまり，認知革命からの影響を受ける以前の，1950-70年代初期の研究において，社会的な存在としての人間が，社会理解なしには成立しえないという，今から思うと当たり前の認識のもとに研究が進められてきたのである。そうであるからこそ社会心理学は，認知革命を社会的認知という領域に吸収することに成功した。その結果，既存の研究分野である，自己，対人認知，対集団認知（偏見・ステレオタイプ），原因帰属などの分野で，過去の蓄積を元に，認知過程に焦点を当てた成果を生み出し，社会的認知という領域が急速に成立したのである。これらの分野を中心に，認知心理学が生み出した研究手法を取り入れて，注意，記憶，推論といった認知過程を従属変数とした研究が，1970年代から80年代にかけ，数多く行われたが，これらが社会的認知初期を形作っているのである。

［3］意味づけ過程への科学的アプローチ

　先に，ブルーナーが「心が世界を意味づける」と述べたことに言及したが，これは，まさに，オルポート，アッシュやハイダーなど，社会心理学の源流に位置づけられる研究者の考えていたことと同じである。自己，他者，集団，また出来事などの社会的な存在は，個人の特性や置かれている環境，また関連する情報の提示のされ方により，どのように意味づけられるかが変わり，それが，社会的な行動のバリエーションへとつながる。また，そのバリエーションは，自己制御，人間関係，集団間関係などを介

して，不適応，不調和な関係，集団間の対立，排斥，ジェノサイドのような，社会問題とも関わる。意味づけの過程への関心は，社会全体が問題意識を共有する現象の理解を目指すこととも不可分な関係にある。

　ただし，社会的認知以前の研究は，心的過程を，いかに科学的に把握するのかという問題を抱えていた。行動主義が観察可能な行動のみに焦点を当てたのもまさに，この問題ゆえのことであり，自らの認知過程を振り返るような内観に基づく議論は，妥当だとは認められていなかった。心的過程を記述する議論を行っていたとしても，方法論的な問題ゆえに，主張したいことについて実証的な知見の裏づけを得られず，考察でその可能性を述べるにとどまったのである（Gilbert, 1998）。

　一方，認知革命以降，その時代精神とも言うべきコンピューター・アナロジーを用いた機能主義的な議論が，認知心理学者，科学哲学者から提出されたことや，測定手法が洗練されたことが，このような懸念を（一定程度）払拭した。心的過程を「入力された情報を，あるアウトプットに変換する機能」と見なすことは，心を（主に言語情報による）表象と情報の変換（計算）からなる統語論的な機関として位置づけることを意味する。このような心の概念化により，ブラックボックス化されていた心に対して機能的にアプローチすることが，科学的方法論として正当化されることになったのである。

　なお，このような背景については，社会的認知という枠組みの中ではあまり議論されていなかったが，ナイサー（Neisser, 1967）など認知心理学者が認知心理学という領域を定義したことの影響，さらにはデネット（Dennett, 1987, 1996）など，哲学領域でも認知革命を支援した議論の貢献があったことにも留意しておく必要があるだろう。

　加えて，コンピューターが実験場面に導入され，反応時間をはじめとする測定手法の開発も進み，認知過程そのものに踏み込んだ測定が可能になったことも，このような動向を支えることになった。質問紙への回答や，実験室という場での行動以外にも，さまざまな従属変数を駆使して検討することで，社会理解の過程を科学的に解明できる道筋がついたことも，社会的認知研究の隆盛を後押ししたのである。

　では，そこにおける具体的な問題意識の展開はどのようなものだったのだろうか。次の節では，その点について見ていこう。

4. 問題意識の展開：キーワードと人間観を軸として

　社会的認知という研究領域は，社会的行動の基盤となる意味づけの過程に対する研究関心を軸に展開してきたが，領域としての立ち位置を自ら構築していくなかで，どのような問題意識や批判を抱え，また克服してきたのだろうか。この点を論ずるに当

たって，本節では，社会的認知研究の歴史の中で着目されてきた主要な概念と提出されてきた人間観（Fiske & Taylor, 1984, 2013）の両者に焦点を当てる。これにより，研究テーマの推移やそれぞれの特徴，さらには，社会的認知研究者の問題意識の変遷を見ていくこととする。

［1］スキーマと認知的倹約家

　初期の社会的認知研究を読み解くキーワードは「スキーマ（schema）」である。この概念は，現在の研究ではあまり言及されることがないように思えるのだが，1970 年代から 80 年代の研究の多くは，スキーマが情報処理に与える影響に着目していた。とりわけ盛んに論じられたのが，スキーマに確証的な（confirmatory）情報処理バイアスであり，自己，他者，集団などを対象に，さまざまな観点からの研究が進められた。

　スキーマは，いったん形成された個人の印象，ステレオタイプやプロトタイプ，スクリプトなど，体制化された知識構造を指す。ただし，単なる知識の集約にとどまるのではなく，対象に対する情報処理に影響を与えるダイナミックな機能が付与された概念であることが大きな特徴だ。いったん獲得されると，それに合致する方向へと，関連する情報の記憶や解釈が方向づけられ，反事例に接しても変化しにくくなる。たとえば，外向的な人が内向的な行動をすると，性格ではなく状況要因に原因を帰属することで，外向的という印象が変化しなかったり（Kulik, 1983），高齢者ステレオタイプに反する人物情報を得ても，その事例がサブカテゴリー化されることで，ステレオタイプそのものは維持されたりするなどである（Brewer, Dull, & Lui, 1981）。

　これは，情報処理バイアスである。しかし，このバイアスには，適応的な側面があることもまた強調されてきたところだ。スキーマに確証的な情報処理は，既存の知識を活用した情報処理でもある。膨大な社会的情報の処理を必要とする日常において，入力された情報を一つひとつ丁寧に吟味している余裕はない。すでに知っていることをうまく用いて，外界に関する新たな知識を既存の知識に同化させていくことは，情報処理の負担をミニマムに抑えつつ，おおむね妥当な判断を行うという要求に応えるという点で，効率的で合理的なものだ。つまり，スキーマの使用により，私たちは認知資源を節約しながら，社会の表象を心の中に構築し生活しているという点において，スキーマ・ユーザーであると同時に，認知的倹約家（cognitive miser）なのである。

［2］動機と動機づけられた戦略家

　認知的倹約家という人間観は，認知構造としてのスキーマの役割に着目したものである。一方，それを踏まえて，次に提示された人間観である「動機づけられた戦略家」

は，動機や感情という要因に研究の関心が拡大していくなかで出てきたものだ。そこに至る経緯には，社会的認知の関心や方法論への批判も含まれているので，まずは，その点を見ていこう。

1）冷たい認知研究という批判　先ほど述べたように，初期の社会的認知研究は，スキーマがもたらす認知バイアスに着目してきた。いったんスキーマが獲得されると，以降は，新たに得た情報をそれに同化させる方向で処理が進められるというのが，基本的な知見のかたちである。このような知見には，社会心理学が古くから関心を寄せてきた，第一印象やステレオタイプの変化しにくさ，また，認知的な一貫性の維持という現象を，その背後にある認知的メカニズムの点から改めて検討したという意義もあり，多くの研究者の関心を引くことになった。

さて，このことを検討する研究の典型的な手法は，実験参加者に対して，ターゲットとなる人物や集団に関する記述を紙媒体やパソコン上で与え（それによりスキーマを獲得させる），その後の情報の記憶や解釈を測定するというものだ。必然的に，実験場面では，他者との現実の相互作用という要素は排除されるし，対人関係や集団のダイナミックスなどではなく，記憶や推論といった個人内の認知過程に焦点が当たる。また，実験的統制のために，実在ではなく仮想的な人物や集団が対象として用いられることも多い。これらの研究方法上の特徴ゆえに，社会的認知研究は，「社会的ではない，冷たい認知研究」であるという批判を受けることになった。実在しない他者や集団に対する記憶や判断を，実験室という現実から切り離された場面において検討しているので，現実社会で他者との間に生まれるさまざまな動機や感情という，いわば「ホットな」要因が無視されていると言うのである。

このような批判に対する応答としては，ザイアンス（Zajonc, 1998）が"Handbook of Social Psychology"に執筆した章を参照するのがよいだろう。これまでの研究動向を振り返り，社会的認知研究が，動機や感情の影響にも着目した研究を意欲的に進めてきた状況を紹介したものとなっている。スキーマ的な処理に着目した研究は，確かに，推論や記憶などから構成される認知モデルの構築へと進んだが，一方では，社会的場面であることゆえに生じるさまざまな動機（自己高揚，態度の妥当性確認など）の役割や，ムードが他者に対する情報処理に与える影響などの研究も，社会的認知の確立からさほど時間をおかずして，実は行われていたことが見てとれる。

実際，自己，他者，他集団などの社会的対象に対する意味づけを扱おうとするなら，動機や感情が果たす役割を扱うことが不可欠だ。動機や感情により，意味づけが変わってくることは，社会的認知研究を待たずとも，日常的な経験からも実感することだし，私たちが「見たいものを見てしまう」存在だとか，幸福なときにはさまざまなものがバラ色に見えるというようなことは，いわば常識的に多くの人が知っている。動

機や感情も，スキーマと同様，情報処理を「ゆがめる」可能性をもち，そのありよう
を，精緻に解明することを目指す研究もまた，社会的認知のなかで進められてきたので
ある。

　　2) 情報処理のモードを変える役割への着目　　　ただ，ここで研究史的に重要なのは，
単に情報処理をゆがめる存在として，動機や感情が扱われたのではないということだ。
動機や感情は，それらと一貫する判断バイアスをもたらすような，よく考えるという
過程を経ることのない処理をつねに促進するのではなく，より精緻で入念な処理を促
進する方向へと，情報処理のモードを変えることがある。では，情報処理モードを変
えるとは，どのようなことなのだろうか。以下では「動機づけられた戦略家」という
文言に沿い，動機に焦点を当てて解説し，そこで表現されている人間観を見ていこう[2]。

　私たちの情報処理は，大きく分けると，すばやく生起する自動的な処理と，より入
念な統制的処理の2段階からなる。詳細は第6章「自動的処理と統制的処理」で論じ
られているので，ここでは簡潔な解説にとどめるが，スキーマを用いた処理は，前者
の自動的処理に近く，低い認知負荷で素早く効率のよい情報処理を行うことができる。
しかし，つねにそのような処理ばかりでは，社会生活の要請に応えることができない。
なるべく正しい判断を行うことが要求される場面もあるだろう。そのようなときには，
認知資源を用いて情報の内容を吟味し，精緻で入念な処理を目指すことも行われる。

　つまり，私たちは正しい判断を得ることへの動機が存在するときには（そして，そ
れを許す認知資源を持っているのであれば），少ない認知資源で素早く効率的な処理
を行う認知的倹約家から脱却し，与えられた情報を入念に処理するというモードに移
行するのである。

　このことを典型的に示している研究領域が，対人認知におけるカテゴリー情報の利
用に関するものだ。第2章「対人認知」や第3章「ステレオタイプ」また，第6章「自
動的処理と統制的処理」でも触れられているが，対人認知の情報処理過程では，ター
ゲットとなる人物の所属する集団を手がかりにした，ステレオタイプ的判断がなされ
がちである。このような処理は，ステレオタイプ的知識というスキーマを適用し，少
ない認知資源で効率よく他者像を把握することに資するが，ターゲット個人に固有の
特性は見逃されてしまう。しかし，もしも他者のことを正しく知りたいという動機が
高ければ，個人に固有の情報に注意を向け，それらを入念に処理しようとする（たと
えば Fiske & Neuberg, 1990 を参照のこと）。

　同じような情報処理の切り替えを想定したモデルは，説得研究でも提出されている。
ペティとカシオッポ（Petty & Cacioppo, 1990）の精緻化見込みモデル（elaboration

---

[2]　感情もまた，情報処理モードを変えるし，そのあり方は，感情の適応的機能と結びついていること
　も論じられている。この点については，第5章「認知と感情・動機」を参照していただきたい）。

likelihood model）は，説得的メッセージが提示されたときの態度変化に関するものだが，自分にとって重要な話題のときには，メッセージに注意を払い，精緻なメッセージ処理を行う一方（中心ルートと呼ばれる），そうでなければ，送り手の信憑性など，周辺的な手がかりに依存し，認知資源を用いない処理（周辺ルートと呼ばれる）が行われる。

　動機づけられた戦略家という表現は，これらの例のように，必要なときのみ，認知資源を振り向けるという適応的な方略により，社会的な情報の多様性や複雑さに対応している私たちの姿を表現したものなのである。

［3］　自動的処理と駆動される行為者

　情報処理を自動的処理と統制的処理という 2 過程の観点から論ずることは，社会的認知に限らず，認知過程に焦点を当てた心理学研究一般のトレンドとして 1990 年代には盛んに行われるようになった[3]。そのなかで，私たちが日常的に行っている社会的な判断，また社会的な行動が，自動的な過程に基盤をもつことも多くの研究者の関心を引くこととなった。

　この点について，とくに多くの研究が重ねられた分野として，ステレオタイプ的な知識の活性化を挙げることができる。ステレオタイプは，差別や偏見という社会的な課題とも関連する古典的なテーマでもある。ステレオタイプ活性という自動的な処理の役割に関する知見は，たとえ偏見や差別は良くないとわかっていても，非意識的・自動的に活性化された知識の影響により，差別的な判断や行動をとってしまう可能性を示唆することになる。これは，平等主義的な価値観が獲得されたと思われる現代社会においても，差別や偏見が根強く残ることについて，情報処理のあり方という側面からの回答を与えるものとして着目されたし，それに関連して，活性化の不可避性や抑制可能性について，さまざまな実験操作の効果を参照しながら議論が交わされた。

　なお，自動的な処理過程についての研究が盛んになった背景として，研究手法の洗練化も重要だろう。高性能のパソコンが安価で購入できるようになり，刺激の提示時間をミリセカンド単位で統制する実験も，少しプログラミングを勉強すれば学部生でもできるようになった。また IAT（implicit association test）のような手法も開発され（Greenwald & Banaji, 1995），自分の意思では統制が困難な反応の実態や規定要因の解明がやりやすくもなった（IAT という手法の詳細，およびステレオタイプ活性については第 6 章「自動的処理と統制的処理」を参照のこと）。

　もっとも，自動的な処理過程への関心の高まりは，研究手法の新規性だけではなく，

3　ただし用語としては，ヒューリスティック・システマティック，システムⅠ・システムⅡなどのバリエーションがある。

そこに暗黙裏に示されている人間観が追求に値したからであろう。自動的な処理に影響される「駆動される行為者」というのは、やや極端に言えば、環境からの情報により私たちの内部にある知識、動機、感情が活性化し、それにより行動が支配されるということを意味する。「状況の力」（環境からの情報）により、社会的な行動が決まることは、社会的認知研究以前から、社会心理学の基本的なメッセージではあるが、自動的処理に関する研究は、それが非意識的・自動的に起こること、その影響を止める意図的な営みが、しばしば困難にぶつかること、また、多くの場面で、そもそも影響されていることに、私たちは気がつきにくいことを、明確に示すことになった。

　これは、自らの意志で行為する人間像とは大きく異なり、自律した決定者としての人間のあり方、また、責任の付与や道徳システムの基礎となる自由意志の存在についても、疑問を投げかける。また、自動的な処理の役割を強調することは、ウェグナーとバージ（Wegner & Bargh, 1998）が指摘したように、それに翻弄される人間という、ともすれば悲観的な姿を見せることになるし、私たちが主観として経験する意志や意図が、行動を起こすシステムとして実存することすら疑うこともできる。ただ、そうであるからこそ、（少なくとも情報処理者の主観的認識として存在する）統制的処理の役割を明確にすること、また責任の付与や道徳システムの維持に向けた意図や意志の概念化に資するような実証知見を、社会心理学が提供することが、より大きな課題として立ち現れてくることも認識する必要があるだろう（太田, 2019）。

5. 社会心理学に何をもたらしたのか

　社会的認知のこれまでを、主要概念とそれを巡る人間観の観点から振り返ってきた。以降の各章では、より詳しく、具体的なテーマに即して研究の歴史と最新の展開が解説されているので、それらとも関連づけながら理解してほしい。

　さて、本章で最後に論じておきたいのは、社会的認知が、社会心理学にもたらしたことについてである。ここで問うのは、社会的認知が抱える各研究分野の知見が、それぞれの分野にもたらした貢献を超えた、メタなレベルでの意義である。個人の認知、動機、感情などの心の機能に焦点を当てるという社会的認知の特性は、社会心理学に何をもたらしたのだろうか。これについて、主観の科学、およびそれが促進した個人焦点の方法論という観点から考察する。

[1] 主観の科学としての社会心理学

　社会心理学がいったい何に関心を寄せ、何を研究対象としてきたのか、また、この問いへの答えは、社会的認知の存在により、どう変わったのだろうか。この点につい

て, ブレスら (Bless & Forgas, 2000) は「主観の科学」という視点から議論している。

　彼らによると, 社会心理学は, 長らく対人間の行動や相互影響過程, 集団のダイナミックスを研究の対象としてきた。具体的には, 援助や攻撃行動の規定要因, 同調や服従, 集団間関係, リーダーシップなどであり, 「社会」という言葉を冠する社会心理学にとって中心的なテーマを構成していた。しかし, これらの研究は, 1980年代には下火になり, 代わって台頭したのが, 主観の科学としての社会的認知研究である。

　主観の科学とは, 文字どおり, 私たちがもつ主観を科学的に研究することである。主観は, 行動主義が盛んであった時代の心理学では, 科学的な探求の対象とはならないとして排除されていた。しかし, 認知や感情, さらには非意識的過程を操作測定するさまざまな実験的手法の進展は, 主観を科学的方法論で明らかにすることを可能にしたのである。

　ここで重要なのは, これが「心」の科学であるという視点である。心理学であるから, このような言い方は当たり前と思われるかもしれない。しかし, 行動主義的な心理学は, 主観として概念化される心ではなく, 観察可能な行動を対象としていたことを思い出してほしい。それに対して, 社会的認知は, いわば主観としての心が科学的な研究対象となることを正当化し, いわゆる対人行動や集団内での行動ではなく, 社会の中で生きる「私」や「他者」の心の機能を知ることを, 社会心理学の主要な課題としたというのが, ブレスらの描く主観の科学の帰結である。彼らの表現を借りるなら, 社会心理学は社会生活 (social life) の研究をしているフリをしながら, 人の「内的, 主観的経験」, つまりは内的生活 (inner life) の研究をする学問となり, そのことによって, 「心を知りたい」という望みをかなえることに貢献したと言うのである。

[2] 個人焦点の方法論と心の社会性の議論

　一方で, 主観の科学化は, 社会的場面における個人の認知, 感情, 動機, 意図などが, ある社会的場面での反応につながる過程のモデル化でもある。したがって, 個人の心を一つのまとまりと見なして, その中での諸要因の関係を明らかにすることが目的となる。

　これを方法論という点からみるなら, 個人を単位としたデータの収集とそれに対応した分析ということになる。社会的認知領域の研究で, ペアでの相互作用や小集団から一つのデータを取る手法に基づく研究がないわけではないが, 主観の科学という側面を色濃くもつ研究は, 大多数が個人の反応を対象とした「個人焦点の方法論」をとる。

　このことは, 一方では, 社会的認知領域の生産性向上に貢献した。統計的な検定に耐えるだけのデータ数を効率よく収集するという点で, 個人の参加者を対象として,

自己，他者，他集団，社会的な出来事などに対する認知や感情を測定する手法はメリットをもつ。もっとも，このメリットと引き換えに，データから確実に語れることが「個人の反応」と，「それに関与する要因」に限られるという制約ももつことになる[4]。

　さて，このように書くと，冒頭でも述べた「社会的認知が心の社会性を論じようとしている」という主張が，妥当ではないと見えるかもしれない。また，個人焦点の方法論で，どのように「複数の人からなる社会」について論じることが可能なのかという疑問も出るかもしれない。しかし，ここで重要なのは，（個人の）心の仕組み自体が社会生活のためであり，それを明らかにすることにより，心に基づいて行動する私たちが，避けがたく社会の中に埋め込まれていることが明らかになるという点である。つまり，人が社会的なのは，他者と相互作用を行ったり集団で行動するからではなく（もちろん，それもあるのだが），他者との相互作用や集団での行動を前提とする機能を装備した心をもつからだというのが，主観の科学としての社会的認知の主張になる。

　もちろん，この方法論には一定の限界がある。しかしそうだとしても，社会的認知の貢献を「心の社会性」と切り離して理解することは不当だろう。この点については，科学知としての社会的認知の貢献のみならず，実践知，人文知としての貢献，および今後の可能性の観点から評価されるべきことだ。続く各章における議論から，この点についても，読者各位の考察が深まることを期待している。

6. 新たな地平に向けた議論へ

　社会的認知が「心を知る」ことを課題とし，それに関して実証的な知見を積み重ねてきた「これまで」について述べてきた。もっとも，「これまで」にとどまるのではなく，新たな研究課題を明確にしていく必要がある。さらには，心の社会性に関する科学知の追求のみならず，社会に存在する問題にアプローチするため実践知，社会的な存在としての人間の意義について語る人文知としての「これから」のあり方を模索していかねばならないことも明らかだ。実際，近年の研究は，社会的認知という領域ができあがったときから比べると，対象や論点がさまざまな方向に展開している。

　その現状と将来に開かれる新たな地平を描くことが，本書の目標であるが，続く各章で，その目標に向け，各分野における，これまでの成果と最新の知見を踏まえた議論が展開されている。本章を締めくくるにあたって，全体の構成を解説しておく。

　本書は，第1部「社会的認知の基礎」と第2部「社会的認知の展開」からなる。

　第1部は，社会的認知研究を構成する二つの軸である「対象」と「処理過程」の観

4　本稿では踏み込んだ議論は行わないが，個人焦点の方法論はさまざまな問題をもつ。この点については唐沢（2012）を参照していただきたい。

点から，主要なテーマについて論じたものである。対象については，「社会的な存在」である他者，集団，自己について，研究知見の解説を行う。また，処理過程については，認知と感情・動機の関係と，情報処理の 2 過程性を取り上げる。

　これらは，社会を理解する過程の解明に関する基礎的かつ基盤的な分野である。他者，集団，自己は社会的認知以前から，社会心理学が検討の対象としてきたものだが，「対人認知」，「ステレオタイプ」，「自己」の各章での議論は，古典的な問題意識が，社会的認知という場でいかに展開し，成果を上げてきたかを明らかにし，そのことを通して，私たちが心の中に描く社会がいかなるものかという問いに答える内容となる。また，続く二つの章である「認知と感情・動機」，「自動的処理と統制的処理」は，人間の情報処理過程それ自体の特徴を示している。前者の章では，感情や動機が，古典的であると同時に，最先端の研究も活発なテーマであることを踏まえ，社会的認知以前の研究知見を押さえながら，認知との関係に関する新たな展開を確認していくことになる。一方，自動的処理と統制的処理は，（少なくとも社会心理学の中では）社会的認知以降のテーマである。両過程がせめぎ合うさまを明らかにすることで，社会理解に関わる処理過程の特徴を示し，情報処理主体としての人間のあり方に対する洞察を深めるための議論がなされる。

　第 2 部「社会的認知の展開」は，第 1 部で述べた基礎的な知見が，より広い問題意識のなかで，また他の研究領域や応用領域との連携のなかで，どのように展開していくかを考察する章から構成されている。

　「心と文化の相互構成過程」および「神経科学と社会的認知」の章は，フィスクとテイラー（Fiske & Taylor, 2013）が執筆した"Social Cognition"の副題"From brain to culture"にもあるように，社会心理学がミクロからマクロまでの多様な変数を統合して議論する領域として発展してきたなか，社会的認知が果たしてきた，また今後果たしうる役割を明らかにする。加えて文化心理学や脳神経科学の最前線の紹介ともなる。

　続いて「ウエル・ビーイングと社会的認知」，「AI・ロボット工学と社会的認知」，「組織経営における社会的認知」，「実験哲学と社会的認知」では，社会的認知の知見が実践知，人文知としてもちうる可能性について考察する章となる。対象への理解や主観の役割の解明は，社会的認知の得意とすることだが，普遍的な社会的認知過程に関する知見が，これら各テーマ固有に存在する問題とどう関係し，学術的貢献をいかに果たしていくべきなのかが，重要な論点となる。健康心理学，工学，組織心理学，哲学という領域との接点で生み出される知見や，新たに開拓され構築される融合的な分野の可能性と今後のあり方について，考察を深めていく。

　最後の二つは，方法論的に関わる章である。「結果の再現性問題」は，科学としての心理学への信頼に関わる重要な論点を明らかにし，社会的認知という研究領域の特徴

がもたらす問題，またそれに対する対応について考察する場となる。また「人間知と実証的根拠に基づく公共政策」は，政策立案という重要な意思決定を，実証的根拠に基づいて行うという，いわば社会設計の方法について，社会的認知，ひいては社会心理学がいかに関与し得るかを，研究手法を参照しながら議論する。

　これらの各章は，それぞれの分野での課題や開拓すべき方向を述べているが，いずれも他の分野にも関わる研究成果を幅広く紹介している。したがって，各章の議論を有機的に結びつけながら理解することで，社会的認知の「これまで」と「これから」に関する統合的な洞察が得られるだろう。またその洞察を通して，社会的認知，ひいては社会心理学という領域の魅力と可能性が伝われば幸いである。

引用文献

Asch, S. E. (1946). Forming impression of personality. *Journal of Abnormal and Social Psychology, 41*, 258-290.

Bless, H., & Forgas, J. P. (2000). *The message within: The role of subjective experience in social cognition and behavior.* Philadelphia, PA: Psychology Press.

Brewer, M. B., Dull, V., & Lui, L. (1981). Perceptions of the elderly: Stereotypes as prototypes. *Journal of Personality and Social Psychology, 41*, 656-670.

Bruner, J. (1990). *The Jerusalem-Harvard lectures. Acts of meaning.* Cambridge, MA: Harvard University Press.

Dennett, D. C. (1996). *The intentional stance* (6th printing). Cambridge, MA: The MIT Press (First published 1987). (若島 正・河田 学 (訳) (1996). 「志向姿勢」の哲学——人は人の行動を読めるのか？ 白揚社)

Ebbinghaus, H. (1885). *Memory: A contribution to experimental psychology.* New York, NY: Dover.

Fiske, S. T., & Neuberg, S. L. (1990). A continuum of impression formation, from category-based to individuating processes: Influences of information and motivation on attention and interpretation. In M. P. Zanna (Ed.), *Advances in experimental social psychology.* (Vol. 23, pp. 1-74). New York, NY: Academic Press.

Fiske, S. T., & Taylor, S. E. (1984). *Social cognition.* Reading, MA: Addison-Wesley.

Fiske, S. T., & Taylor, S. E. (2013). *Social cognition: From brain to culture* (2nd ed.). London: Sage. (宮本 聡介・唐沢 穣・小林 知博・原 奈津子 (編訳) (2013). 社会的認知研究：脳から文化まで　北大路書房)

Gilbert, D. T. (1998). Ordinary personology. In D. T. Gilbert, S. T. Fiske, & G. Lindzey (Eds.), *The handbook of social psychology* (pp. 89-150). New York, NY: McGraw-Hill.

Greenwald, A. G., & Banaji, M. R. (1995). Implicit social cognition: Attitudes, self-esteem, and stereotypes. *Psychological Review, 102*, 4-27.

唐沢 かおり (2012). 個人の心を扱う方法論の限界と「集団心」の可能性　唐沢 かおり・戸田山 和久 (編著) 心と社会を科学する (pp. 41-68)　東京大学出版会

Kulik, J. A. (1983). Confirmatory attribution and the perpetuation of social beliefs. *Journal of*

Personality and Social Psychology, 44, 1171-1131.

Miller, G. A. (1956). The magical number seven, plus or minus two: Some limits on our capacity for processing information. *Psychological Review, 63,* 81-97.

Neisser, U. (1967). *Cognitive psychology.* New York, NY: Appleton-Century-Crofts. （大羽 蓁 （訳）（1981）. 認知心理学　誠信書房）

太田 紘史（2019）. 自由意志の概念を工学する：哲学側からの応答　戸田山 和久・唐沢 かおり （編著）〈概念工学〉宣言！：哲学×心理学による知のエンジニアリング（pp. 127-148）　名古 屋大学出版会

Petty, R. E., & Cacioppo, J. T. (1990). Involvement and persuasion: Tradition versus integration. *Psychological Bulletin, 107,* 367-374.

Wegner, D. M., & Bargh, J. A. (1998). Control and automaticity in social life. In D. T. Gilbert, S. T. Fiske, & G. Lindzey (Eds.), *The handbook of social psychology* (pp. 446-496). New York, NY: McGraw-Hill.

Zajonc, R. B. (1998). Emotions. In D. T. Gilbert, S. T. Fiske, & G. Lindzey (Eds.), *The handbook of social psychology* (pp. 591-632). New York, NY: McGraw-Hill.

第1部

社会的認知の基礎

第2章

対人認知

宮本聡介

　私たちは，他者のもつ特徴や行動，所属カテゴリーをもとに，その人がどのような人物であるかを把握しようとする。この他者を知る過程についての研究領域を対人認知と言う。社会心理学の歴史の中でも，古典的な領域として多くの研究が進められてきたが，社会的認知の枠組みの中でも，中心的なテーマとなっている。対人認知を通して，私たちは他者を見定め，関係を形成し，他者への態度や行動を決めることを踏まえるなら，対人認知はすべての社会的な行動の基盤ともなることである。

　本章では，（モノではない）ヒトを認知するということの特性について，とくに，性格特性を把握するという視座から，そのメカニズムにも踏み込んで概観する。そこでは，対人認知に特有のバイアス，人の特性を推論する過程の特性，集団のメンバーシップに関わる情報の利用（ステレオタイプ的判断），さらには，当該の人物が位置する環境に関わる情報がいかに用いられるかなどが主たる話題となる。

1. はじめに

　入学式や入社式，転職，引っ越しなどの場面を思い浮かべてみよう。そこには他者との出会いの場面が数多くある。このような場面では，他者を知るための心的活動が活発になる。性別や年齢，外見の知覚，当該他者が所属する社会的カテゴリーの同定，そして，その人物がもつ性格特性の推論などを通して，当該他者の印象形成が進んでゆく（Brewer, 1988; Fiske & Neuberg, 1990）。これらはいずれも「他者を知る・理解する」ために行われる心的活動であり，これを対人認知と言う。印象形成は，繰り返しの練習と，過学習によって認知的努力の最小化，自動化が進んでいる（Bargh & Chartrand, 1999）。健常者において，この認知メカニズムの発達に例外はない。対人認知は，発達に応じて誰もが身につけるものである。相手が良い人なのか悪い人なのかを短時間のうちに見極めることは，危険と思える相手を自分から遠ざけることによって社会の中で安全に生活していくために必要なスキルの一つと言える。また，新

しい出会いを広げ，友人関係のネットワークを広げてゆくためにも必要なスキルである。対人認知を通して，私たちは相手を見定め，相手に対する態度を形成する。対人認知の歪みは，誤解や偏見の火種となる可能性がある。社会適応的に生きていくうえで，正確な他者理解は必要不可欠であり，対人認知メカニズムを解き明かす目的の一つはそこにある。

　対人認知という研究領域は比較的古くから知られている。わざわざ「ヒト」の認知を研究対象とするのは，「モノ」にはないヒトに特有の認知があるからである。ここでは2点指摘しておく。1点目は，認知の方向性についてである。モノの場合，認知の最中，モノが認知者に働きかけてくることはない。しかし，ヒトの場合こちらが相手を観察（認知）しているとき，相手もこちらを観察（認知）している。つまりモノの認知は一方向だが，ヒトの認知は双方向である。モノの場合は対象物が自分をどう認知しているかを気にする必要がないが，ヒトの認知の場合，相手が自分をどう認知しているかということも意識することになる。2点目は認知の内容についてである。モノの認知の場合，たとえば目の前にあるボールに対して，「丸い」「硬そう」など，そのモノの物理的性質を読み取ろうとはするが，「優しそう」「まじめそう」のようにヒトに特有の内的性質を読み取ろうとはしない。一方，ヒトの場合には，その人物の内的性質を推論しようとする。これが人の認知とモノの認知の大きな違いである。とくに2点目の内的性質の推論は，特性推論，目標推論の研究に見られるように，対人認知の大きな研究トピックの1つとなっている（Olcaysoy Okten & Moskowitz, 2018）。他者を知る，他者を理解することの具体的な中身の実に多くが，当該他者の内的性質を見極めようとすることだと言ってもよいだろう。そこで本章では，対人認知を「他者の内的性質を把握する際に生じるさまざまな心理的メカニズムを解明する」研究領域と定義する。内的性質とは，性格特性，意図，動機，目標，欲求などを指すが，本章では主に性格特性を把握するメカニズム（特性推論）に絞って研究を概観する。

2. 対人認知における対応バイアス

　対応バイアス（correspondence bias）とは，行動から態度や性格などの内的性質を推論する際に，対応推論をしすぎる傾向であり（外山，2001），主に原因帰属の文脈で用いられている。行動の原因が本人の内的な原因によって起こったものなのか，環境・状況的諸要因などの外的な原因によって起こったものなのかを推論する際，人は外的な原因を十分に吟味せずに内的な原因に帰属しやすいという心理的性質を表したものである（Gilbert & Malone, 1995）。しかし，対応バイアスについては狭義の解釈と広義の解釈がある。上述のように「行動」の原因を探る文脈で用いられるものが対

応バイアスの狭義の，そして元来の意味である。一方，近年は行動に限らず，人に由来するさまざまな情報から，「過度に」その人物の内的性質を推測する様子を指して対応バイアスと呼ぶ場合もある（Ambady & Skowronski, 2008; Todorov, 2017）。本章では対応バイアスに関する広義の解釈を採用する。対応バイアスが起こりやすい，つまりその人物の内的性質を過度に推論しやすい対人情報は，①行動情報，②社会的カテゴリー情報，③外見情報，④環境情報に大別できる。人はこれらの情報をもとに，温かい，明るい，知的などの特性推論を行っている。以下の各節では，これら4種の情報に基づいた特性推論の特徴を概観する。

3. 各種の特性推論

[1] 行動からの特性推論

　行動からの特性推論は，社会的認知の中で最も盛んに研究が行われてきた分野である。行動からの特性推論に関する証拠は，古くは対人記憶（person memory）研究から，近年では脳科学の分野にまで広がってきている（Mitchel et al., 2006; Van Overwalle, 2009）。

　1970年代後半から盛んに行われた対人記憶研究では，行動情報の記憶に，特性が関わっていることが示されている。特性への一致・不一致によって，記憶されやすい行動情報が異なってくること（Hastie & Kumer, 1979; Srull, 1981; Stangor & McMillan, 1992），他者の行動から印象を形成するということが，行動から性格特性を推測することであること示した研究（Hamilton et al., 1980; 宮本, 1996）などは，他者の行動観察の際に，人がどのような認知処理を優先しているのかということを明らかにする契機となった。たとえば，宮本（1996）は刺激人物の行動を実験参加者にビデオで提示し，登場人物がとった行動を正確に記憶するよう指示した行動記憶群と，刺激人物のような人物かイメージするよう指示した印象形成群を設け，この2群の実験参加者にビデオ視聴中，頭の中で考えていることを発話させ，発話内容を詳細に分析した。すると，印象形成群の発話内容には「やさしい」「だらしない」のように，人の性格特性を表す語が行動記憶群よりも多く含まれていたことから，他者の行動から特性推論が行われていることが示された。

　1) 自発的特性推論（STI）　宮本（1966）の実験は，印象を形成するという目標があると，行動からの特性推論が起こりやすいことを示している。しかし，必ずしも印象形成目標がなくても，ただ単に行動を観察しているだけで，特性推論が起こることを示す研究が1980年代中頃から報告されるようになる（Winter & Uleman, 1984; Carlston & Skowronski, 1994; Todorov & Uleman, 2002）。以下の行動文を読んでほし

い。

> 　僕は消防士です。昨夜，とあるアパートの火事を消し止めたとき，現場に立派なダイヤモンドの指輪が落ちているのを見つけました。僕はそれを持ってアパートのすべての住人を訪ねてまわり，持ち主の女性を探し出しました。彼女は大事な指輪が見つかってとても喜んでいました。
>
> 　　　　　　　　Carlston & Skowronski（1994）の刺激文の1つを筆者が翻訳

　上記の行動文を読んだ多くの人が，登場人物の消防士を「正直」な人と思うことがわかっている。カールストンとスクーロンスキは上記のように特定の性格特性を推論しやすい行動文（以下特性含意行動）を12文用意し，一つひとつ別の顔写真と組み合わせて対提示した（接触課題）。その際，特性生成群（性格から特性を推測するよう教示），印象形成群（一般的な印象を形成するよう教示），指示なし群（何も指示せず刺激を提示）という3つの処理目標群を操作した。次の学習課題では30人分の顔写真と性格特性を対提示するのだが，このうち12個の特性語は接触課題で特性含意行動に含まれていた特性（旧特性），残り18個の特性語は新規な特性（新特性）であった。最後に，実験参加者は学習課題で提示された顔写真を再提示され，その顔写真と対になっていた性格特性を思い出すよう要請される。もし，接触課題の行動文からすでに特性推論をしていたとすると，学習課題で学習した新特性語よりも，旧特性語のほうが再生成績が良くなるはずである。この仮説は支持され，さらに，特性を推測したり，印象を形成するような指示を受けなかった指示なし群でも同様の効果が見られた。これはつまり，印象を形成するというような目標をもたず，単に行動を観察するだけでも特性推論が行われていることを示している。このように，印象を形成するという意識的な目標がなくても，特性推論が行われる現象は自発的特性推論（spontaneous trait inference; 以下 STI）と呼ばれている。

　行動からの特性推論が自発的であるということをユルマン（Uleman, 1999）は，①実験教示によって推論が示唆されていないこと，②推論しているという意図に実験参加者が気づいていないこと，③推論そのものに気づいていないことと定義している。意識，意図せずとも単なる他者の行動観察から STI が起こるという現象は，対応バイアスの顕著な例である。対応バイアスは，人が他者の内的状態（心）を過剰に読んでしまおうとすることを意味している（詳細は唐沢, 2017）。つまり（自発的）特性推論は，人が他者の心を読もうとする様子を学術的に捉えた一例と考えられ，心を読むということがどういうことかということを心理学的に説明する好例の一つと考えられる。

2）STIの検証方法　　STI を検証するための方法には手がかり再生法（Winter &

Uleman, 1984), 再認プローブ法 (Ham & van den Bos, 2008; Ham & Vonk, 2003; Wigboldus et al., 2003), 虚再認法 (Todorov & Uleman, 2002), 再学習法 (Carlston & Skowronski, 1994, 2005; Crawford et al., 2007) などがある (図 2-1 参照)。それぞれの特徴は次のとおりである。

①**手がかり再生法**：特性含意行動 (例：「床屋の店主は新しいダイエット法を使って 6 週間の間に 10 キロ痩せた」) を提示し、後にこの行動文を思い出すよう求める方法である。その際、再生手がかりとして特性 (「意志が強い」) を提示した場合の行動再生成績を、他の手がかり (「髪の毛」「肥満」などの意味手がかり) を提示した場合の再生成績と比較する。STI が生じているとすると、特性語を使った手がかり再生の成績が他の手がかりを使った再生成績よりも良くなる。

②**再認プローブ法**：特性含意行動を提示した後に、プローブ刺激として行動文に含意されている特性語を提示し、この語が行動文中にあったかどうかを判断させる方法である。プローブ語は行動文中にはないので No と答えるのが正解である。STI が生じているとプローブ語に対する No 判断の反応時間が長くなる。

③**虚再認法**：接触課題で顔写真と一緒に特性含意行動を提示し、ディストラクション課題などを挟んだ後に、再認課題として顔写真と、特性含意行動に含意されていた特性を対提示し、行動文中にその語があったかどうかを判断させる方法である。Yes

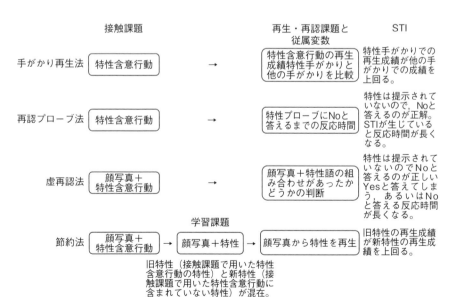

図 2-1　STI の各種検証方法

と答えたり，No と答えるまでの反応時間が長いと STI が生じていたと判断される。

　④**再学習法**：虚再認法と同様，接触課題において顔写真と特性含意行動を対提示する。ただし，次の学習課題において半分の刺激では顔写真と特性含意行動に含意されていた特性（旧特性）とを対提示する。残り半分の刺激では接触課題で特性含意行動に含まれていない特性（新特性）を対提示する。最後の再生課題で顔写真を提示し，その人物がもっていた特性を思い出させる。旧特性の再生成績が新特性の再生成績を上回っていると STI が生じていたと判断される。

　社会的認知の登場以来，多くのモデルや理論，現象が報告されてきたが，その中でも STI は多くの研究者の関心を集め，長期にわたり検証が行われてきた現象の一つである。現在でもいくつかの新しい報告があるが，ここでは文化差，自発的特性転移に触れておく。

　3）STI の文化差　　STI には文化差があるという指摘がある（Na & Kitayama, 2011; Zárate, Uleman, & Voils, 2001）。ナーとキタヤマは文化的自己観モデル（Markus & Kitayama, 1991）をもとに，STI の文化差を予想した。欧米に代表されるような相互独立的自己観が主流の文化では，行動は個人の中で内的に動機づけられていると見なされる。そのため，行動から特性推論することによって他者の内的状態を日常的に探ろうとする。一方，東アジアに代表されるような相互協調的自己観が主流の文化では，行動が必ずしもつねに内的に動機づけられているとは考えず，状況の影響を受けている可能性も考慮に入れようとする。そのため，STI は欧米文化に比べて東アジア文化の中では起こりづらいというのである。実験の結果，記憶成績，語彙判断課題の反応時間を従属変数とした分析において，ヨーロッパ系アメリカ人では STI が見られたが，アジア系アメリカ人では見られなかったことが報告されている。

　4）自発的特性転移（STT）　　X さんの行動（X さんは子犬を蹴飛ばした）から X さんの特性（残酷）が自発的に推論されるというのがこれまでの議論であった。一方，コミュニケーション場面では，X さんが Y さんの行動（Y さんは子犬を蹴飛ばした）を話題にすることもある。このような場合に，Y さんの行動（子犬を蹴飛ばした）であるにもかかわらず，その特性（残酷）を情報提供者である X さんに付与してしまう現象が報告されており，自発的特性転移（spontaneous trait transference；以下 STT）と呼ばれている（Carlston et al., 1995; Skowronski et al., 1998; Carlston & Skowronski, 2005）。

　スクーロンスキら（Skowronski et al., 1998）の実験では，接触課題において顔写真と顔写真の人物の「知人」に関する特性含意行動（私の知り合いの X さんは，電車に乗り込んだ直後に，オフィスの鍵を持ってくるのを忘れたことに気づいた）を提示した。学習課題では顔写真と特性含意行動に含意されていた特性（旧特性），特性含意行

動にはなかった新しい特性（新特性）を学習させる。再生課題で顔写真を提示し，顔写真と対になっていた特性を再生させると，旧特性の再生成績のほうが新特性の再生成績よりも高かった。旧特性は顔写真の人物に当てはまる特性ではない。しかし，実験参加者は旧特性と顔写真の人物とを結びつける学習をしていたことになり，STTが生じていたことが確認された。ただし，STTの効果量はSTIの効果量ほど大きくないことから（Skowronski et al., 1998, Study 2），STTのメカニズムはSTIのメカニズムとは異なる可能性が指摘されている。STIの場合は，当該行動が，行動を起こした当人によるものであるという帰属プロセスが生じているが，STTの場合は人と行動を単に連合させているだけであり，当該行動を情報提供者に帰属させているわけではない。STIに生じている帰属プロセスのほうが，STTに生じている単なる連合プロセスよりも深い処理を要することから，その結果が効果量に現れたのだと考えられている（Carlston & Skowronski, 2005）。ただし，STTも特性推論という現象が生じていることに違いはない。自分とは異なる相手の行動を描写しただけで，その行動に含意される特性が，行動を描写した当人にも当てはめられてしまうという現象は，特性推論の複雑なメカニズムを物語っている。

［2］社会的カテゴリー情報からの特性推論

　ある特定の社会的カテゴリーに所属する集団から，人がどのような性格特性を推測しているかに関する研究は，集団認知やステレオタイプの研究の中で比較的古くから扱われてきた。カッツとブレーリー（Katz & Braly, 1933）のチェックリスト法は社会的カテゴリーとそれを特徴づける性格特性との関連を検討した初期の代表的研究の一つである。美人ステレオタイプなどの研究テーマでは，魅力的な人々がもっていると推測されやすい性格特性がどのようなものかを明らかにする研究が行われている（Dion, 2002）。社会的認知が台頭してきた1980年代には，外集団を均一で同質な特徴をもつ成員の集合と見なす一方，内集団には多様な個性があると考える外集団同質性効果が報告された。たとえばパークとロスバート（Park & Rothbart, 1982）の研究では，社会的カテゴリーに所属しているか否かによって，当該集団がどのような性格特性をもっているか，その内容が異なることなどが示されている。ある特定の社会的カテゴリーには，その社会的カテゴリーに特有のステレオタイプが付与されていることが多い。ステレオタイプはそれに特有の性格特性を含有していることから（血液型ステレオタイプなど），社会的カテゴリーに関連した特性推論現象を概観する場合に，ステレオタイプの問題を避けて通ることはできない。本節では社会的カテゴリーやステレオタイプに焦点を当て，ここで生じている特性推論の特徴を概説する。本節で主に扱うのは，ステレオタイプの活性化が特定の特性の活性化および推論に及ぼす影響で

ある。

　対人認知のかなり初期の段階で，相手の社会的カテゴリー（人種，性別，年齢など
がその代表的なもの）の同定が行われることが，多くの対人認知プロセスモデルで指
摘されている（Brewer, 1988; Fiske & Neuberg, 1990）。同定によって，当該の社会的
カテゴリー集団に関連するステレオタイプが活性化し，内集団成員に対するステレオ
タイプ化が行われることになる。その際，ステレオタイプが特定の性格特性と結びつ
いていると，ステレオタイプの活性化が性格特性の活性化を招き，活性化された性格
特性をベースにした特性推論が行われやすくなる（Macrae, Stangor, & Milne, 1994）。

　ダイクステルハウスとヴァン・ニッペンバーグ（Dijksterhuis & van Knippenberg,
1996）はプライム課題として実験参加者にサッカーフーリガン[1]（研究1）もしくは大
学教授（研究2）を想像させるか否かで，ステレオタイプの活性化を操作した。その後，
研究1では実験参加者に意味語と無意味語をランダムに提示し，意味語だったら yes
ボタンを，無意味語だったら no ボタンをできるだけ早く押すよう求めた。意味語に
はサッカーフーリガンステレオタイプに一致する性格特性語（攻撃的，暴力的など），
不一致な性格特性語（知的，勤勉），無関連な性格特性語（おおらか，楽観的）が含ま
れていた。非プライム群ではステレオタイプ一致語，不一致語，無関連語間の Yes 反
応時間に差はなかったが，プライム群では一致語が不一致語や無関連語よりも反応時
間が早かった。研究2では，実験参加者はアルファベットを正しく並べ替えると正し
い単語になる単語同定課題（例：glitneliten ⇒ intelligent）を課されるのだが，その単
語がそれぞれ大学教授ステレオタイプに一致，不一致，無関連な性格特性語からなっ
ていた。非プライム群では一致語，不一致語，無関連語の正解率に差はなかったが，
プライム群では一致語の正解率が，不一致語，無関連語を上回っていた（図2-2）。ス
テレオタイプの活性化が，ステレオタイプ一致特性の活性化を促した結果，単語の意
味判別を促進させたと考えられている。さらに，プライム群のステレオタイプ不一致
特性の正解率が極端に落ちていたことから，ステレオタイプの活性化によって，ステ
レオタイプ不一致特性の活性が抑制されたと考えられている。こうした結果から，ス
テレオタイプの活性化は，それに一致する特性の活性化効果，不一致な特性の活性抑
制効果をもつのではないかということが議論されてゆくことになる。

　上記の研究は，ステレオタイプの活性化がステレオタイプ一致特性の活性化，不一
致特性の活性抑制を引き起こすというように，ステレオタイプと一致・不一致特性の
直接の影響を問題にしていた。一方，本章で扱っている特性推論は行動から特性を
（自発的に）推論するプロセスを問題にしている。とすると，ステレオタイプの活性化

1　サッカー場で迷惑行為，妨害行為などを行うサッカーファンのこと。

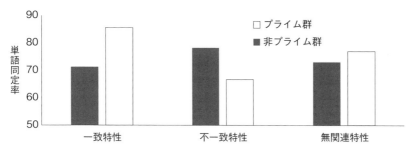

図2-2　プライミングがステレオタイプ一致・不一致・無関連特性の単語同定率に与える影響(%)
（Dijksterhuis & van Knippenberg, 1996, study 1）

によって，ステレオタイプに一致する特性含意行動からは特性推論がされやすくなるのかという疑問も浮かんでくる。ウィグボルダスら（Wigboldus et al., 2003）はこの問題を自発的特性推論の実験パラダイム（再認プローブ法）を用いて究明することを試みた。ウィグボルダスらが行った実験の中核的な手続きは以下のようなものである。はじめに，社会的カテゴリー情報（大学教授（清掃員））を提示し，ステレオタイプの活性化を操作する。続いて，その社会的カテゴリーに一致（不一致）な特性を含意した行動文（サイエンスクイズ大会で優勝した）を実験参加者に提示する。直後にプローブ語（賢い）を提示し，先の情報文中にプローブ語があったかどうかを素早く判断させる。この場合，「賢い」は大学教授ステレオタイプには一致する特性だが，清掃員には一致しない特性として扱われる。五つの実験によって，特性含意行動から特性を推論する際，ステレオタイプはそれに一致する特性の推論を促進させるが，不一致な特性の推論を抑制させることが明らかにされた。同様の知見は，ジェンダーステレオタイプを扱った研究でも示されており（Yan, Wang, & Zhang, 2012），特性推論に及ぼす社会的カテゴリーの影響についてのメカニズムの解明が進んできている。

[3] 外見からの特性推論

　「見た目で物事を判断してはいけない― Don't judge a book by its cover.」という表現とは裏腹に，私たちは他者の外見に基づいて，相手の性格を判断しようとする。外見情報の中でも最も関心が寄せられるのは顔であり，人が顔情報からその相手の性格特性を読み取ろうとする特性推論が生じていることは，さまざまな研究で明らかにされている。つまり，顔情報は対応バイアスが極端に生じやすい対人情報の一つと言える。1950年代，セコードらが行った一連の研究（Secord et al., 1953; Secord et al., 1954）では，人々が顔情報から推測する当該人物の性格は，評定者間である程度一致することが明らかにされている。また，顔の特徴からある特定の性格特性が推論され

やすいことも示されている（林ら，1977; 宮本・山本，1994）。

　顔に基づいた特性推論は，それ自体が正確かどうかという議論をともなう場合があ
る。顔情報にはその人物の性格が反映されると考える「真実の核」仮説がその背景に
はある（Hassin & Trope, 2000）。顔から推論された性格特性と，本人の自己評定ある
いは本人をよく知る仲間による評定との間に相関はないとする研究（Cohen, 1973;
Alley, 1988）がある一方，中程度の相関はあるとする研究（Berry, 1991; Zebrowitz,
Voinescu & Collins, 1996）もある。顔情報に基づいて評定された正直度と，その人物
について Q ソート法[2]を用いて臨床的な視点から測定した正直度との間に相関は認め
られなかった研究がある一方で（Zebrowitz et al., 1996），顔情報をもとに不正直だと
評定された人物は正直だと評定された人物よりも，他者を騙す機会のある実験に積極
的に参加した（Bond et al., 1994）という報告もある。このように，現実の顔に性格が
反映されるとする真実の核仮説については議論が混沌としている。この背景には，自
分の本当の性格を正直に表出する者がいれば，自分の本当の性格を覆い隠し，正直に
表出しようとしない者もいる可能性が考えられる。表出したい自分の姿に個人差があ
るために，真実の核仮説の結果が混沌としていることが予想される。

　図 2-3 は顔と性格が発達の過程でどのように影響し合うかを表した仮説モデルであ
る。顔と本当の性格との間には図にあるような 4 つの可能性が予想される
（Zebrowitz et al., 1996）。第 1 に，顔の特徴に基づいてある性格（たとえば正直）が推
論された人物は，自己成就予言によって自分が正直であることを期待され，結果とし
て正直な性格を形成してゆく。第 2 に，正直顔を手がかりに正直だと推論された場合
でも，本人は自分が正直だとは思われたくないと思っているような場合，それとは正
反対の性格を形成しようとする。これを自己破滅的予言（self-defeating prophecy）
と言う。以上の 2 つは顔から推測される性格が本人の実際の性格に及ぼす影響のモデ
ルである。実際の性格が顔に及ぼす影響にも二通りのモデルが予想される。一つは，
ドリアン・グレイ効果と呼ばれている，性格が顔に影響を及ぼす効果である
（Zebrowitz, Collins, & Dutta, 1998）。短気な人は顔の特定の部位（たとえば顎部分）
が頻繁に緊張するため，その部位の筋肉が発達する（Kreiborg et al., 1978）。その結果，
短気な人に特有の顔の形状が作られてゆくことになる。もう一つは，不正直な人が，
不正直さを隠すためにわざと正直な振る舞いをし，その結果，正直な顔が形成される
というケースである。これを策略効果と言い，策略効果の影響が現れると不正直さが
顔に現れなくなるため，欺瞞が成功しやすくなる。これら 4 つの組み合わせによって，

2　パーソナリティ測定の一技法。性格や行動が記されたカードを最も当てはまるものから最も当ては
　まらないものまでの 9 つのカテゴリー上に並べてゆくというもの。Zebrowitz らの研究では臨床家
　が評価対象者の評価を Q ソート法を用いて行っている。

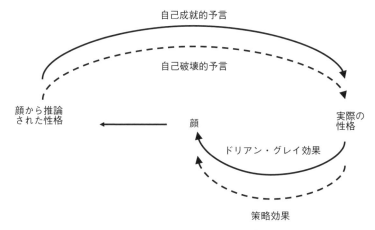

図 2-3　顔の特徴と性格の関係モデル

顔から推論される性格と本当の性格が正の関連を示す場合と負の関連を示すが場合が
出てくるのである。
　顔に基づいた特性推論と本当の性格については，単純ではないものの，何らかの関
連があることが徐々に明らかにされてきている。一方，近年，さらに踏み込んだ知見
が報告されている。「顔から名前を予想できるか」というものである。ウェブナーら
（Zwebner et al., 2017）は顔写真を実験参加者に提示し，4～5 つの名前選択肢から写
真の人物の本当の名前を予想させるという実験を行った（図 2-4）。顔から名前をチャ
ンスレベル以上に正確に当てられることが 7 つの実験によって示され，これを顔名前
一致効果（face-name matching effect）と呼んでいる。また，約 10 万人の顔と名前の
データベースを AI に学習させ，同じ名前をもつ人に共通する顔の特徴があることも
報告された。名前には，その名がもつステレオタイプ的なイメージ，とくに性格を想
像させるある種のイメージがあると考えられている。たとえば「Yumi（優美）」とい
う名前からはやさしさや優美さが連想されやすいかもしれない。名前は生まれたとき
すぐに本人に付与され，その本人のアイデンティティを形成する大事なラベルである。
そのためその名前に基づいた自己成就予言の影響を受けやすい。つまり，名前に基づ
いた自己成就予言によって実際の性格が形成され，その後は図 2-3 にあるように，実
際の性格→顔（ドリアン・グレイ効果）→自己成就予言→実際の性格というようなサ
イクルが形成され，名前と顔の結びつきが強くなり，顔から本人の名前を推測しやす
くなると考えられている（Zwebner et al., 2017）。ウェブナーらの研究は，名前がもつ
イメージからの特性推論が，人の顔の形成にも影響を及ぼす可能性を示した大胆な研

究であり，検証，再検証が必要ではあることは言うまでもないが，今後の研究成果が
期待される。

［4］環境情報からの特性推論

　本節では，当該人物を取り巻く環境情報からも特性推論が行われ，他者理解の判断
材料とされていることを報告する。居住環境からその住人の性格特性が推測される様
子を詳細に検討したのはゴズリングら（Gosling, Ko, Mannarelli, & Morris, 2002）であ
る。人は，自分の気質，好み，態度，自己像に合うように，社会環境（友人関係，社
会活動）を作り上げようとしている。ゴズリングらは，人が自分に合った社会環境を
作り上げようとするのと同様に，自分に合った物理環境も作り上げようとしていると
主張し，職場空間や居住空間から，その住人の性格特性を読み取る様子を明らかにす
ることを試みた。

　ゴズリングらはブルンスウィック（Brunswik, 1956）のレンズモデルを環境情報か
らの対人認知に応用し，図2-5のような，本人の性格，環境手がかり，観察者の判断
の間の関連を予想した。そして，合意性（観察者は環境情報からパーソナリティを推
測しているか），正確さ（観察者の印象は正確か），手がかりの利用とその妥当性（観

写真の人物の本当の名前は？

1.　Jacob

2.　Dan

3.　Josef

4.　Nathaniel

図2-4　顔名前一致効果

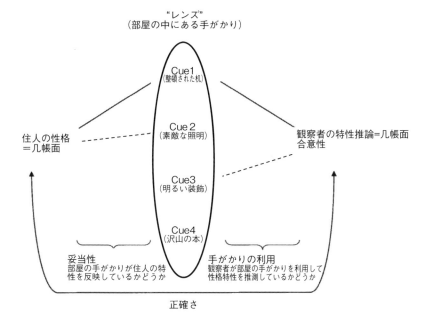

"レンズ"
(部屋の中にある手がかり)

Cue1
(整頓された机)

Cue 2
(素敵な照明)

Cue3
(明るい装飾)

Cue4
(沢山の本)

住人の性格
＝几帳面

観察者の特性推論＝几帳面
合意性

妥当性
部屋の手がかりが住人の特性を反映しているかどうか

手がかりの利用
観察者が部屋の手がかりを利用して性格特性を推測しているかどうか

正確さ

図 2-5　Brunswik のレンズモデルと環境情報からの特性推論

察者はどの手がかりを使っているか，その手がかりは妥当か），ステレオタイプの利用
（合意性や正確さにステレオタイプの影響はあるか）の 4 点を検証した。オフィス・自
室から受ける印象（測定にはパーソナリティのビッグ・ファイブモデルを使用）には
観察者間である程度の合意性（$rs ≒ 0.2～0.5$）が見られ，また，一部の印象（たとえ
ば開放性）では正確さも見られた（$rs ≒ .51～.58$）。また特性の推論に部屋の個々の
手がかり（整頓されている，きれい，ちらかっている）が用いられていることも示さ
れた。ただし，居住者の実際の性格との相関よりも，観察者が推測した性格との相関
のほうが高いことから，観察者が手がかりを利用する傾向のほうが強い。また，ステ
レオタイプ情報（性別や人種）の影響も見られ，ステレオタイプに基づいた特性推論
が行われていることも示された。

　オフィスや自室は自分の生活の痕跡が残りやすいがゆえに，居住者の保有する特性
を推論しやすい環境である。とすると，個人所有のウェブサイトや近年多くの利用者
がいるソーシャルネットワーキングサービス（以下 SNS）でも同様のことが言えるか
もしれない。前出のゴズリングらの研究グループは，個人のウェブサイトを用いて同
様の調査を行っている（Vazire & Gosling, 2004）。観察者が個人のウェブサイトから
推測しているウェブサイトの所有者の印象はある程度一致していること，また，推測

された印象は，所有者本人の性格特性をある程度正確に推測していることも示されている。ソーシャルネットワーキングサービス（以下 SNS）に見られるトップ画面のユーザー情報や投稿内容，友人関係ネットワークの量や質などにも，ユーザー本人の性格特性を推測できる情報が豊富に含まれている。たとえば，Facebook のプロフィール情報から，所有者のパーソナリティをある程度正確に推測できていることが示されている（Waggoner, Smith, & Collins, 2009）。

　環境情報に基づいた特性推論の研究は，顔からの特性推論と同様に，その推論が正確かどうかということにも焦点が当てられる。コンピューターアルゴリズムが Facebook のメッセージ（Schwartz et al., 2013）や「いいね」から送信者のパーソナリティを正しく予想することが明らかにされてきている（Youyou et al., 2017）。SNS 上に残る各種の情報は，ユーザーのネット行動の痕跡である。そしてそれぞれの痕跡は，性格特性を推論する多くのヒントを有している。SNS 上での活発な活動の痕跡（Blackwell et al., 2017; Kuss & Griffiths, 2011）や，友人数の多さ（Kosinski et al., 2014）は外向性と結びつきやすい。隠された自分を開示する発言や，否定的な言葉を使った投稿は神経症傾向と，また，悪口を言わない，肯定的な感情を表した投稿は協調性の推測と結びついている（Schwartz et al., 2013）などである。さらに近年では，SNS の情報に基づいた特性推論の正確さを，コンピューターの予想と比較するという研究も増えてきた（Hinds & Joinson, 2019）。これによると，人は外向性や誠実性，協調性の推論は開放性や神経症傾向の推論よりも正確である。一方，コンピューターによる推論では，開放性や神経症傾向の推論も外向性の推論と同程度に正確だった。人よりもコンピューターのほうが特性推論が正確であるという報告が散見されるようになってきた（Azucar, Marengo, & Settanni, 2018; Tskhay & Rule, 2014）。将来は，AI が（ネット上の）行動から性格特性を予測する精度が上がり，そのことが，人間の特性推論メカニズムの理解の一助となるかもしれない。

引用文献

Ambady, N., & Skowronski, J. J. (Eds.). (2008). *First impressions*. New York, NY: Guilford.

Alley, T. R. (1988). Physiognomy and social perception. In T. R. Alley (Ed.), *Social and applied aspects of perceiving faces* (pp. 167-186). Hillsdale, NJ: Erlbaum.

Azucar, D., Marengo, D., & Settanni, M. (2018). Predicting the Big 5 personality traits from digital footprints on social media: A meta-analysis. *Personality and Individual Differences, 124*, 150-159.

Bargh, J. A., & Chartrand, T. L. (1999). The unbearable automaticity of being. *American Psychologist, 54*, 462-479.

Berry, D. S. (1991). Accuracy in social perception: Contributions of facial and vocal information. *Journal of Personality and Social Psychology, 61,* 298-307.

Blackwell, D., Leaman, C., Tramposch, R., Osborne, C., & Liss, M. (2017). Extraversion, neuroticism, attachment style and fear of missing out as predictors of social media use and addiction. *Personality and Individual Differences, 116,* 69-72.

Bond, C., Berry, D. S., & Omar, A. (1994). The kernel of truth in judgments of deceptiveness. *Basic and Applied Social Psychology. 15,* 523-534.

Brewer, M. B. (1988). A dual process model of impression formation. In T. K. Srull, & R. S. Wyer Jr. (Eds.), *Advances in social cognition* (Vol. 1, pp. 1-36). Hillsdale, NJ: Lawrence Erlbaum Associates.

Brunswik, E. (1956). *Perception and the representative design of psychological experiments.* Berkeley, CA: University of California Press.

Carlston, D. E., & Skowronski, J. J. (1994). Savings in the relearning of trait information as evidence for spontaneous inference generation. *Journal of Personality and Social Psychology, 66,* 840-856.

Carlston, D. E., & Skowronski, J. J. (2005). Linking versus thinking: Evidence for the different associative and attributional bases of spontaneous trait transference and spontaneous trait inference. *Journal of Personality and Social Psychology, 89,* 884-898.

Carlston, D. E., Skowronski, J. J., & Sparks, C. (1995). Savings in relearning: II. On the formation of behavior-based trait associations and inferences. *Journal of Personality and Social Psychology, 69,* 420-436.

Cohen, R. (1973). *Patterns of personality judgments.* New York, NY: Academic Press.

Crawford, M. T., Skowronski, J. J., Stiff, C., & Scherer, C. R. (2007). Interfering with inferential, but not associative, processes underlying spontaneous trait inference. *Personality and Social Psychology Bulletin, 33,* 677-690.

Dijksterhuis, A., & van Knippenberg, A. (1996). The knife that cuts both ways: Facilitated and inhibited access to traits as a result of stereotype activation. *Journal of Experimental Social Psychology, 32,* 271-288.

Dion, K. K. (2002). Cultural perspectives on facial attractiveness. In G. Rhodes & L. A. Zebrowitz (Eds.), Facial attractiveness: Evolutionary, cognitive, and social perspectives. *Advances in visual cognition* (Vol. 1, pp. 239-259). Westport, CT: Ablex Publishing.

Fiske, S. T., & Neuberg, S. L. (1990). A continuum of impression formation, from category-based to individuating processes: Influences of information and motivation on attention and interpretation. *Advances in Experimental Social Psychology, 23,* 1-74.

Gilbert, D. T., & Malone, P. S. (1995). The correspondence bias. *Psychological Bulletin, 117,* 21-38.

Gosling, S. D., Ko, S. J., Mannarelli, T., & Morris, M. E. (2002). A room with a cue: Personality judgments based on offices and bedrooms. *Journal of Personality and Social Psychology, 82,* 379-398.

Ham, J., & van den Bos, K. (2008). Not fair for me! The influence of personal relevance on social justice inferences. *Journal of Experimental Social Psychology, 44,* 699-705.

Ham, J., & Vonk, R. (2003). Smart and easy: Co-occurring activation of spontaneous trait inferences and spontaneous situational inferences. *Journal of Experimental Social*

Psychology, 39, 434-447.

Hamilton, D. L., Katz, L. B., & Leirer, V. O. (1980). Cognitive representation of personality impression: Organizational processes in first impression formation. *Journal of Personality and Social Psychology, 39*, 1050-1063.

Hastie, R., & Kumar, P. A. (1979). Person memory: Personality traits as organizing principles in memory for behaviors. *Journal of Personality and Social Psychology, 37*, 25-38.

Hassin, R., & Trope, Y. (2000). Facing faces: Studies on the cognitive aspects of physiognomy. *Journal of Personality and Social Psychology, 78*, 837-852.

林 文俊・津村 俊充・大橋 正夫 (1977). 顔写真による相貌特徴と性格特性の関連構造の分析 名古屋大學教育學部紀要, *24*, 35-42.

Hinds, J., & Joinson, A. (2019). Humans and computer personality prediction from digital footprints. *Current Direction in Psychological Science, 28*, 204-211.

唐沢 かおり (2017). なぜ心を読みすぎるのか：みきわめと対人関係の心理学 東京大学出版会

Katz, D., & Braly, K. (1933). Racial stereotypes of one hundred college students. *The Journal of Abnormal and Social Psychology, 28*, 280-290.

Kosinski, M., Bachrach, Y., Kohli, P., Stillwell, D., & Graepel, T. (2014). Manifestations of user personality in website choice and behaviour on online social networks. *Machine Learning, 95*, 357-380.

Kreiborg, S., Jensen, B. L., Møller, E., Björk, A. (1978). Craniofacial growth in a case of congenital muscular dystrophy. *American Journal of Orthodontics. 74*, 207-215.

Kuss, D. J., & Griffiths, M. D. (2011). Online social networking and addiction-A review of the psychological literature. *International Journal of Environmental Research and Public Health, 8*, 3528-3552.

Macrae, C. N., Stangor, C., & Milne, A. B. (1994). Activating social stereotypes: A functional analysis. *Journal of Experimental Social Psychology, 30*, 370-389.

Markus, H. R., & Kitayama, S. (1991). Culture and the self: Implications for cognition, emotion, and motivation. *Psychological Review, 98*, 224-253.

Mitchell, J. P., Cloutier, J., Banaji, M. R., & Macrae, C. N. (2006). Medial prefrontal dissociations during processing of trait diagnostic and nondiagnostic person information. *Social Cognitive and Affective Neuroscience, 1*, 49-55.

宮本 聡介 (1996). 連続行動の観察場面で観察者が処理する情報内容の分析：印象形成と行動記憶に見られる発話内容の分析を中心として 社会心理学研究, *12*, 104-112.

宮本 聡介・山本 真理子 (1994). 相貌特徴が魅力判断および性格判断に与える影響 筑波大学心理学研究, *16*, 199-207.

Na, J., & Kitayama, S. (2011). Spontaneous trait inference is culture-specific: Behavioral and neural evidence. *Psychological Science, 22*, 1025-1032.

Olcaysoy Okten, I., & Moskowitz, G. B. (2018). Goal versus trait explanations: Causal attributions beyond the trait-situation dichotomy. *Journal of Personality and Social Psychology, 114*, 211-229.

Park, B., & Rothbart, M. (1982). Perception of out-group homogeneity and levels of social categorization: Memory for the subordinate attributes of in-group and out-group members. *Journal of Personality and Social Psychology, 42*, 1051-1068.

Secord, P. F., Bevan, W., & Dukes, W. F. (1953). Occupational and physiognomic stereotypes in the perception of photographs. *Journal of Social Psychology, 37*, 261-270.

Secord, P. F., Dukes, W. F., & Bevan, W. (1954). Personalities in faces: An experiment in social perceiving. *Genetic Psychology Monographs, 49*, 231-279.

Schwartz, H. A., Eichstaedt, J. C., Kern, M. L., Dziurzynski, L., Ramones, S. M., Agrawal, M., Shah, A., Kosinski, M., Stillwell, D., Seligman, M. E. P., & Ungar, L. H. (2013). Personality, gender, and age in the language of social media: The open-vocabulary approach. *PloS ONE, 8*, e73791.

Skowronski, J. J., Carlston, D. E., Mae, L., & Crawford, M. T. (1998). Spontaneous trait transference: Communicators take on the qualities they describe in others. *Journal of Personality and Social Psychology, 74*, 837-848.

Srull, T. K. (1981). Person memory: Some tests of associative storage and retrieval models. *Journal of Experimental Psychology: Human Learning and Memory, 7*, 440-463.

Stangor, C., & McMillan, D. (1992). Memory for expectancy-congruent and expectancy-incongruent information: A review of the social and social developmental literatures. *Psychological Bulletin, 111*, 42-61.

Todorov, A., & Uleman, J. S. (2002). Spontaneous trait inferences are bound to actors' faces: Evidence from a false recognition paradigm. *Journal of Personality and Social Psychology, 83*, 1051-1065.

Todorov, A. (2017). *Face value: The irresistible influence of first impressions*. Princeton, NJ: Princeton University Press. (トドロフ, A. 中里 京子 (訳) (2019). 第 1 印象の科学——なぜ ひとは顔に惑わされてしまうのか みすず書房)

外山 みどり (2001). 社会的認知の普遍性と特殊性：態度帰属における対応バイアスを例として 対人社会心理学研究, *1*, 17-24.

Tskhay, K. O., & Rule, N. O. (2014). Perceptions of personality in text-based media and OSN: A meta-analysis. *Journal of Research in Personality, 49*, 25-30.

Uleman, J. S. (1999). Spontaneous versus intentional inferences in impression formation. In S. Chaiken & Y. Trope (Eds.), *Dual-process theories in social psychology* (pp. 141-160). New York, NY: Guilford.

Van Overwalle, F. (2009). Social cognition and the brain: A meta-analysis. *Human Brain Mapping, 30*, 829-858.

Vazire, S., & Gosling, S. D. (2004). e-perception: Personality impressions based on personal website. *Journal of Personality and Social Psychology, 87*, 123-132.

Waggoner, A. S., Smith, E. R., & Collins, E. C. (2009). Person perception by active versus passive perceivers. *Journal of Experimental Social Psychology, 45*, 1028-1031.

Wigboldus, D. H. J., Dijksterhuis, A., & van Knippenberg, A. (2003). When stereotypes get in the way: Stereotypes obstruct stereotype-inconsistent trait inferences. *Journal of Personality and Social Psychology, 84*, 470-484.

Winter, L., & Uleman, J. S. (1984). When are social judgments made? Evidence for the spontaneousness of trait inferences. *Journal of Personality and Social Psychology, 47*, 237-252.

Yan, X., Wang, M., & Zhang, Q. (2012). Effects of gender stereotypes on spontaneous trait inferences and the moderating role of gender schematicity: Evidence from Chinese undergraduates. *Social Cognition, 30*, 220-231.

Youyou, W., Stillwell, D., Schwartz, H. A., & Kosinski, M. (2017). Birds of a feather do flock together: Behavior based personality assessment method reveals personality similarity among couples and friends. *Psychological Science, 28*, 276-28

Zárate, M. A., Uleman, J. S., & Voils, C. I. (2001). Effects of culture and processing goals on the activation and binding of trait concepts. *Social Cognition, 19*, 295-323.

Zebrowitz, L. A., Collins, M. A., & Dutta, R. (1998). The relationship between appearance and personality across the life span. *Personality and Social Psychology Bulletin, 24*, 736-749.

Zebrowitz, L. A., Voinescu, L., & Collins, M. A. (1996). "Wide-eyed" and "crooked-faced": Determinants of perceived and real honesty across the life span. *Personality and Social Psychology Bulletin. 22*, 1258-1269.

Zwebner, Y., Sellier, A. L., Rosenfeld, N., Goldenberg, J., & Mayo, R. (2017). We look like our names: The manifestation of name stereotypes in facial appearance. *Journal of Personality and Social Psychology, 112*, 527-554.

第3章

ステレオタイプ

田戸岡好香

　私たちはどのようにして他者を判断しているのだろうか。社会心理学の研究では，性別や年齢，人種など，相手がどういった集団に属するかという情報に基づいて他者を判断することが知られている。たとえば，「女性は優しい」「官僚は冷たい」といったように，ある集団に属する人たちに対する固定的なイメージや信念をステレオタイプと言う。ステレオタイプは差別問題など社会的に望ましくない結果を生むこともあるため，そうした社会問題の理解と解決という社会的要求に応えるべく，社会心理学の中で中心的なテーマとして古くから研究されてきた。本章では，はじめに，ステレオタイプとそれに類似した概念の定義を確認しながら，初期の研究を振り返っていく。続いて，社会的認知研究の手法が確立されたことで明らかになったステレオタイプの研究知見を解説する。具体的には，ステレオタイプが私たちの認知や行動に及ぼす影響や，なぜ維持されるのかを概観していく。最後に，ステレオタイプや偏見をどのようにすれば低減できるのかについて，これまでの社会的認知研究の知見をもとに考える。

1. ステレオタイプとは

[1] ステレオタイプ，偏見，差別の定義

　先述したように，ステレオタイプは社会的集団に対するイメージであるため，「黒人は攻撃的である」というようなネガティブな内容に限らず，「日本人は礼儀正しい」といったポジティブなものも含まれる。私たちの周囲には膨大な情報が存在しており，すべての情報を逐一処理することはできない。そこで，ステレオタイプのような画一化したイメージを用い，単純化した処理を行うことで，認知処理資源を節約した対人判断をすることができる。このように，ステレオタイプを他者にあてはめて判断することは，ステレオタイプ化やステレオタイプの適用と呼ばれる。

　しかし，さまざまな集団にステレオタイプを適用することは，対人認知を歪める恐

れがある。こうした文脈でよく用いられる用語として，偏見や差別といった概念がある。偏見はある社会的集団や個人に対する否定的な感情のことを指し，通常，ポジティブな内容は含まない。そして，特定の集団の成員だという理由だけで平等に扱わず，ネガティブな行動を取ることが差別である。たとえば，「外国からの移民は無礼だ」という認知的イメージはステレオタイプであり，「移民は嫌いだ」という感情が偏見，「移民を雇わない」という行動が差別ということになる。このように，現存する偏見や差別の根底には，集団に対する画一化されたイメージとしてのステレオタイプが存在する。

［2］ ステレオタイプ研究のはじまり

　20世紀初頭のステレオタイプ研究は，その内容を明らかにすることから始まった。カッツとブレーリー（Katz & Braly, 1933）がアメリカの白人大学生の中でもたれているステレオタイプを測定したところ，当時は，黒人に対してあからさまにネガティブなステレオタイプがもたれていることが明らかになった。その後，この研究は継続的に行われ，黒人に対するステレオタイプは年を経るごとに低減していった。このように，ネガティブなステレオタイプのあからさまな表明は，現代社会においてはなくなってきている。一方で，そうした結果は，回答者が社会的望ましさを意識したためではないか，という指摘もなされた。すなわち，人種差別の解消を求めた公民権運動の盛り上がりなどを経て，アメリカにおいてはステレオタイプ的な判断は望ましくないという規範が強まっており，そうした背景から，ネガティブな意見を表出することを避けているだけではないかと考えられたのである。

　実際，認知心理学の研究手法を取り入れた社会的認知研究が隆盛になると，ステレオタイプが自動的に活性化するということが明らかになってきた。そのことを端的に示した研究としてデヴァイン（Devine, 1989）の研究が挙げられる。この研究では，閾下（文字が読めないほどの速さ）で黒人に関連した単語を提示した後，別の課題としてターゲット人物の文章を読んでもらい，その印象を尋ねた。その結果，ステレオタイプや偏見が弱いと考えられる低偏見者であっても，高偏見者と同じように，ターゲット人物を黒人ステレオタイプに当てはまるように，攻撃的であると評定した。この結果は，偏見の程度に関係なく，黒人ステレオタイプが自動的に活性化することを示している。ただし，続く実験において，ステレオタイプが活性化していることに気づいた場合には，低偏見者はターゲット人物を攻撃的だと評定しなくなった。こうした研究を契機に，ステレオタイプが自動的に活性化する非意識的過程と，ステレオタイプを意識的に表出しないようにする統制的過程という2過程が考慮されるようになった（自動性と統制的過程について，詳しくは本書6章を参照）。

　以上のように，研究開始当初はステレオタイプの内容の測定が主眼であったが，認知的アプローチによって，個人の心理過程を明らかにする試みがなされるようになった。こうした手法の発展は，ほかの領域と同様，ステレオタイプ研究の裾野を広げることになり，ステレオタイプが私たちの考えや行動にどのように影響を与えるのか，ステレオタイプがなぜ維持されるのか，といった詳細なプロセスが明らかになってきた。

2. ステレオタイプの内容とその影響

[1] ステレオタイプの影響

　では，ステレオタイプや偏見は私たちの認知や行動にどのような影響を及ぼすのだろうか。

　先述したように，私たちがステレオタイプを用いて他者を判断しやすいことは，社会心理学の多くの研究で示されてきた。たとえば，ダンカン（Duncan, 1976）の研究では，白人大学生の参加者に，二人の人物が議論をしている映像を見せた。二人の議論は段々とエスカレートしていき，ターゲット人物が会話の相手をこづく様子が映し出された。その際，半分の参加者には，ターゲット人物が白人のビデオを見せ，もう半数の参加者には黒人のビデオを見せた。実験の結果，黒人のビデオを見た場合には，白人のビデオを見た場合よりも，「ターゲット人物は乱暴だ」と解釈しやすかった。このように，同じ行動であったとしても，ステレオタイプに沿った見方をしており，認知的な歪み（バイアス）が存在することが明らかになっている。

　さらに，こうしたステレオタイプは私たちの行動にも実際に影響を及ぼす。アメリカでは，武器を持っていない黒人が警察官によって誤射されやすい問題が深刻化している。誤武器同定パラダイムはこうした現象を実験室内において再現したものである（Payne, 2001）。実験参加者は，ターゲット人物（白人か黒人）と銃が一緒に提示された場合には「撃つ」ボタンを押し，銃以外の道具（たとえば工具）が一緒に提示されたときには「撃つ」ボタンを押さないよう教示された。実験の結果，白人と銃が対提示されたときよりも，黒人と銃が対提示されたときの方が，早く撃たれていた。さらに黒人と道具が対提示された場合には，白人の場合よりも誤って撃たれる可能性が高かった。こうした結果は，警察官を実験参加者にした場合であっても生じることが知られており，自動的に活性化したステレオタイプは，瞬発的な判断，行動に影響を及ぼし，時に人の生死に関わる可能性さえも示唆されている。

[2] ステレオタイプ内容モデルと BIAS マップ

　ここまで，アメリカ社会でとくに問題とされる黒人ステレオタイプを扱った研究を取り上げてきたが，ステレオタイプの対象や内容はさまざまなものが見られる。ステレオタイプの内容がどのように規定されるのかを整理したモデルとして，ステレオタイプ内容モデル（Fiske et al., 2002）を紹介しよう。

　このモデルによれば，ステレオタイプにはさまざまな内容があるが，大きく分けて人柄と能力という二つの次元から捉えられる。人柄は対象集団が競争的か協力的かによって規定され，協力的であれば温かいという認知を，競争的であれば冷たいという認知をもたれる。ここで言う競争的とは，限られた資源を奪い合うという直接的な競争関係だけでなく，社会の資源を搾取されているという認知も含む。一方，能力は社会構造におけるその集団の地位の上下から規定され，地位が高ければ有能，低ければ無能であると捉えられる。

　ステレオタイプの内容は人柄・能力とその高低を掛け合わせた4つのクラスターに分類できる（図 3-1）。これら2次元の評価はそれぞれ独立にポジティブもしくはネガティブな内容を形成するため，一方の次元がポジティブなら，他方の次元はネガティブな，両面価値的ステレオタイプがとくに多く見られる。たとえば，高齢者は「無能だが温かい」と見なされ，慈悲的感情を抱かれやすい。反対に，キャリア女性は「有

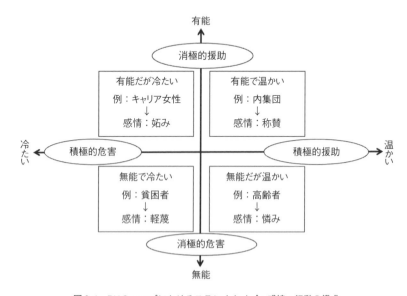

図 3-1　BIAS マップにおけるステレオタイプ・感情・行動の構成

能だが冷たい」と見なされ，妬まれやすい。一方で，能力と人柄の評価がともに高い
もしくはともに低いクラスターも存在する。能力・人柄ともに高いクラスターでは，
中流階級の人や内集団に対して向けられる「有能で温かい」というステレオタイプが
付与され，称賛されやすい。一方で，人柄も能力も低いクラスターでは，貧困者や薬
物依存者に対して「無能で冷たい」というステレオタイプが付与され，軽蔑の対象と
なる。

　さらに，ステレオタイプ内容モデルを感情・行動レベルにまで拡張した BIAS マッ
プ（behavior from intergroup affect and stereotypes map; Cuddy et al., 2007）では，外
集団に対する複雑な感情，行動への影響を包括的に説明している。先述したように，
人柄は対象集団が競争的か協力的かによって規定されるが，相手が自分にとって敵か
仲間かを判断し，それに基づいて行動することは重要であるため，積極的な行動を導
く。すなわち，対象集団を温かいと見なす場合には積極的援助（たとえば：守る）を，
冷たいと見なす場合には積極的危害（たとえば：攻撃する）を加えやすい。一方で，
能力は消極的な行動を導くと考えられ，有能な場合には消極的援助（たとえば：仕事
上の付き合いをする）を，無能な場合には消極的危害（たとえば：無視する）を加え
やすい。

　こうした理論をもとにすると，両面価値的ステレオタイプをもたれている集団に対
しては，行動も複雑な形で表出される。たとえば，「無能だが温かい」と見なされる高
齢者は援助の対象ではあるが，時として視線をそらされ，社会的に排除されるような
形で差別を受けやすい。反対に「有能だが冷たい」と見なされるキャリア女性は能力
が重視されるような場面では協力を求められやすいが，仕事以外の場面では排斥され，
陰で悪口を言われるといった危害を受けることがある。こうした一見矛盾したような
複雑な行動はステレオタイプの両面価値性から生じていると捉えられる。

　なお，「無能で冷たい」と見なされる貧困者などの社会的弱者に対しては，積極的な
意味でも，消極的な意味でも危害が加えられやすい。とくに，こうした集団成員は，
自分自身の選択の結果として苦境にいるのだろうと判断されると，軽蔑感情が強く生
じやすい。その最悪なケースが相手を人として見なさない非人間化である。非人間化
された場合には，モノや動物のように扱われ，心がないように見なされる。そのため，
非人間化された対象は，心身の痛みを感じにくいと認知されたり，援助されにくく
なったりする（Haslam, 2006）。昨今，経済格差が広がるなかで，社会的弱者に対して
手を差し伸べるどころか，バッシングをする事例が見られるが，非人間化のような心
理的プロセスが関わっている可能性があるだろう。

[3] ステレオタイプ脅威

　ステレオタイプ研究では，ステレオタイプをもたれる側の人々への心理的影響も検討されてきた。たとえば，スペンサーら（Spencer et al., 1999）は，「女性は数学が苦手」というステレオタイプを用いて，こうしたステレオタイプが顕現的になったときの女性の数学のテストの遂行を調べた。男女の参加者は数学のテストを受ける際に，「このテストは性差が生じやすい」もしくは，「性差は生じない」といういずれかの教示を受けた。その結果，性差はないと説明された場合には，男女に成績の差は生じなかったが，性差があると説明された場合には，男性よりも女性の成績が低下した。このように，自分の所属する集団に関わるネガティブなステレオタイプによって生じる懸念のことをステレオタイプ脅威と呼び，ステレオタイプをもたれる人々にさまざまな負の影響を及ぼす。こうしたステレオタイプ脅威の影響は，ジェンダーステレオタイプに限らず，黒人などの民族ステレオタイプが顕現的になった際にも生じる。

　なお，ステレオタイプ脅威のメカニズムとして，さまざまな媒介変数が指摘されているが，近年では，言語的ワーキングメモリへの影響が指摘されている（Beilock et al., 2007）。たとえば，数学の問題を解くときには，数字を一時的に記憶しながら，計算などの処理をする必要があり，一定のワーキングメモリが必要である。しかし，ステレオタイプ脅威下では，「女性は数学ができないというステレオタイプを確証してしまうのではないか」といった不安に関連した思考が生成されるため，言語的ワーキングメモリが圧迫され，その結果として成績が低下すると考えられる。こうした脅威は，男女間の相互コミュニケーションにもネガティブな影響を与え，ステレオタイプ脅威によって課題への自信や自尊心が低下した女性は，顔を手で隠すといった服従的な動作を取りやすくなることも明らかになっている（Borton et al., 2011）。このように，ステレオタイプ脅威はマイノリティ集団の人々がパフォーマンス不振に陥りやすい原因の一つとされている。

3. ステレオタイプ・偏見の維持過程

　ここまで見てきたように，偏見を示し，他者を差別することは社会的に望ましくないという規範意識が広まっているにもかかわらず，なぜこうした問題はなくならないのだろうか。ここからは，ステレオタイプや偏見がどのように維持されているのかを概観する。その際，私たち個人のものの見方に関する認知的観点，および，個人を取り巻く社会のシステムを正当化しようとする動機的観点に注目する。最後に，究極要因による説明として，最近注目されている進化的観点から説明する。

［1］認知バイアス

　人には物事を認知するときに，さまざまなバイアスがかかりやすいことがわかっている。たとえば，通常の基準から逸脱しているような目立った事例に目を向けやすく，そうした事例は実際よりも頻繁に起こっているように知覚されやすい。外国人のような少数派で目立つ人々が，ゴミのポイ捨てといった規範を逸脱した行動をすると，その事例は注意を引きやすく，日本人が同じようにポイ捨てをした場合よりも目立つ事例となる。すると，「外国人はマナーが悪い人が多い」といったように外国人とマナーの悪さに誤った関連を見出してしまうことになる。これは錯誤相関と言われ，ステレオタイプを維持する一因となる（Hamilton & Gifford, 1976）。

　また，ダーリーとグロス（Darley & Gross, 1983）は，事前にもっている期待にそった事例に注意を向けやすい認知バイアスを実験によって巧みに示した。この研究では，実験参加者に，ある少女が家の前で遊んでいる映像を提示した。映像は2種類あり，半分の参加者は少女が都市郊外の中流階級の家庭で育っていることが描かれた映像を，もう半数の参加者は少女が貧しい家庭環境にいる映像を鑑賞した。その後，半数の参加者は，少女が数学の問題を解いているビデオを提示され，知的能力を評価するよう教示された。少女の解答は，難しい問題に正解したり，簡単な問題を間違ったりと，映像だけでは知的能力を評価することはできないような，あいまいな内容であった。もう半数の参加者はこうしたテスト場面のビデオを見ずに，少女の学力を推測してもらった。その結果，テスト場面を見ていない参加者では，少女の家庭環境の違いによって学力の推測にはほとんど差がなかった。しかし，テスト場面を見た参加者では，少女が中流家庭の子どもの場合より，貧困家庭の子どもの場合の方が，知的能力を低く評価した。この結果は，「貧困者は能力が低い」というステレオタイプに当てはめるように，映像の不正解の部分のみに注目し，情報を解釈したということを意味している。このように，ステレオタイプに一致した情報に注目し，一致しない情報を看過する認知傾向を期待確証バイアスと言う。こうしたバイアスによって，ステレオタイプはあたかも真実を映し出すものであると感じられ，維持されていく。

［2］システム正当化動機

　ステレオタイプは個人の情報処理に関わるだけでなく，社会構造的な意味をもち，社会システムの維持に関係していることも指摘されている。私たちは，社会のシステムが公平で，正当なものだと信じ，それを維持しようとする傾向がある。これはシステム正当化動機と呼ばれ，ステレオタイプが維持される原因の一つとして捉えることができる。システム正当化動機がステレオタイプの維持に及ぼす影響を示した研究として，ケイら（Kay et al., 2005）の研究を見てみよう。この研究では，地元の記者が書

いたとされる記事の2つのうちどちらか1つを参加者に提示した。一方の記事では，アメリカ社会が政治・経済的に苦境にあると述べられており，現状の社会システムが脅威にさらされている印象を与える内容であった。もう一方では，アメリカのシステムは安定しているという内容が書かれていた。参加者はいずれかの記事を読んだ後，無関連な研究として，権力者と非権力者（たとえば：肥満者）に対するステレオタイプを評定した。その結果，システムが脅威にさらされている文章を読んだ参加者は，そうでなかった参加者に比べて，「権力者は知的だが幸せではない」一方で，「肥満者は怠惰だが，社交的だ」と評定した。

　この結果は2つのことを示唆している。すなわち，現状の社会システムが脅威にさらされていると感じると，権力者は有能であり，非権力者は怠惰であるというステレオタイプが強まり，そして，彼らがその地位にあるのは，彼ら自身の責任によるものであると感じやすくなるのである。こうした研究知見をもとに現実社会に目を転じ，社会的弱者をバッシングする事例について考えてみよう。バッシングの際によくある言説として，苦境にあるのは本人たちの努力が足りないからだ，といった自己責任論が展開されることが多い。ニュースなどでよく耳にする経済格差や不景気といった情報は，まさにシステム脅威が与えられた状態と言える。そうした情報にさらされた人々は，脅かされたシステム正当化動機を満たすために，社会的弱者たる理由が本人たちにあると認知し，バッシングをするのかもしれない。

　2点目に，能力に関するステレオタイプ評定を補うように，権力者は幸せではなく，肥満者は社交的であると評定をしていた。このことから，地位に関連しない次元では弱者に好意的な評価を向け，強者を悪く言うことで，この世界はある意味で公平にできているのだという認識をしていることがうかがえる。ステレオタイプ内容モデルでも示されているように，多くのステレオタイプがこうした両面価値的な内容を含んだものであるため，私たちはステレオタイプを正当なものだと考えやすい。システム正当化動機は社会経済的に不利な立場にある人であっても生じるため，自集団にとって都合が悪いステレオタイプであっても，正当化され，受け入れてしまう。その結果，ステレオタイプは維持されていく。以上のように，システム脅威を受けた際には，ステレオタイプの内容が巧みにシステム正当化の機能を果たしていると考えられるだろう。

［3］進化的観点からのアプローチ

　ここまで，認知および動機づけといった観点から，ステレオタイプが維持されるメカニズムを示してきた。これらは，ある行動や現象が引き起こされる直接的な要因であり，至近要因と言われる観点からの説明であった。一方で，進化心理学の考え方に

基づき，ある行動がどのような機能があるために進化してきたのか，という究極要因を考えることが新たな研究の進展を生みだしてきた。近年，ステレオタイプや偏見の形成・維持に関して進化的観点から解明しようとする立場があり，興味深い知見が明らかになってきている。ここでは，適応という観点から偏見を説明する遺伝的進化過程と，ステレオタイプの伝達に注目した文化的進化過程の二つのアプローチを説明する。

　私たちヒトには，他の動物と同様に，生存や繁殖に有利になるような適応的な行動を促す心理メカニズムが備わっている。ヒトは身体が小さく，弱いため，集団で行動する必要があった。そうした環境では，集団内が規範によって協力的で調和的な状態であることが，適応上の利益がもっとも大きくなる。そのため，ステレオタイプや偏見は内集団と外集団を区別することの適応的な価値があったことで進化したと考えられる。

　その一つとして，外国人嫌悪（xenophobia）を進化的観点から読み解いてみよう。進化的アプローチによると，見知らぬ外国人は免疫をもっていない未知の感染症に罹患している可能性があり，また衛生習慣や食事の調理法など異なった文化的規範をもつため，外国人との接触は病気の伝染リスクを高める。感染症のリスクは生存に脅威を与え，適応的ではないことから，感染症の手がかりを避けるような行動を促す行動免疫システムが働き，外国人嫌悪につながると想定される。実際にカナダ人参加者を対象に検討した実験を紹介しよう（Faulkner et al., 2004）。この実験では，半数の参加者にキッチンのスポンジに潜む菌などの画像を見せることで感染症に関する脅威を高め，もう半数の参加者には感電の危険性などの画像を見せることで事故に関する脅威を高めた（統制条件）。その後，別の実験として，カナダ人にとってなじみのある移民（たとえば：スコットランド人）となじみのない移民（たとえば：ブラジル人）への政府の予算配分をどの程度すべきかを尋ねた。その結果，統制条件では予算配分に差がないが，感染症脅威条件ではなじみのある移民よりもなじみのない移民に予算を少なく配分していた（図3-2）。すなわち，感染症脅威が高まると，なじみのない国からの移民を拒否する傾向が高まっていた。この結果は，感染症脅威という適応に脅威を与える要因が偏見のメカニズムに関わっていることを示唆している。一方で，なじみのある国からの移民に対しては感染症脅威下でも偏見が強まらないことから，外国人嫌悪を低減させるためには，外集団をよく知るということが重要なのかもしれない。この点については，ステレオタイプ・偏見の低減法に関する本章4節［3］でも再考する。

　進化的アプローチの二つ目として，個人間のコミュニケーションを通してステレオタイプが伝達される過程に注目した文化的進化過程に目を向けよう。ステレオタイプには，私たち個々がもっている画一化された知識という個人レベルの認知表象だけで

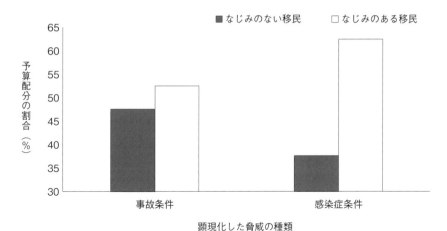

図3-2　脅威の種類が移民に対する予算配分に及ぼす影響
(Faulkner et al., 2004, 研究6)

なく，多くの人に共有された文化的表象という側面もある。それでは，特定のステレオタイプはなぜ維持され，広範に広まってきたのだろうか。人は相手の役に立つと思われる情報を共有しようとするが，生存にとって重要な情報は身体的な健康や安全を脅かすような情報だと考えられる。実際，ヒトの安全や危険を暗示する情報ほど，その伝達性は高いことが示されている（Schaller et al., 2004）。こうした指摘は，「黒人は攻撃的だ」といったステレオタイプが現代においても維持されていることや，外集団に対する温かさ-冷たさの情報が攻撃の意図を暗示するために重視されるという知見とも一致する（本章2節［2］参照）。

4. 偏見・ステレオタイプの低減

　以上のように，さまざまな心理プロセスによってステレオタイプや偏見は維持されやすいが，どうすれば低減することができるのだろうか。こうした問いは社会心理学の古典的な議論でも注目されてきた。ステレオタイプ的判断を避けるための方略として，ここでは三つのアプローチを紹介する。

［1］ステレオタイプの連合の変容
　一つ目は，ステレオタイプの内容そのものを変容させるアプローチである。ステレオタイプは集団と強く関連づけられた知識であるため，集団とステレオタイプ知識と

の認知的な連合を消去する方法が提案されてきた。たとえば，多量の訓練や時間をかけた学習によって，ステレオタイプ的連合は変容しうる。カワカミら（Kawakami et al., 2000）の研究では，参加者に白人および黒人の顔写真と性格特性を同時に提示した。その際，「黒人-攻撃的」「白人-賢い」のようなステレオタイプ的な組み合わせには「No」と反応し，「黒人-賢い」「白人-攻撃的」のような反ステレオタイプ的な組み合わせには「Yes」と反応するように繰り返し訓練した。その結果，ステレオタイプの自動的な活性化が低減された。また，別の研究では，黒人の写真を自分に近づけ，白人の写真を自分から遠ざけるという接近回避訓練を繰り返したところ，黒人をネガティブに認知する傾向が弱まった（Kawakami et al., 2007）。

　さらに，接近回避などの行動的訓練を行わずとも，反ステレオタイプ事例を見せ続けるだけでも効果がある（Dasgupta & Greenwald, 2001）。具体的には，参加者に評判の良い黒人著名人（たとえば：有名な俳優や政治家）など反ステレオタイプ的な事例を提示し続けたところ，参加者の黒人へのネガティブな連合が弱まった。さらに，こうした効果は24時間後でも続いていた。

　このように，長い時間や訓練を通して反ステレオタイプ的な態度を形成していくことで，長期的に望ましい効果を得られる可能性が高いことがわかる。

[2] ステレオタイプ抑制

　しかし，日常場面ではこうした長期的な訓練を行うことは難しい。むしろ，相手と相対したときに即時的にステレオタイプを意識的に考えないようにしようとする場合もあるだろう。二つ目のアプローチは，ステレオタイプ抑制という方略である。ただし，ステレオタイプを無理に抑制しようとする試みはかえってステレオタイプを活性化させてしまうリバウンド効果という現象を生じさせる。マクレら（Macrae et al., 1994）の研究では，参加者はスキンヘッド男性の写真を提示され，その人物の一日を描写する課題を行った。その際，半数の参加者にはステレオタイプに基づいて書かないよう抑制教示をし，もう半数の参加者にはそうした教示をしなかった。すると，抑制教示を受けた参加者は，教示を受けていない参加者に比べて，ステレオタイプに基づいた記述が少なかった。しかし，その後，再度，別のスキンヘッド男性について書いてもらうと，抑制条件の参加者の方がステレオタイプ的な記述が増加していた。また，抑制条件では，スキンヘッド男性の荷物から距離を置くことも示された。これらの結果から，ステレオタイプ抑制の限界が指摘された。

　しかし，抑制はステレオタイプ的判断を避けるときには行われやすい方略であるため，リバウンド効果を生じさせずに抑制を行う方法が検討されることとなった。たとえば，田戸岡・村田（2010）では，高齢者のステレオタイプ抑制をする際に，「高齢者

は無能だが温かい」という両面価値的ステレオタイプを利用した方法を提案している。すなわち，無能というネガティブなステレオタイプを抑制する際に，人柄次元の温かいというステレオタイプを利用することで，リバウンド効果を生起させずに抑制できることが示されている。ステレオタイプ抑制は即時的によく行われる方略であるため，さらなる研究を進めていく必要がある。

[3] 接触仮説

　最後に，より現実的な場面において，ステレオタイプや偏見が低減されていく可能性として，接触仮説を取り上げたい。接触仮説とは，集団間の成員同士が触れ合うことで，ステレオタイプや偏見が低減するという考え方である。ただし，表面的な接触では，偏見の低減どころか，かえって期待確証によってステレオタイプを強化するなど，逆効果になることもある。そこで，初期の研究において，オルポート（Allport et al., 1954）は偏見を低減させるには，①両集団が対等な地位にいる，②共通の目標を共有する，という二つの条件が必要であると指摘した。その後の研究により，③相互依存（共通の目標を達成するためにお互いに依存する必要がある状況），④私的な個人間の交流（1対1の関係で相互作用する），⑤多重接触（一人の外集団成員との接触では，例外として扱われてしまうため，複数の成員と相互作用する），⑥平等の社会的規範が存在する，といった条件が示されてきた（Aronson, 2010）。こうした条件を満たした集団間の接触は，内・外集団という区別を減らすことや，外集団をよく知ることにつながり，ステレオタイプの低減につながる。

　接触仮説は古典的な議論であるが，現在もなおその理論は拡張され続けている。たとえば，直接的に外集団成員とコミュニケーションを取らずとも，ステレオタイプや偏見が低減することが明らかになってきた。具体的には，自分自身は外集団成員と友好関係になくても，自分の友人が外集団成員と仲が良いと報告した子どもは，外集団に対するネガティブな態度が低減していた（Turner et al., 2007b）。

　さらに，ターナーら（Turner et al., 2007a）は，外集団成員との交流を想像する仮想接触であっても偏見低減に効果があることを示している。具体的には，初対面の高齢者との会話の様子を詳しく想像するよう教示された参加者は，高齢者との交流に対する不安がなくなった結果，ネガティブな態度が改善された。仮想接触は，現実での接触を伴わずとも行えるという点で，実用性が高い方法だと考えられる。これまで，教育現場では，外集団のことをよく知るといった多文化主義的なアプローチや，偏見はよくないものであると気づかせるようなアプローチがとられてきたが，仮想接触によるアプローチは，より簡便で効果的に応用可能だと考えられる。

5. おわりに

　グローバル化や高齢化，格差社会が深刻化する現代において，自分と立場の異なる
集団に属する人との交流が，今後ますます増えていくだろう。たとえば，近年，日本
における在留資格が見直され，今後も外国人労働者が増えていくことが予想される。
一般的に，私たちは外集団に対して，否定的な認知を抱きやすく，認知的なバイアス
ゆえにステレオタイプや偏見は維持されやすい。しかし，ステレオタイプの認知的プ
ロセスや機序を明確にしていくことで，これらの低減可能性も見えてくるだろう。ヘ
イトスピーチ解消法（2016年）や障害者雇用促進法の改正（2013年）など，ダイバー
シティに配慮した法整備が進んでいる。そうした現状において，ステレオタイプや偏
見に依らずに，多様性を受け入れることはますます重要になってくる。今後の社会に
求められるのは，人の心理プロセスに関する科学的根拠に基づいた対処であろう。

引用文献

Allport, G. W., Clark, K., & Pettigrew, T. (1954). *The nature of prejudice*. Cambridge, MA:
　Addison-Wesley.
Aronson, E. (2010). Prejudice: Causes and cures. In E. Aronson, T. D. Wilson & R. M. Akert
　(Eds.), *Social psychology* (7th ed., Chapter 13, pp. 438-457). Boston, MA: Prentice-Hall.
Beilock, S. L., Rydell, R. J., & McConnell, A. R. (2007). Stereotype threat and working memory:
　Mechanisms, alleviation, and spill over. *Journal of Experimental Psychology: General,
　136*, 256-276.
Borton, J. L., Reiner, D. R., Vazquez, E. V., Ruddiman, J. F., & Anglin, S. M. (2011). Does
　suppressing the thought of a self-relevant stigma affect interpersonal interaction? *The
　Journal of Social Psychology, 151*, 240-256.
Cuddy, A. J. C., Fiske, S. T., & Glick, P. (2007). The BIAS map: Behaviors from intergroup
　affect and stereotypes. *Journal of Personality and Social Psychology, 92*, 631-648.
Darley, J. M., & Gross, P. H. (1983). A hypothesis-confirming bias in labeling effects. *Journal
　of Personality and Social Psychology, 44*, 20-33.
Dasgupta, N., & Greenwald, A. G. (2001). On the malleability of automatic attitudes:
　Combating automatic prejudice with images of admired and disliked individuals. *Journal
　of Personality and Social Psychology, 81*, 800-814.
Devine, P. G. (1989). Stereotypes and prejudice: Their automatic and controlled components.
　Journal of Personality and Social Psychology, 56, 5-18.
Duncan, B. L. (1976). Differential social perception and attribution of intergroup violence:
　Testing the lower limits of stereotyping of blacks. *Journal of Personality and Social
　Psychology, 34*, 590-598.
Faulkner, J., Schaller, M., Park, J. H., & Duncan, L. A. (2004). Evolved disease-avoidance

mechanisms and contemporary xenophobic attitudes. *Group Processes & Intergroup Relations*, *7*, 333-353.

Fiske, S. T., Cuddy, A. J. C., Glick, P., & Xu, J. (2002). A model of (often mixed) stereotype content: Competence and warmth respectively follow from perceived status and competition. *Journal of Personality and Social Psychology*, *82*, 878-902.

Hamilton, D. L., & Gifford, R. K. (1976). Illusory correlation in interpersonal perception: A cognitive basis of stereotypic judgments. *Journal of Experimental Social Psychology*, *12*, 392-407.

Haslam, N. (2006). Dehumanization: An integrative review. *Personality and Social Psychology Review*, *10*, 252-264.

Katz, D., & Braly, K. (1933). Racial stereotypes of one hundred college students. *Journal of Abnormal and Social Psychology*, *28*, 280-290.

Kawakami, K., Dovidio, J. F., Moll, J., Hermsen, S., & Russin, A. (2000). Just say no (to stereotyping): Effects of training in the negation of stereotypic associations on stereotype activation. *Journal of Personality and Social Psychology*, *78*, 871-888.

Kawakami, K., Phills, C. E., Steele, J. R., & Dovidio, J. F. (2007). (Close) distance makes the heart grow fonder: Improving implicit racial attitudes and interracial interactions through approach behaviors. *Journal of Personality and Social Psychology*, *92*, 957-971.

Kay, A. C., Jost, J. T., & Young, S. (2005). Victim derogation and victim enhancement as alternate routes to system justification. *Psychological Science*, *16*, 240-246.

Macrae, C. N., Bodenhausen, G. V., Milne, A.B., & Jetten, J. (1994). Out of mind but back in sight: Stereotypes on the rebound. *Journal of Personality and Social Psychology*, *67*, 808-817.

Payne, B. K. (2001). Prejudice and perception: The role of automatic and controlled processes in misperceiving a weapon. *Journal of Personality and Social Psychology*, *81*, 181-192.

田戸岡 好香・村田 光二 (2010). ネガティブなステレオタイプの抑制におけるリバウンド効果の低減方略：代替思考の内容に注目して 社会心理学研究, *26*, 46-56.

Spencer, S. J., Steele, C. M., & Quinn, D. M. (1999). Stereotype threat and women's math performance. *Journal of Experimental Social Psychology*, *35*, 4-28.

Schaller, M., Faulkner, J., Park, H. J., Neuberg, L. S., & Kenrick, T. D. (2004). Impressions of danger influence impressions of people: An evolutionary perspective on individual and collective cognition. *Journal of Cultural and Evolutionary Psychology*, *2*, 231-247.

Turner, R. N., Crisp, R. J., & Lambert, E. (2007a). Imagining intergroup contact can improve intergroup attitudes. *Group Processes & Intergroup Relations*, *10*, 427-441.

Turner, R. N., Hewstone, M., & Voci, A. (2007b). Reducing explicit and implicit outgroup prejudice via direct and extended contact: The mediating role of self-disclosure and intergroup anxiety. *Journal of Personality and Social Psychology*, *93*, 369-388.

第4章

自　　己

尾崎由佳

　本章では，自己に関わる情報処理のうち，自己認知と自己制御を取り上げる。自己認知は，自らについて理解し知識を得ることを指す。自らの行動を観察したり，周囲の他者と関わったりすることを通じて，人間は「私はどのような存在であり，さまざまな場面でいかに振る舞うか」についての知識を獲得していく。これらの知識は状況に応じて活性化され，判断・思考・行動に影響を及ぼす。一方，自己制御は，目標達成に向けて行動を制御することを指す。そこには，自らの現状と目標とする状態との乖離を減らすように動機づけられたり，目標に対して適切かつ実行可能な手段を選択したり，複数の目標間の葛藤に対処したりなど，さまざまなはたらきが関わっている。

1. はじめに

　本章では，社会的認知という本書のテーマに基づき，「社会」環境との関わりに焦点を当てつつ，「認知」という情報処理の視点から，自己に関する研究の成果と課題を整理して論じたい。そこで，自己認知と自己制御の二つのトピックを取り上げる。まず，自己認知（self-cognition）に関しては，自らについて理解し知識を貯蔵することと，その知識を状況に応じて活性化し判断や行動に反映させることが，互いに関わり合っていることを説明する。続いて，自己制御（self-regulation）に関しては，目標達成に向けて行動を制御するための仕組みや，目標間の葛藤に際したときのセルフ・コントロールのはたらきについて解説する。さらに，各トピックについて，近年目覚ましい発展を遂げている脳神経科学的な見地から検証した研究例や，社会環境的な背景（重要他者との関係性や幼少期の社会経済状況など）との関わりを主張した論文についても紹介しつつ，今後の研究展開について考えていきたい。

2. 自己認知

　自己認知とは，「私はどのような存在であり，さまざまな場面でいかに振る舞うか」というように，知覚者が自分自身と周囲環境の関係性について理解し，知識を得ることを指す。自らについて理解した内容は，自己知識（self-knowledge）と呼ばれ，記憶内に保存される。これらの自己知識は，行為者として判断や行動を実行するときにも活用される。

［1］自らについて知る

　自らがどのような存在であり，いかにして周囲環境と関わり合うかについて知るための情報源は，二つに大別される。その一つは，自分自身の振る舞いを観察することである。ベム（Bem, 1967）は，自らについて知る過程は，他者について知る過程と類似していると主張し，それを自己知覚理論（self-perception theory）にまとめた。すなわち，他者の振る舞いを観察することを通じてその人となりを知ることができるのと同じように，自分がどのような態度や性格をもつ人間であるかを知るには自分自身の振る舞いを観察することから始まると言う。もう一つの情報源として重要なのは，他者が自分に対して抱く認識である。クーリー（Cooley, 1902）は，自分について知る手がかりは他者による認識を推測することにあると考えた。つまり，相手が自分をどのように見ているかを知ることを通じて，自分が社会環境の中でどのような存在であるのかについての知識を得るという過程である。あたかも鏡に面したときのように，他人の目に映る自分を眺めて自らの姿を知るということになぞらえて，この考え方は鏡映的自己（looking-glass self）と呼ばれている。

　自身という存在を意識するという能力は人間特有であり，自らについて知るということ，つまり自己認知は人間にとって決定的に重要な役割を果たしているという（Baumeister, 1998）。その重要さを表す端緒として，自己に関する情報は，自己と無関連な情報よりも記憶に留められやすいという現象がある。この現象は自己関連づけ効果（self-reference effect）と呼ばれ，豊富な研究蓄積がある。その中でも初期に行われた実験として有名なのは，ロジャースら（Rogers, Kuiper, & Kirker, 1977）によるものである。彼らはまず，実験参加者に対して特性語を一つずつ提示し，各語について判断する課題（「あなたにあてはまりますか？」という自己に関する判断や，「大文字ですか？」という形態に関する判断，「〇〇と同じ意味ですか？」という意味に関する判断などが含まれる）を行った。この判断課題の後，先ほど提示された特性語を思い出して書き記すことを求めた。その結果，特性語について自己に関する判断を求め

た場合の方が，意味や形態に関する判断を求めた場合よりも，記憶再生成績が優れる
ことが見出された。

　この結果については，二つの解釈が考えられる。一つは，自己に関連する情報の符
号化は，それ以外の情報の符号化と同じ過程を経るものの，より深い（すなわち精緻
な）処理がなされるという解釈である。もう一つは，自己に関連する情報は，それ以
外の情報とは異なった特殊な処理過程を経るという解釈である。これら二つの解釈の
いずれが妥当であるかについては，長らく研究者間で意見が分かれていた。しかし後
年，脳神経科学的な検証が進んだことにより，この議論に新たな進展が見られた。そ
の証左の一つとなった，fMRI を用いた研究（Kelley et al., 2002）を紹介する。この研
究では，上記のロジャーズらの手続きとほぼ同様の判断課題に取り組んでいる際の脳
活動を測定した。具体的には，特性語について，「自分にあてはまりますか？」という
自己に関する判断をする条件，「ジョージ・ブッシュにあてはまりますか？」という他
者に関する判断をする条件，「大文字ですか？」という形態に関する判断をする条件の
間で，脳活動のパターンの違いを比較したのである。その結果，自己および他者に関
する判断をした条件に共通して，左前頭葉内のいくつかの領域の活性化が見られた。
これらの領域については，記憶の符号化過程への関与が指摘されている。これらの結
果から，自己に関する情報処理には，他者に関する情報処理と同様の符号化過程が関
わっていたことが推察される。ただし，自己に関する判断条件のみが他の 2 条件と比
較して高い活性化を示した領域もあり，とくに内側前頭葉における活動が顕著であっ
た。したがって，自己関連情報には，それ以外の情報とは異なる特殊な処理が加えら
れていると推察される。つまり，自己に関する情報については他の情報と共通する処
理がより精緻に行われるという説と，独自の処理が施されるという説は，そのいずれ
もが妥当であり，両立することが示唆された。このようにして人間は，自らについて
の知識を獲得し，念入りかつ特別な処理を施して，豊富な知識構造として記憶内に蓄
えていくと考えられる。

[2] さまざまな自己知識

　記憶内に蓄えられている自己知識には，自分の名前や性別・所属集団や好き嫌いと
いった具体的な内容から，信念や価値観・性格特性といった抽象化された内容まで，
幅広いものが含まれる。また，過去に経験した出来事などのエピソード記憶とも結び
つけられている。こういった，自らに関して知っているさまざまな情報のことを自己
知識（self-knowledge）と言う。

　1）自己評価　　自己知識の中には，自らのもつ属性や能力に関する肯定的もしくは
否定的な評価，すなわち自己評価（self-evaluation）も含まれる。たとえば，運動能力

に優れているが，数学については劣っており，優しさについては人並みだといったように，ひとりの人間の多様な側面についてそれぞれ異なる自己評価をもつことがありうる。これに対して，自己をより全般的に捉えたときの評価を指して，自尊心（self-esteem）と呼ぶ。自尊心について，ローゼンバーグ（Rosenberg, 1965）は肯定的-否定的の一次元構造をもつものとして論じた。その一方で，複数次元の構造を想定する研究者もいる。たとえば，タファロディとスワン（Tafarodi & Swann, 1995）は，自尊心について二次元から構成されると主張し，自らについてどのくらい好ましいと感じているかという自己好意（self-liking）と，自分がどのくらい有能であると感じているかという自己能力（self-competence）を区別している。

　2）**自己概念**　　自己知識中で抽象化されたものは，自己概念（self-concept）と呼ばれている。自己概念のうち，意識的にアクセス可能であり「私は内気な性格だ」「私はスポーツが得意だ」といった命題（proposition）として表すことのできる内容のことを，顕在的自己概念（explicit self-concept）と言う。一方，意識的なアクセスを介さずに処理された自動的な行動実行に影響を及ぼす自己概念のことを，潜在的自己概念（implicit self-concept）と呼んでいる。ある個人がどのような潜在的自己概念をもっているかを測るには，間接的な測定法，たとえば概念間の連合（association）の強さを指標化する方法などが用いられる。そのうちの一つである潜在連合テスト（implicit association test : IAT）では，単語のカテゴリ分け課題における反応時間を用いて，自己と性格特性の間の概念連合の強さを表す指標を算出する（本書の第6章を参照）。顕在的自己概念は統制的な行動との関連が見られる一方で，潜在的自己概念は自動的な行動と関連することが指摘されている。たとえば，シャイネス（内気さ）に関する自己概念を取り上げて行動との関連を調べた研究（Asendorpf, Banse, & Mücke, 2002）では，形容詞対（たとえば：shy-nonshy）について参加者自身がどのくらいあてはまるかを自己評定させることによって顕在的自己概念を測定し，また自己を表す単語（たとえば：I, me）とシャイネスを表す単語（たとえば：shy, timid）をカテゴリ分けするというIATを用いて潜在的自己概念を測定した。さらに，実験参加者が初対面他者とやりとりする様子を観察した。その結果，顕在的自己概念の指標におけるシャイネスの高さは，発話時間の長さなど，意識的にコントロールされている行動と正の関連が示された。一方，潜在的自己概念の指標においてシャイネスの高かった人は，顔の表情や身体のこわばりといった，意図されない自動的な振る舞いにおける緊張や内気さが観察されやすかった。

　3）**関係性自己**　　ひとりの人間であっても，周囲の社会環境の違い，すなわちいまここで接している相手が誰であるのかに応じて，その振る舞い方は大きく異なってくる。たとえば，部下に対しては気が強く横暴な言動をする人物が，上司の目の前では

大人しく従順なそぶりをするということがありうる。私たち人間は日ごろ関わり合う
さまざまな他者との関係性において「もし X という相手といるならば，Y と振る舞
う」というように，相手ごとに異なった if-then で表される自己知識を形成し，記憶内
に保存していると考えられている。これを関係性自己（relational self）と呼ぶ
（Andersen & Chen, 2002）。この関係性自己，すなわち身近な他者との関係性ごとに
形成された自己知識は，いまその場で関わり合っている相手に反応して記憶内から活
性化され，情報処理過程に取り入れられる。結果として，接している相手が誰である
か（もしくは誰との関係性を想起させるか）に応じて，自分自身に対する捉え方が変
化したり，振る舞い方に異なった特徴が表れたりする。たとえば，参加者自身の重要
他者とよく似た人物と接するときには，その重要他者に関する関係性自己が活性化さ
れるために，自己評価がそれに合わせて変化すること（Hinkley & Andersen, 1996）や，
行動においても対応した特徴が生じること（Berk & Andersen, 2000）が報告されてい
る。つまり，過去に接してきた他者との関わり合いから形成された自己知識が，現在
進行している社会環境のあり方に応じて活性化され，思考や行動に影響を与えるので
ある。

［3］自己知識と記憶システム

　自己知識がどのように記憶されているのか，またそれらがどのようにして判断・思
考・行動に影響を及ぼすのかといった問題をめぐり，これまでにさまざまな議論が展
開されてきた。従来の社会的認知研究においては，記憶表象間に連合ネットワークが
形成されており，それらが統制的に処理されるか自動的に処理されるかに応じて判断
や行動に異なる影響を与えるという，単一の記憶ネットワークに基づいた二重過程理
論（dual process theories）の考え方が主流であった（第 6 章を参照）。ただし，こう
いった説明には限界があることを指摘し，近年目覚ましい発展を遂げている脳神経科
学的な知見と整合するように見直すべきだという主張もある。たとえば，アモディオ
（Amodio, 2019）は“Social Cognition 2.0”と題したレビュー論文を発表し，複数の記憶
システムが相互作用することでさまざまな反応に影響を及ぼすことを想定したモデル
を提案した。このモデルを支持する実証的研究の一つとして挙げられているのが，
リーバーマンら（Lieberman, Jarcho, & Satpute, 2004）の研究である。彼らの実験で
は，演劇経験もしくはスポーツ経験の豊富な参加者に対して，演劇に関する単語（た
とえば：actor, dramatic）・スポーツに関する単語（たとえば：sportsperson, athlet-
ic）・いずれにも関係のない単語（たとえば：liberal, trusting）をランダムに提示し，
各単語が自分にあてはまるか否かを判断する課題に取り組んでいる際の脳活動の様子
を fMRI によって測定した。その結果，参加者自身が豊富な経験をもっている領域に

関して判断する際には，腹内側前頭前皮質・基底核・扁桃体を含む脳領域の活動が見られた。これらの領域は，自らに関する抽象化された知識を非意図的かつ迅速に適用するはたらきをしていると考えられている。一方，経験の乏しい領域についての判断をするときには，外側前頭前皮質や海馬などを含む脳領域の活動が顕著であった。この活動パターンは，過去に経験した出来事についての具体的な知識（自伝的記憶）が熟慮的に処理されたことを示唆している。これらの結果から，状況に応じて異なった種類の記憶ネットワークにアクセスし，それらに基づいた自己関連判断を下していることが示されたと彼らは主張している。

　ただし，この議論はいまだに続行中であり，明確な結論は得られていない。今後は，上記のように脳神経科学的手法を取り入れた検証などを始めとして，複数領域の連携が進むことによって多角的な視点から新たな知見が得られ，議論が進展することに期待したい。

3. 自己制御

　自己制御とは，目標達成に向けて自らの行動を制御することを指す。以下では，この自己制御というトピックに関して，現状知覚が行動実行に影響を与えるという制御過程や，目標に関する知識構造から状況変化に対応した行動が生み出される仕組み，さらに目標間の葛藤に対処するセルフ・コントロールについて説明する。

[1] 目標追求行動の制御過程
　1）フィードバック・ループ　　目標に向かう行動制御の仕組みを再帰的な過程（フィードバック・ループ）によって説明したのは，カーヴァーとシャイアー（Carver & Scheier, 1982）による制御理論（control theory）である。このモデルは，機械工学における自動制御システムと類似した発想に基づいていることから，サイバネティクス理論（cybernetic theory）とも呼ばれた。その概要としては，知覚インプットが行動アウトプットに影響し，そのアウトプットから生じた変化が再びインプットされるというループ状の回路が想定されている（図4-1）。

　このループでは，まず自らの現状を知覚し，それを目標とする基準と比較する。このとき基準と現状の乖離が認識されると，それを減少させるための目標追求行動が実行される。その結果として生じた状況の変化は，現状知覚として再びインプットされる。ここで改めて基準と現状の間で比較がなされ，もし両者が一致していると認識されたならば追求行動は完了するが，もしいまだに乖離があると認識されれば行動実行が促される。ただし，目標追求がつねに順調に進むとは限らず，何らかの障害が生じ

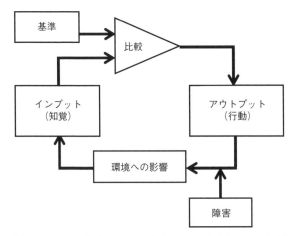

図 4-1　自己制御のフィードバック・ループ（Carver & Scheier, 1982 をもとに作成）

ることもある。こういった進行の妨げや遅れが知覚されると，ネガティブな情動が喚
起され，追求行動への動機づけが強められる。それに応じて，さらなる努力を重ねた
り，別の手段に移行したりといった行動遂行が生じる。

　2) 接近と回避　　望ましい基準と望ましくない基準を区別し，それぞれに対する接
近的／回避的な動機づけがあることを強調した理論もある。たとえば BIS/BAS 理論
（J. A. Gray, 1981）においては，行動抑制システム（behavioral inhibition system: BIS）
と行動賦活システム（behavioral activation system: BAS）の二種類が想定されている。
BIS は，望ましくない基準（罰もしくは無報酬）を予期することにより活性化され，そ
の基準と現状を遠ざける，すなわち回避するように作用する。このとき，リスクや脅
威に対する注意が喚起され，それらを引き起こしかねない危険な行動が抑制される。
一方，BAS は，望ましい基準（報酬や無罰）の予期を受けて活性化され，その基準に
対して接近するような行動を促す。このとき，目標達成をもたらすような探索的行動
や，新奇性を求めたりする傾向が促進される。これらの BIS および BAS の動機づけ
システムが競合的に作用することで行動が制御されると考えられている。ある個人の
思考や行動に BIS と BAS のいずれの方が強い影響を与えているかについてはある程
度の安定した傾向性が見られるため，パーソナリティ特性の一つとして扱われること
もある（Carver & White, 1994）。また，この個人差は脳活動のパターンとも関連して
いることが指摘されている（J. R. Gray et al., 2005）。

［2］目標の構造

　目標達成に向けた行動制御に関わる知識構造として，抽象的な目標・目的を表す表象と，具体的な手段や行為を表す表象間に，連合が形成されていることが想定される。たとえば，「移動する」という抽象的な目標には，「歩く」「自転車をこぐ」「電車に乗る」といったさまざまな具体的な手段が結び付けられている。このような目標＝手段の連合した知識構造は，個人が過去に何度も繰り返し行い習慣化された行為について形成される。個人はそれぞれ異なる生活習慣をもつため，目標＝手段の連合においても個人差があることが想定される。たとえば，自転車で移動する習慣のある人にとっては，「移動する」目標と「自転車をこぐ」手段の間に強い連合が形成されている。したがって，「移動する」目標が活性化したときに「自転車をこぐ」手段が自動的に活性

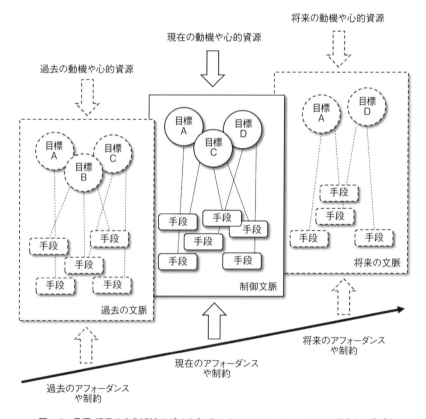

図 4-2　目標−手段の表象活性のダイナミズム（Shah & Kruglanski, 2008 をもとに作成）

化され，行動選択に反映されやすくなる（Aarts & Dijksterhuis, 2000）。ただし，同じ目標に対して，つねに同じ手段を用いることが適切であるとは限らない。むしろ，人間は時々刻々と変化する周囲環境に対応しなければならないため，そのときの状況に合せて目標-手段の表象活性や行動実行を柔軟に変化させていく必要がある。そのダイナミックな変化の仕組みを模式図として表したのが図 4-2 である（Shah & Kruglanski, 2008）。このモデルでは，個人の動機づけや心的資源，また状況的な制約といった要因が背景文脈となり，その中で追求すべき目標や，実行可能な手段が選択的に活性化されることが想定されている。このように目標構造へのアクセスが動的に変容することにより，人間は周囲環境の変化にスムーズに対応しつつ，自らの目標遂行のために思考や行動を制御することが可能になると考えられる。

[3] セルフ・コントロール

1) 目標間の葛藤　ひとりの人間が同時に複数の目標を追求することがある。たとえば，「家族と団らんする」と「空腹を満たす」という二つの目標を満たすために，夕飯の席につくということが考えられる。この例において，両目標の追求は互いを妨害せず，むしろ協調的な関係性にあるとも言える。ただし，ときによって，目標 A の追求が目標 B の達成を阻害し，その逆も然りといった対立的な関係性，すなわち目標間の葛藤が生じてしまうことがある。たとえば，「いますぐ買い物をする」と「老後のために貯金する」という即時の快楽を求める欲望 vs 長期の計画的目標の間の葛藤が生じる場合や，「大声をあげて怒りをぶつける」と「怒りを面に出さず落ち着いて話す」といった感情発露の衝動 vs 社会的規範に合せた遂行の間に葛藤が生じる場合などが考えられる。このような目標間の葛藤に対して，即時の快楽よりも長期的な利益が大きくなるような選択をすることや，衝動的な振る舞いを抑制して社会的に適切な行為を実行することを，セルフ・コントロール（self-control）と言う。

2) 実行機能　セルフ・コントロールの実行を支えているのは，高次の認知機能の複雑な連携であり，これらを総称して実行機能（executive function）と呼んでいる。実行機能は，情報の更新や課題ルールの維持・切り替えなどを行うことで，思考や行動を制御していることが指摘されている（Miyake & Friedman, 2012）。実行機能の神経基盤は，前頭前皮質（prefrontal cortex）を中心としたネットワークにある。前頭前皮質は他の脳部位と比較してゆっくりと発達し，その機能が完成するのは 10 代後半から 20 代前半と言われている（Thompson & Nelson, 2001）。この知見は，少年期や青年期によくある無計画で衝動的な振る舞いが，その後，成人期を迎えることで落ち着きを見せ，計画性のある思考や自制の効いた行動を示すようになるという発達の軌跡とも一貫している。

3）自我枯渇　バウマイスターら（Baumeister, Bratslavsky, Muraven, & Tice, 1998）は，セルフ・コントロールを実行する際には心的資源が消費されるため，実行後しばらくの間は資源不足の状態，すなわち自我枯渇（ego depletion）に陥ると主張した。彼らの実験において，実験条件の参加者は美味しそうな匂いのするクッキーを我慢してラディッシュを食べたり，コメディ動画を観ながら笑顔表出を抑制したりといった，難度の高いセルフ・コントロール課題に取り組んだ。一方，統制条件の参加者は，セルフ・コントロールの実行を求められなかった。その直後，問題解決課題（一筆書きやアナグラムなど）に取り組んだところ，実験条件の参加者は統制条件と比べて課題成績が劣っていたと言う。この結果は，先行課題におけるセルフ・コントロールの実行によって自我枯渇が生じ，後続課題に用いる心的資源が不足したためと解釈されている。

　彼らの主張は大きく脚光を浴び，数多くの追試が行われた。また，自我枯渇が生じるメカニズムを説明する生理学的根拠として，血中のグルコース（ブドウ糖）濃度が関与していると主張する論文も発表された（Gailliot et al., 2007）。ところが，その数年後には，血中グルコース濃度の低下は自我枯渇の現象を説明できないとする反論が呈され，物議を醸した（Kurzban, 2010）。また，セルフ・コントロールを実行することが後続課題の成績を低下させるという関係性が，モチベーションや信念（マインドセット）によって調整されることを示し，心的資源の枯渇という説明の限界を指摘した研究もある（たとえば Job, Dweck, & Walton, 2010）。さらに，バウマイスターらと同様の手続きを用いて結果を再現できるかを検証すべく事前登録式追試（本書の第13章を参照）が行われ（Hagger et al., 2016），世界各国23の研究室で別個に実施された実験データをメタ分析した結果，実験操作がもたらした効果サイズはほぼゼロであったと言う（$d = 0.04$）。つまり，バウマイスターらの報告した自我枯渇という現象を，安定して再現することはできなかった。これらの研究結果を受けて，この現象そのものに疑義を投げかける声が増えてきているが，議論はまだ尽きていない。今後さらに精緻な検証が進められることが期待される。

4）幼少期のセルフ・コントロールと将来の成功　ミシェルら（たとえば Mischel, Shoda, & Rodriguez, 1989）は，幼少期のセルフ・コントロールに注目し，満足遅延（delay of gratification）課題という手続きを編み出した。この課題では，まず，3～4歳程度の未就学児にお菓子（マシュマロなど）を一つ提示する。そして実験者は，「これを食べずに待っていることができれば，あとでお菓子を2個あげます」と約束をして部屋を離れる。残された子どもは，大好きなお菓子を目の前にして，いますぐ食べたいが，あとで追加されるご褒美も欲しいという葛藤を経験する。このとき，子どもがお菓子を食べたり実験者を呼び戻したりせずに待っていられた時間の長さが，セ

ルフ・コントロールの優劣を表す指標とされた。さらに，この満足遅延課題に参加した子どもたちを追跡調査した結果，幼少期のセルフ・コントロールと青年期以降の社会適応との間に関連が見られたという。具体的には，お菓子を食べずに待っていられる時間が長かった子どもたちほど，青年期の学業や社会的関係性において適切な振る舞いができていること（Mischel, Shoda, & Peake, 1988）や，学力テストの成績が良いこと（Shoda, Mischel, & Peake, 1990）が報告された。

　しかし近年，上記の正田ら（Shoda et al., 1990）の手続きをほぼ忠実に再現しつつ，遥かに多数の参加者を対象にした大規模な追試の成果が報告された（Watts, Duncan, & Quan, 2018）。その結果は，幼少期の家庭環境に関する要因の影響を統計的に取り除くと，4歳児の満足遅延課題における待ち時間と，その子どもの15歳時点での学業成績や問題行動との関連は，ほとんど見られなかったというものであった。言い換えるならば，この課題で測定された幼少期のセルフ・コントロールの優劣が青年期の学業や社会適応に影響しているという関連性は，見せかけの相関に過ぎなかったということになる。むしろ，幼いころの家庭環境（経済状況や親子の関わり合い方など）が，後年の成功の規定因となっていることが示唆された。この追試結果は，幼少期の貧困経験がセルフ・コントロールを支える認知機能の発達に影響を与えており，関連する脳活動にもその影響が見られること，さらには精神的健康とも関連することを指摘したレビュー論文（Palacios-Barrios & Hanson, 2019）の主張とも一貫している。

　これらの知見を踏まえて今後の研究展開を考えるならば，セルフ・コントロールに関わる心のはたらきを明らかにしていくためには，遺伝と環境，生涯発達，そして脳と社会の関係性などを考慮に入れつつ，包括的に理解を深めていくことが重要だと言えるだろう。

4. ま と め

　本章では，自己に関わる認知過程のさまざまなはたらきによって，人間が社会環境と関わりあいつつ適切な行動を実行していく仕組みを説明した。私たちは「知覚者」として，自分自身や他者との関係性について理解し，知識を得る。そして同時に「行為者」として，状況に合せて柔軟に振る舞い方を変化させながら，自らの目標に向かう追求行動を実行する。これらの心のはたらきをよりよく理解するためには，関連する認知機能や神経生理学的活動といった視点から解き明かしていく試みや，社会環境や幼少期の経験が及ぼす影響を考慮にいれた検討を進めることも役立つと考えられる。このような取り組みを進めることにより，過去に得られた知見を活用しつつ，新たな展開につなげていくことが可能になるだろう。

引用文献

Aarts, H., & Dijksterhuis, A. (2000). Habits as knowledge structures: Automaticity in goal-directed behavior. *Journal of Personality and Social Psychology, 78*, 53-63.

Amodio, D. M. (2019). Social cognition 2.0: An interactive memory systems account. *Trends in Cognitive Sciences, 23*, 21-33.

Andersen, S. M., & Chen, S. (2002). The relational self: An interpersonal social-cognitive theory. *Psychological Review, 109*, 619-645.

Asendorpf, J. B., Banse, R., & Mücke, D. (2002). Double dissociation between implicit and explicit personality self-concept: The case of shy behavior. *Journal of Personality and Social Psychology, 83*, 380-393.

Baumeister, R. F. (1998). *The self* (4th ed.). New York, NY: McGraw-Hill.

Baumeister, R. F., Bratslavsky, E., Muraven, M., & Tice, D. M. (1998). Ego depletion: Is the active self a limited resource? *Journal of Personality and Social Psychology, 74*, 1252-1265.

Bem, D. J. (1967). Self-perception: An alternative interpretation of cognitive dissonance phenomena. *Psychological Review, 74*, 183-200.

Berk, M. S., & Andersen, S. M. (2000). The impact of past relationships on interpersonal behavior: Behavioral confirmation in the social-cognitive process of transference. *Journal of Personality and Social Psychology, 79*, 546-562.

Carver, C. S., & Scheier, M. F. (1982). Control theory: A useful conceptual framework for personality-social, clinical, and health psychology. *Psychological Bulletin, 92*, 111-135.

Carver, C. S., & White, T. L. (1994). Behavioral inhibition, behavioral activation, and affective responses to impending reward and punishment: The BIS/BAS scales. *Journal of Personality and Social Psychology, 67*, 319-333.

Cooley, C. H. (1902). The looking-glass self. In *Human nature and the social order* (pp. 179-185). New York, NY: Charles Scribner's Sons.

Gailliot, M. T., Baumeister, R. F., DeWall, C. N., Maner, J. K., Plant, E. A., Tice, D. M., ... Schmeichel, B. J. (2007). Self-control relies on glucose as a limited energy source: Willpower is more than a metaphor. *Journal of Personality and Social Psychology, 92*, 325-336.

Gray, J. A. (1981). A critique of Eysenck's theory of personality. In *A model for personality* (pp. 246-276).

Gray, J. R., Burgess, G. C., Schaefer, A., Yarkoni, T., Larsen, R. J., & Braver, T. S. (2005). Affective personality differences in neural processing efficiency confirmed using fMRI. *Cognitive, Affective, & Behavioral Neuroscience, 5*, 182-190.

Hagger, M. S., Chatzisarantis, N. L. D., Alberts, H., Anggono, C. O., Batailler, C., Birt, A. R., ... Zwienenberg, M. (2016). A multilab preregistered replication of the ego-depletion effect. *Perspectives on Psychological Science, 11*, 546-573.

Hinkley, K., & Andersen, S. M. (1996). The working self-concept in transference: Significant-other activation and self change. *Journal of Personality and Social Psychology, 71*, 1279-1295.

Job, V., Dweck, C. S., & Walton, G. M. (2010). Ego depletion-is it all in your head?: Implicit theories about willpower affect self-regulation. *Psychological Science, 21*, 1686-1693.

Kelley, W. M., Macrae, C. N., Wyland, C. L., Caglar, S., Inati, S., & Heatherton, T. F. (2002). Finding the self? An event-related fMRI study. *Journal of Cognitive Neuroscience, 14*, 785-794.

Kurzban, R. (2010). Does the brain consume additional glucose during self-control tasks? *Evolutionary Psychology: An International Journal of Evolutionary Approaches to Psychology and Behavior, 8*, 244-259.

Lieberman, M. D., Jarcho, J. M., & Satpute, A. B. (2004). Evidence-based and intuition-based self-knowledge: An fMRI study. *Journal of Personality and Social Psychology, 87*, 421-435.

Mischel, W., Shoda, Y., & Peake, P. K. (1988). The nature of adolescent competencies predicted by preschool delay of gratification. *Journal of Personality and Social Psychology, 54*, 687-696.

Mischel, W., Shoda, Y., & Rodriguez, M. L. (1989). Delay of gratification in children. *Science, 244*, 933-938.

Miyake, A., & Friedman, N. P. (2012). The nature and organization of individual differences in executive functions: Four general conclusions. *Current Directions in Psychological Science, 21*, 8-14.

Palacios-Barrios, E. E., & Hanson, J. L. (2019). Poverty and self-regulation: Connecting psychosocial processes, neurobiology, and the risk for psychopathology. *Comprehensive Psychiatry, 90*, 52-64.

Rogers, T. B., Kuiper, N. A., & Kirker, W. S. (1977). Self-reference and the encoding of personal information. *Journal of Personality and Social Psychology, 35*, 677-688.

Rosenberg, M. (1965). *Society and the adolescent self-image*. Princeton, NJ: Princeton University Press.

Shah, J. Y., & Kruglanski, A. W. (2008). Structural dynamics: The challenge of change in goal systems. In J. Y. Shah & W. L. Gardner (Eds.), *Handbook of motivation science* (pp. 217-229). New York, NY: Guilford.

Shoda, Y., Mischel, W., Peake, P. K. (1990). Predicting adolescent cognitive and self-regulatory competencies from preschool delay of gratification: Identifying diagnostic conditions. *Developmental Psychology, 26*, 978-986.

Tafarodi, R. W., & Swann, W. B. (1995). Self-linking and self-competence as dimensions of global self-esteem: Initial validation of a measure. *Journal of Personality Assessment, 65*, 322-342.

Thompson, R. A., & Nelson, C. A. (2001). Developmental science and the media: Early brain development. *American Psychologist, 56*, 5-15.

Watts, T. W., Duncan, G. J., & Quan, H. (2018). Revisiting the marshmallow test: A conceptual replication investigating links between early delay of gratification and later outcomes. *Psychological Science, 29*, 1159-1177.

第5章

認知と感情・動機

橋本剛明

　認知と感情と動機は，不可分な関係にあり，それぞれの要素が絡み合うことで，人間の思考や判断，行動が導かれる。社会的認知の研究領域では，あえて各要素を切り分けて，認知が感情に与える影響，感情が認知に与える影響，そして両者が影響し合うことで動機づけ（つまり行動への準備状態）に至るメカニズムなどについて探究されてきた。

　とりわけ感情については，刺激提示や課題を通して感情状態を導出するという，社会的認知実験の方法論が確立されており，その結果，感情の働きに関する多くの理論が構築されてきた。現在は，その統合とさらなる拡張を見据えた展開もみられている（たとえば Scherer & Moors, 2019）。

　本章では，感情に関する研究で，これまでのところ得られている知見のうち，次の四つのテーマを中心に取り上げる。まず，認知が感情の喚起段階で果たす役割を，認知的評価理論の考え方を軸に整理する。続いて，それとは逆方向の影響過程，つまり感情が認知的判断を左右しうるということについて二つの観点で検討する。まずは感情が判断そのものを変容させるという性質，そして次に，感情が情報処理のされ方を変容させるという性質について，それぞれの背後にあると想定されている諸原理を概観する。最後に，他者との相互作用の文脈で，認知と感情，そして対人的な動機づけにどのような関係性があるかをモデル化しようという取り組みを紹介する。

1. 感情喚起を規定する要素としての「認知」

[1] 感情をどう捉えるか

　感情は，環境からの刺激によって引き起こされる反応である。近年の考え方では，感情は，刺激の認知的な理解から行動への準備状態までを含む，一連の反応過程として理解される。刺激に対する反応の一まとまりは「感情エピソード」と呼ばれ，図5-1に示されるような要素を含む。まず，刺激が認知的に評価されることから始まり，その認知の内容によって，特定の行動反応への傾向性（たとえば接近か回避）や，生理

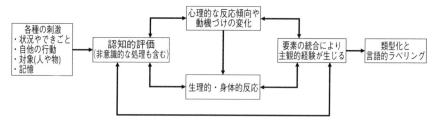

図5-1　感情エピソードの構成要素と相互影響構造（Scherer, 2009; Scherer & Moors, 2019 をもとに作成）

的・身体的変化が生じる。それら認知的要素や反応的要素が総合的に混ざり合い，結果として，「イライラの感覚」のような主観的な感情経験（英語でいう feeling）が引き起こされる。なお，人々が一般に感情を理解する際に用いられるような言語的な類型化（たとえば「怒り」というラベル）は本人が自らの感情経験を表現するときに使われることもあるが，このモデルでは，そのような意識的な区分は副次的な反応の一つに位置づけられる。

　このモデルは，感情の源泉として「認知」の重要性を強調するものであり，認知的評価理論の枠組みを下敷きにしている。以下に，認知的評価理論を含め，感情喚起への「認知」の関与を提案してきたいくつかの理論をピックアップすることで，認知と感情の関係を俯瞰する。

［2］シャクターの 2 要因説

　シャクター（Schachter, 1964）は，感情を定義するうえで「認知」の重要性に着目した最初期の研究者の一人である。彼は，感情の構成要素が，生理的喚起と認知的評価の二つだと主張した。個体に対して，外的刺激によるインプットがあると，まず生理的喚起（脈拍増加や血圧上昇などをともなう覚醒状態）が起こる。だが，それだけでは特定の感情には至っておらず，続くステップで，何が喚起をもたらしたかの解釈を本人があてはめることで，はじめて感情経験として成立すると，シャクターは考えた。彼らは実験で，アドレナリン投与によって人為的に生理的喚起を引き起こしたうえで，参加者にそのことを知らせずにおいた。すると参加者は，自らが経験しているのは「感情」だと認識し，かつ同じ喚起状態であっても，それが喜びなのか怒りなのかの理解は，状況要因に応じて変化したのである。

　シャクターの主張に対して，ザイアンス（Zajonc, 1980）は，感情の導出に「意識的」な認知は必要ないと反論した。これは，非意識下でなされた単純接触であっても刺激への好意が育まれるという，ザイアンスらの実証結果に基づく主張である。後続の感情モデル（たとえば，認知的評価理論）は，この見方を踏襲し，感情喚起を引き起こ

す「認知」とは，本人の意識には上らない自動的な過程も多分に含むものだとしている。

[3]　感情・動機づけの帰属モデル

　ワイナー（Weiner, 1995）の帰属モデルは，人間の「動機づけ」に関する説明原理だが，その中で認知と感情の関係を次のように整理している。起こったできごとについて人がどう行動するかは，事象の原因や責任がどのように認知的に判断されるかに依存する。そして，原因・責任帰属のされ方が，対応する感情の喚起，ひいては動機づけに結びつく。

　たとえば，他者への「怒り」は，ネガティブな事象の原因がその人物にあり，かつ当人の力でその結果が回避できたがそれを怠ったと見なされる場合に生じやすい（たとえば，ぶつかってきた人は歩きスマホをしていた）。逆に，その人物による個人的な統制可能性が低ければ（たとえば，その人は石につまずいてぶつかってきた），責任は割り引かれ，怒りも低減する。このように，原因や統制可能性の要素が複合的に感情を規定するというロジックは，自己を対象とした感情（「罪悪感」など）や，ポジティブな結果への感情（「感謝」や「誇り」）にも同様にあてはまる。そして，責任判断のうえで生じる「怒り」感情は，対象への非難に人を動機づけるし，本人には責任がないことで苦境に陥っている人への，「同情」が，援助への動機づけにつながる（メタ分析として，Rudolph et al., 2004）。

　このワイナーのモデルは，広義には，次に紹介する認知的評価理論の一種と位置づけることができ，中心にある原因帰属や責任の考え方は，同理論では「エージェンシー」評価次元に対応する形で組み込まれている。

[4]　認知的評価理論

　感情のメカニズムを説明する代表的な理論として，とりわけ認知の役割をモデルの中に明示的に組み込んだ理論が，認知的評価理論である（Scherer et al., 2001）。人が，置かれた状況の中で適応的に振る舞うには，状況について理解し，適切な行動をとる必要がある。生じたできごとは，自分にとって重要なのか，なぜ起こったのか，そして対処が可能なのか。そのような，状況についての主観的な解釈のことを認知的評価と呼び，それが感情反応の根幹にあるのだと，この理論は考える。

　感情エピソードの構成要素をまとめた図5-1にあるように，状況に関する情報刺激は，はじめに認知的評価がなされ，それにともなってさまざまな反応が呼び起こされる。どのような観点で認知的評価がなされるのかについて，研究者ごとにいろいろな基準が挙げられているが，代表的な次元として，感情の導出段階に関わる「新奇性

(novelty）」「感情価（valence）」「目標関連性（goal relevance）」や，感情のさらなる
細分化に関わる評価次元として「エージェンシー（agency）」「パワー（power）」「公
正性（justice）」などがある（Ellsworth & Scherer, 2003）。

　まず感情の導出過程では，新奇性が高く，想定外であるような事象ほど，注意をひ
き，さらなる状況理解の引き金になる。次に，刺激の本質的な快・不快，あるいは目
標と照らした望ましさが，総合的な感情価（ポジティブかネガティブか）として評価
される。目標関連性も重要な要素であり，ある刺激が感情を導出するのは，個人の
ニーズや目標の達成／阻害を知覚させるときである。たとえば，夜中に聞こえてくる
物音は，音そのものではなく，身の安全の目標を脅かす可能性（「泥棒がいるのでない
か」）が知覚されるからこそ，不安につながると言える。なお，感情導出の段階でこれ
らの認知的評価が，そのような順序性のもと働くという点が，生理反応の側面から確
認されている（Scherer, 2009）。

　そして，感情は，その他の評価要素の影響で，さらなる個別的な感情経験に細分化
される。認知的評価理論では，「怒り」や「恐れ」など類型論的には異なる感情に独立
した基盤が存在するとは仮定せず，刺激に対する認知的評価のされ方の違いが，多様
な感情経験を生むと考える。理論上，感情エピソードの数は，認知的評価の組み合わ
せの数だけ無限に存在しうるが，評価パターンに一定程度の共通性が見られるものを
まとめることで，「典型的」な感情群として整理することは可能になる。たとえば，
「怒り」は，新奇性と目標関連性が高く，他者に原因や意図が帰属され（エージェン
シー次元），さらに自らの対処可能性が高く（パワー次元），公正性が低いといった評
価プロフィールがあてはまる。対して，「恐れ」は怒りとの類似点も多いが，とくにパ
ワーが低いといった点に特徴づけられる感情とされる。認知的評価プロフィールと感
情の類型ラベルとの対応関係については，シェーラーが整理し（Scherer, 2001），日本
語を含む複数の言語でも実証的に確認されている（Fontaine et al., 2007; 三谷・唐沢,
2005）。

2. 感情が判断に与える影響

　次に，「感情」から「認知」への影響過程に目を転じよう。心理学で感情が一大テー
マとして取り上げられるのは，言うまでもなく，人の判断や意思決定，そして行動と
強く結びつくためである。これまでの研究を通して，感情は判断に対して，直接的に
も間接的にも影響することがわかっている。前者の直接的な効果とは，意思決定をす
る際に，そのときの感情をそのまま反映した判断が示されやすいという現象を指し，
後者は，判断に用いられる思考方略を感情が変容させることで判断結果を間接的に左

右するという現象である。本節ではまず前者の効果について整理し，続く第3節にて，後者の効果を取り上げる。

　何かで落ち込んだとき，自分の生活全般に満足がいかないような気がする。なんとなく良い気分のもとで新製品を試すと，なかなか良いなと感じられ，買ってみようかと考える。このように，その時のムード（持続的で漠然とした感情）が，ポジティブ／ネガティブの感情価で一致する評価や選好判断を促進する現象は，ムード一致効果と呼ばれる（レビューとして：伊藤，2000）。

　ムード一致効果の理論的説明の代表格は，シュワルツの「情報としての感情」理論（feelings-as-information theory；以下 FAI とする）である（Schwarz, 2012）。この説によると，人は，「今どのように感じているか」という感情経験を，対象について判断するうえでの情報的手がかりとして使用する。言い換えると，人は，生じているムードの理由を，その時に注意を向けている対象に帰属する傾向があるということだ。もし気分が，判断対象によって実際に喚起された感情（integral emotion）であれば，その情報は判断に適切な形で利用されていることとなる。一方，気分の源泉が他にあるような，対象無関連の感情（incidental emotion）であっても判断には影響しうる。そのような場合に誤帰属が起こることが，実験により「発見」されたことで，1980年代から1990年代にかけて，社会的認知領域で感情の効果に関する研究が盛り上がりをみせたのである。

　なお，シュワルツたちの代表的な実験（Schwarz & Clore, 1983）では，天気の良し悪しに応じて，人々が（無自覚的に）態度を変える傾向が報告されたが，後の研究で，天気による気分のアップダウンは，大学入学の合否判定や株価の変動などとも関連が実証されており，想像以上に幅広く人々の社会的判断に影響を及ぼすことがわかっている（Hirshleifer & Shumway, 2003; Redelmeier & Baxter, 2009）。

　また，感情価だけでなく，それ以外の認知的要素も「情報」として働き，判断を左右する。たとえば，恐れは不確実性の高さ，怒りはその低さとそれぞれ紐付いた感情であるが，その知覚はリスク判断に影響する。実験で，テロ関連の報道を読んで恐れをあらかじめ導出された人は，同様の手順で怒りを導出された人よりも，さまざまな事柄について全般的にリスクを高く見積もる傾向にあった（Lerner et al., 2003）。

　FAI 理論は，感情が一種のヒューリスティックとして機能するという，きわめてインパクトの大きい知見を提供する。ただし，留意を要する点として，感情の誤帰属は研究上クローズアップされがちだが，感情が間違った判断を過剰に導きやすいというわけではない。ほとんどの場合，感情は対象となる刺激そのものによって（正しく）喚起され，私たちの日常的な意思決定にとってきわめて有用な情報源となる。また逆に，感情が適切に働かなければ，リスク判断などは機能不全を起こす（Damasio,

1994)．さらに，感情の源泉が判断対象以外にあることに本人が気づくと（たとえば天気に意識が向く），途端に誤帰属の効果は消失する（Schwarz & Clore, 1983）．すなわち，感情による間違った判断を防ぐよう，私たちの認知機構は一定のセーフティネットも備えていると言える．

　また，「情報としての感情」に頼った判断がなされるかは，状況や個人の属性により調整される．ムードに一致したヒューリスティックな判断は，課題が単純で自己関連性が低いほど導かれやすい（Forgas, 1995）．あるいは，その課題について感情に頼ってもよいと本人が考える程度や，熟慮する余裕や動機づけの度合いにも依存する（Greifeneder et al., 2011）．そして，感情知能が高い人ほど課題無関連の感情が判断に混入しにくいといった結果も報告されている（Yip & Côté, 2013）．

3. 感情と情報処理スタイル

　感情状態は，判断材料として参照されて判断結果に直結するだけでなく，与えられた情報を精査するか，あるいは直感的な判断に頼るかという，情報処理の傾向も変容させることがわかっている（Schwarz & Clore, 2007）．全体的な傾向として，ポジティブなムードは，ヒューリスティックを使ったトップダウン型の情報処理を促進し，ネガティブなムードは，分析的なボトムアップ型処理を促進する．

　いくつか例を挙げると，ポジティブムードにある人は，他者の印象評定時にステレオタイプを当てはめやすく，局所的よりも包括的な判断を行いやすい．また，説得的メッセージについて，その内容の質よりも周辺的な手がかり（話し手の特徴など）への注意が増すといった傾向や，ブランドイメージに流された製品評価を示しやすくなる傾向がある．そして，基本的帰属の誤りやハロー効果など，さまざまな認知的ヒューリスティックに頼った判断傾向も，ポジティブムードのときに強まることがわかっている（知見の総合的なレビューとして：Bless & Burger, 2017; Schwarz, 2012）．

[1] 認知資源，動機づけ，そして「情報としての感情」による説明

　感情はいかにして，情報処理スタイルを変容させるのか．これまでの研究で，いくつもの観点が議論されてきた．

　最初期の説明理論は，感情の喚起が認知負荷を高めて「認知資源」が減少するので，より資源を要さないトップダウン的処理が多用されるという可能性を提案した（Mackie & Worth, 1989）．ポジティブムード下でそれが顕著となるのは，人がポジティブな記憶を多くもっているので，記憶の活性化による資源占有が起きやすいということである．

　また，ポジティブなムードは，その状態を維持しようという「動機づけ」を生むので，現状からの変化をもたらしうるような外的情報に対して人は注意を向けようとしなくなる，という仮説（快楽随伴説）も議論された（Wegener et al., 1995）。

　そして，シュワルツは，FAI モデルの考え方の延長で，ムードが状況に関する「情報」として機能する結果，異なる情報処理方略がとられるという説明を展開した（Schwarz, 1990）。この理論によると，ネガティブなムードは，何かがうまくいっていないことをシグナルするので，問題を見きわめ適切に対処するために，状況の細部にまで注意を向けるような情報処理方略がとられることになる。対して，ポジティブなムードは，状況に問題はなく，安心してトップダウン的な情報処理を行えることをシグナルする。

　FAI の説明は，ポジティブムードがボトムアップ的判断をする「資源」や「動機づけ」を低下させるとは想定しない。ムードはあくまでも，状況に多くの注意を割かなくてもよいという点を示唆するにとどまり，実際にトップダウン的処理を駆使するかは，それが目的などと照らして有効な方略であるかにかかっている。実証例として，ブレスがシュワルツらと行った実験（Bless et al., 1996）で，参加者は，物語を耳で聴いて覚えるよう求められたが，サブの課題として単純な認知課題も与えられ，それら2種類の課題を同時並行で行った。事前にポジティブムードが導出された参加者では，予測どおり，ネガティブムード群に比べ，物語の再認課題で既有知識に基づくトップダウン的な回答が目立った。しかし同時に，ポジティブムード群は，副次的な認知課題において，ネガティブムード群よりも良い達成成績を修めていた。すなわち，ポジティブムードの人は，記憶課題をトップダウン的に処理することで，双方の課題にバランスよく認知資源を割くことができていた。この結果から，ポジティブムードが，認知資源や動機づけの低下ではなく，より戦略的な情報処理方略の利用を促進するという面がうかがえる。

［2］感情価を超えた理解への展開

　ムードと情報処理の関係を説明する理論の代表格は，FAI ということになるが，既存の理論では十分に説明しきれていない事象に光を当てようと，今なお研究が展開されている。以下では，そのうちのいくつかを紹介する。

　その方向性の一つとして，ポジティブ／ネガティブという感情価の軸のみで感情の機能を捉えることの限界が議論されている。従来型の典型的な実験では，喜びや悲しみを喚起し，それをポジティブ／ネガティブのムードに整理するが，それでは感情の多様性を十分に考慮できているとは言い難いだろう。感情価を，あくまでも感情を構成する成分の一つと捉え，その他の要素も考慮して感情の効果を整理し直すことで，

理論の拡張が目指されている。

　一例として，感情価ではなく「確実性」に着目した検討がある。「確実性」の認知要素は，感情価とは独立の要素だが，状況的な脅威の有無をシグナルするという点では共通する。怒りや嫌悪は，ネガティブな感情だが，ヒューリスティックやステレオタイプに頼った判断を導きやすいことが報告されている。FAI モデルとは矛盾する知見だが，それは，怒りと嫌悪が認知的確実性の高さをともなう感情であることに起因するという見方がある（Tiedens & Linton, 2001）。そして，「確実性」と「感情価」は，感情に独立に含まれる成分であり，どちらの要素が判断傾向の規定因になるかは状況による。個人の意識が確実性の評価軸に向いていると，怒りや嫌悪がトップダウン的処理を促進するが，ポジティブ／ネガティブの感情価の区別に注意が向いていると，確実性は低いがポジティブな感情（驚きや畏敬）の方がトップダウン的処理を導くという実験結果が存在する（Briñol et al., 2018）。

［3］動機次元モデル（motivational dimension model）

　また，感情価以外の軸として，感情は，刺激への接近・回避という「動機づけ」の成分も有しているとされる。たとえば「興味」や「怒り」は，「喜び」や「悲しみ」に比べて接近動機が強い感情となる。ハーモン＝ジョーンズら（Harmon-Jones et al., 2013）のモデルによれば，接近動機が強いときは目標に対して注意が集中する状態となり，情報処理も局所的になりやすい。対して，接近動機が弱いほど，認知的注意の焦点範囲は拡大し，包括的な情報処理がなされやすくなる。

　従来の感情研究に目を向けると，「コメディ映像を提示する」など，ポジティブ感情導出のための実験的操作の多くは，接近動機の弱い感情を喚起する操作にもなっており，それゆえ，ポジティブ感情が包括的な情報処理を引き起こしやすいという単純化された理解に至っている可能性はあるだろう。ハーモン＝ジョーンズらは，その疑問に関する実証として，参加者にコメディ映像を見せる条件に加えて，魅力的なスイーツの映像を見せる条件を設け，より接近動機の強いポジティブ感情を喚起した。すると，細かい部分と全体的な要素が混在する刺激（たとえばアルファベットの T が並んで全体として H を形作っている図）について反応を求める課題で，高接近条件では局所的な要素，低接近条件では全体的な要素への注意の高まりが見られた。また，ネガティブな感情についても同様に，接近動機が弱い悲しみの喚起では注意の拡散傾向が見られ，より強い動機づけを伴う嫌悪や怒りでは注意の狭まりが見られている。

［4］「認知的フィードバックとしての感情」（affect-as-cognitive-feedback）

　「情報としての感情」が働く原理についても，新たな視点がハントシンガーら

（Huntsinger et al., 2014）によって提出されている。このモデルは，ある感情が特定の情報処理スタイルと固定化された形で結びついているわけではなく，両者がもっと柔軟な関係にあると想定する。置かれた状況で人がどのような情報処理方略をとりやすいかは，ムードとは独立に規定されるのであり，ムードは単にその方略を使うか使わないかを決定するという仮説である。感情は文字どおりシグナル（信号）であり，ポジティブムードは「Go」，ネガティブムードは問題の存在をアラートするので「Stop」となる。そして，トップダウン処理であれボトムアップ処理であれ，判断時に個人内で優勢になっている反応方略が，Go シグナル下では用いられ，Stop シグナル下では利用が抑制されるのである。

　この仮説を検証した実験（Huntsinger, 2012）では，参加者はまず，刺激の包括的な特徴に注目するか，局所的な特徴に注目するかを事前課題でプライムされた。そして，喜びか悲しみのどちらかの感情が喚起されたうえで，フランカー課題を行った。この課題は，5 文字一組で提示される文字列の真ん中の 1 字をなるべく速く答えるもので，「SSHSS」のような試行のときに周囲の無関連な文字を無視できるかが，局所的な情報処理ができているかの指標となる。実験の結果，事前に局所的注意をプライムされていると，ポジティブムード群の参加者は局所的注意の成績が良く，逆にネガティブムード群の参加者は包括的注意を行いやすかった。対して，事前に包括的注意をプライムされた条件では，今度はポジティブムード群の方が包括的処理を行う傾向が高く，ネガティブムード群の方がプライムに従わない反応（局所的処理）を示しやすかったのである。

　他にも，多種の判断課題（他者や集団への印象評定や，確率判断など）で，ヒューリスティック処理が顕現化している状況下では，ポジティブなムードにてステレオタイプ利用といったトップダウン的反応が促進されるが，ボトムアップ的判断が優勢となるよう状況を操作すると，反応パターンの逆転が見られることが確認されている（Huntsinger et al., 2014）。

　トップダウン的な思考は，私たちの日常的な判断で自然と用いられる，ある程度デフォルトの方略だと言える。そうであるなら，実験場面でも，特段の指定がなければトップダウン処理の顕現性が自ずと高まっている可能性はある。多くの研究で，ポジティブ感情がトップダウン判断と単純に関連づけられていることの背後には，そのような課題設定上の原因があるかもしれないという指摘を，このモデルは投げかけている。

［4］状況的なパワーの認知

　感情とは，状況に対して個人が適応的に行動することを支えるシステムである。そ

う前提すると，自らをとりまく環境の状態を把握するための情報にとどまらず，その状況で自分に「何ができるか」という対処可能性に関する情報も，感情に含まれる重要な要素となる。この点について，刺激に対して自らが影響力を行使できるかという認知は，認知的評価理論では「パワー」の要素に対応する。

　先述した「確実性」の認知もパワーの感覚には寄与するが，より直接的に，他者や資源に対する個人的な影響力の要因（社会的勢力とも言う）は，社会心理学では感情研究とは独立したテーマとして検討され，とくに2000年代から多くの知見の蓄積がある。研究では，権力や実効力を実際には有していなくとも，パワーをもっている（またはもっていない）という主観的な認知や感覚を惹起することで，系統だった認知的・行動的変化が生じることがわかっている。

　社会的認知の枠組みで，パワーの効果を説明する代表的な理論が，グイノート（Guinote, 2007）の状況的焦点化理論（situated focus theory of power）である。この理論によると，自らにパワーがあると知覚する人は，そのとき顕現化している目標，すなわち「したいこと」や「すべき（と感じる）こと」に対して意識が絞られ，その目標に「即した反応」が表出されやすくなる。逆に，パワーのなさを知覚すると，目標に整合的かの分別なく，非選択的な情報処理をする傾向が高まり，結果的に「どっちつかず」な反応をとりやすい。

　この仮定に沿って，高パワー知覚者の方が，置かれた状況に合わせて，反応方略をより柔軟に使い分けることが，注意課題や対人判断，行動実験などさまざまな内容で実証されている（レビューとして：Guinote, 2017; Keltner et al., 2003）。そこから得られる示唆として，たとえば，成果を効率的に上げることが優先される環境ならば，パワーを知覚する上司は部下に対して，ステレオタイプ的な評価を示しやすく，逆に，部下との関係性の構築を重んじる職場風土があれば，パワーを知覚するほど，部下の個別特性にも目を向ける傾向が増すだろう。また，状況要因だけでなく，個人差も反応を調整する。他者志向的な気質がもともと強い個人のパワーが高められると，より他者の心情を慮る度合いや精度が増す一方で，もともと利己的な人間のパワーが高まると，他者を顧みずに自己利益を追求する傾向が強まるといったことが予想される。

　感情が情報処理や認知的判断に及ぼす影響については，今なお積極的な検討が進められている。ここまで概観したように，近年は，感情をシンプルに類型化するのではなく，認知要素に分解してその効果を緻密に調べようというアプローチがとられている。また，メカニズムについても，「認知的フィードバックとしての感情」モデルや状況的焦点化理論のように，課題の性質や状況，個人差などとの相互作用を前提として感情の効果を説明しようという，より柔軟性を帯びた考え方が登場している。

　本章の冒頭で示した感情エピソードの枠組みに基づき，感情反応を，認知とそれに
基づく反応傾向や動機づけといった要素に還元して捉えると，「感情」という確固たる
くくりは希薄化するかもしれない。このアプローチのメリットとして，たとえばパ
ワーの要因がそうであるように，必ずしも感情をテーマにしていない領域の関連知見
ともリンクさせて，モデルの統合化を図りやすくなる点が大きいだろう。個々の認知
的要素がもつ効果に焦点を当てて，種々の感情理論の差異ではなく，共通に確認され
る性質を抽出してまとめようという試みは，シェーラーらが提案し，進めている
(Scherer & Moors, 2019)。この取り組みがどのような形で実を結ぶかはわからない
が，その先に，認知・感情・動機のダイナミクスを総合的に議論できるような，説明
力の高いモデルが構築できるという期待は高まっている。

4. 対人的相互作用の中での感情の効果

　本章でここまで扱ってきた諸理論に代表されるように，感情の機能に関する社会的
認知研究の多くは，個人内の感情の生起や作用に着目している。一方で，個人間のや
り取りに射程を拡げてその中で感情が果たす役割，そして動機づけへの影響を論じよ
うという取り組みもある。ここでは，ファン゠クレーフたちの「社会的情報としての感
情」(emotion as social information) アプローチを紹介する (Van Kleef et al., 2010)。
複数人が関与する意思決定では，他人の意図や目標を正しく推し量ることが求められ
るが，それは決して容易なことではない。そのようなとき，やりとりの中で個々人が
表に出す感情は，相互の状況認識のための貴重な情報としての役割を担う。
　「社会的情報としての感情」のモデルによると，表情や振る舞い，発言内容などを通
して発信される「感情」は，受け手に2通りの仕方で影響を与える (図5-2)。一つに

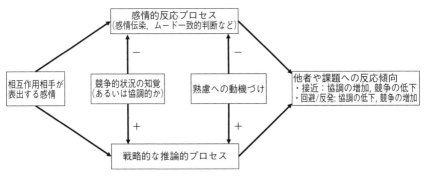

図5-2　「社会的情報としての感情」モデル (Van Kleef et al., 2010)

は，その感情を表出した人物の考えや狙いを洞察する手がかりとなり，もう一つに，感情はそのまま伝染し，受け手の気分変容をもたらす。これら二つのルートのどちらが顕著に働くかは，相互作用が協調的か競争的かという点や，受け手側の情報処理への動機づけによって左右され，同じ感情の表出でも異なる反応が導かれることが，ファン=クレーフたちの手で実証されている。

　まず，協調的な文脈では，感情はどのような働きをみせるだろうか。たとえば，チームで一つの課題にあたっているときに，監督者から，喜びか怒りの雰囲気をまとってフィードバックが伝えられたとする。このとき，情報を熟慮しようという動機づけが個人の中で高ければ，推論的な処理過程が優勢となる。怒りのシグナルは，十分な遂行に達していないのだという評価と受け取られ，さらなる努力の発揮が引き出される。対して，喜びのシグナルを受け取ると，相手は遂行に満足しているのだろうと理解され，課題へのその後の動機づけが高まることはない。一方で，受け手の熟慮動機が低いと，感情がパフォーマンスに与える影響は逆転することが見込まれる。すなわち，感情伝染が起き，知覚した感情に沿ったムードが受け手の中に喚起されるので，ポジティブムードはそのまま協調行動，すなわちチーム課題への貢献を促進し，ネガティブムードは協調を阻害する。

　では，競争的な文脈，たとえば他人と価格交渉にあたる場面では，感情はどのように影響するか。前提として，競争場面では戦略的な立ち居振る舞いに主眼が置かれるので，推論的ルートが優勢となり，感情情報はそのための判断材料となる。たとえば，こちらの要求に相手が怒りを返してくると，相手の強硬な姿勢や態度がうかがえる。こちらとしては，交渉の行き詰まりは避けたいので，多少の譲歩はやむをえないと考えるかもしれない。一方で，要求に対して満足感を携えて応答してくる相手であれば，難しい交渉相手ではないという推論が働き，こちら側は強気な姿勢で交渉に臨もうという気になるかもしれない。実験では，実際にそのような行動が見られており，さらに，そのような戦略的な反応パターンは，十分に相手や自分の出方を吟味する余裕や動機づけが高いときほど顕著になることが確認されている。

　FAIモデルや認知的評価モデルが，どちらかというと感情反応の「仕組み」を解明しようという取り組みであるのに対して，この「社会的情報としての感情」モデルは，感情が対人適応の中で実際のところ「どう使われるか」を体系的に理解しようという点に重きが置かれている。それら2通りの方向性での探究は，独立した営みではなく，相互にフィードバックし合いながら，両輪として感情に関する理論構築を推進する。個人内の認知的プロセスについて理解が進めば，必然的に，人々の対人的行動に関するモデル化にも貢献するだろう。その具体例として，「社会的情報としての感情」モデルを発展させ，他者の感情の原因帰属という認知要因を加えた研究が近年提出されて

いる（Hillebrandt & Barclay, 2017）。個人内のプロセスの精緻化と，個人間のプロセスについての理論の整備が進み，最終的にはその統合が達成されるべきだろう。

引用文献

Bless, H., & Burger, A. M. (2017). Mood and the regulation of mental abstraction. *Current Directions in Psychological Science, 26*, 159-164.

Bless, H., Clore, G. L., Schwarz, N., Golisano, V., Rabe, C., & Wölk, M. (1996). Mood and the use of scripts: Does a happy mood really lead to mindlessness? *Journal of Personality and Social Psychology, 71*, 665-679.

Briñol, P., Petty, R. E., Stavraki, M., Lamprinakos, G., Wagner, B., & Díaz, D. (2018). Affective and cognitive validation of thoughts: An appraisal perspective on anger, disgust, surprise, and awe. *Journal of Personality and Social Psychology, 114*, 693-718.

Damasio, A. R. (1994). *Descartes' error: Emotion, reason, and the human brain.* New York: Grosset/Putnam.（ダマシオ, A. R. 田中 三彦（訳）(2010). デカルトの誤り——情動，理性，人間の脳—— 筑摩書房）

Ellsworth, P. C., & Scherer, K. R. (2003). Appraisal processes in emotion. In R. J. Davidson, K. R. Scherer & H. H. Goldsmith (Eds.), *Handbook of affective sciences* (pp. 572-595). Oxford, UK: Oxford University Press.

Fontaine, J. R. J., Scherer, K. R., Roesch, E. B., & Ellsworth, P. C. (2007). The world of emotions is not two-dimensional. *Psychological Science, 18*, 1050-1057.

Forgas, J. P. (1995). Mood and judgment: The affect infusion model (AIM). *Psychological Bulletin, 117*, 39-66.

Greifeneder, R., Bless, H., & Pham, M. T. (2011). When do people rely on affective and cognitive feelings in judgment? A Review. *Personality and Social Psychology Review, 15*, 107-141.

Guinote, A. (2007). Behaviour variability and the situated focus theory of power. *European Review of Social Psychology, 18*, 256-295.

Guinote, A. (2017). How power affects people: Activating, wanting, and goal seeking. *Annual Review of Psychology, 68*, 353-381.

Harmon-Jones, E., Gable, P. A., & Price, T. F. (2013). Does negative affect always narrow and positive affect always broaden the mind? Considering the influence of motivational intensity on cognitive scope. *Current Directions in Psychological Science, 22*, 301-307.

Hillebrandt, A., & Barclay, L. J. (2017). Comparing integral and incidental emotions: Testing insights from emotions as social information theory and attribution theory. *Journal of Applied Psychology, 102*, 732-752.

Hirshleifer, D., & Shumway, T. (2003). Good day sunshine: Stock returns and the weather. *The Journal of Finance, 58*, 1009-1032.

Huntsinger, J. R. (2012). Does positive affect broaden and negative affect narrow attentional scope? A new answer to an old question. *Journal of Experimental Psychology: General, 141*, 595-600.

Huntsinger, J. R., Isbell, L. M., & Clore, G. L. (2014). The affective control of thought:

Malleable, not fixed. *Psychological Review, 121*, 600-618.

伊藤 美加（2000）. 気分一致効果を巡る諸問題——気分状態と感情特性——　心理学評論, *43*, 368-386.

Keltner, D., Gruenfeld, D. H., & Anderson, C.（2003）. Power, approach, and inhibition. *Psychological Review, 110*, 265-284.

Lerner, J. S., Gonzalez, R. M., Small, D. A., & Fischhoff, B.（2003）. Effects of fear and anger on perceived risks of terrorism: A national field experiment. *Psychological Science, 14*, 144-150.

Mackie, D. M., & Worth, L. T.（1989）. Processing deficits and the mediation of positive affect in persuasion. *Journal of Personality and Social Psychology, 57*, 27-40.

三谷 信広・唐沢 かおり（2005）. 感情の生起における認知的評価次元の検討——実証的統合を通して——　心理学研究, *76*, 26-34.

Redelmeier, D. A., & Baxter, S. D.（2009）. Rainy weather and medical school admission interviews. *Canadian Medical Association Journal, 181*, 933.

Rudolph, U., Roesch, S. C., Greitemeyer, T., & Weiner, B.（2004）. A meta-analytic review of help giving and aggression from an attributional perspective: Contributions to a general theory of motivation. *Cognition and Emotion, 18*, 815-848.

Schachter, S.（1964）. The interaction of cognitive and physiological determinants of emotional state. In L. Berkowitz（Ed.）, *Advances in experimental social psychology*（Vol. 1, pp. 49-80）. New York, NY: Academic Press.

Scherer, K. R.（2001）. Appraisal considered as a process of multilevel sequential checking. In K. R. Scherer, A. Schorr & T. Johnstone（Eds.）, *Appraisal processes in emotion: Theory, methods, research*（pp. 92-120）. New York: Oxford University Press.

Scherer, K. R.（2009）. The dynamic architecture of emotion: Evidence for the component process model. *Cognition and Emotion, 23*, 1307-1351.

Scherer, K. R., & Moors, A.（2019）. The emotion process: Event appraisal and component differentiation. *Annual Review of Psychology, 70*, 719-745.

Scherer, K. R., Schorr, A., & Johnstone, T.（2001）. *Appraisal processes in emotion: Theory, methods, research.* New York, NY: Oxford University Press.

Schwarz, N.（1990）. Feelings as information: informational and motivational functions of affective states. In E. T. Higgins & R. M. Sorrentino（Eds.）, *Handbook of motivation and cognition: Foundations of social bhavior*（Vol. 2, pp. 527-561）. New York, NY: Guilford.

Schwarz, N.（2012）. Feelings-as-information theory. In P. A. M. Van Lange, A. W. Kruglanski & E. T. Higgins（Eds.）, *Handbook of theories of social psychology*（pp. 289-308）. Los Angeles,CA: SAGE.

Schwarz, N., & Clore, G. L.（1983）. Mood, misattribution, and judgments of well-being: Informative and directive functions of affective states. *Journal of Personality and Social Psychology, 45*, 513-523.

Schwarz, N., & Clore, G. L.（2007）. Feelings and phenomenal experiences. In A. W. Kruglanski & E. T. Higgins（Eds.）, *Social Psychology: Handbook of basic principles*（2nd ed., pp. 385-407）. New York, NY: Guilford.

Tiedens, L. Z., & Linton, S.（2001）. Judgment under emotional certainty and uncertainty: The effects of specific emotions on information processing. *Journal of Personality and Social Psychology, 81,* 973-988.

Van Kleef, G. A., De Dreu, C. K. W., & Manstead, A. S. R. (2010). An interpersonal approach to emotion in social decision making: The Emotions as social information model. In M. P. Zanna (Ed.), *Advances in experimental social psychology* (Vol. 42, pp. 45-96). New York, NY: Academic Press.

Wegener, D. T., Petty, R. E., & Smith, S. M. (1995). Positive mood can increase or decrease message scrutiny: The hedonic contingency view of mood and message processing. *Journal of Personality and Social Psychology, 69,* 5-15.

Weiner, B. (1995). *Judgments of responsibility: A foundation for a theory of social conduct.* New York, NY: Guilford.

Yip, J. A., & Côté, S. (2013). The emotionally intelligent decision maker: Emotion-understanding ability reduces the effect of incidental anxiety on risk taking. *Psychological Science, 24,* 48-55.

Zajonc, R. B. (1980). Feeling and thinking: Preferences need no inferences. *American Psychologist, 35,* 151-175.

第6章

自動的処理と統制的処理

北村英哉

　社会的認知研究が興隆した1970-80年代頃は，基礎的な認知過程はともかく高次情報処理と行動に焦点を当てることが多い社会心理学が取り上げる社会的行動の側面に，自動的な過程が関与していることはにわかに認められるようなことがらではなかった。

　しかし，社会的認知研究は，さまざまなバイアスを明らかにしていくなかで，行為者や判断本人がそうしたプロセスに気づいていないこと，気づかずにエラーを産出していることに注意を向けるようになってきた。自動性と統制性への注目は主に二つの流れがあり，一つは印象形成やプライミング研究の中から，通常の効果とは逆の対比効果が見出されたことである。もう一つは，とくに偏見，ステレオタイプにおいてこうした自動的処理が関与していることが示されることから，偏見をいかに統制するかという観点から自動性，統制性が問題とされた。「意識性」「熟慮性」という観点では，他の社会心理学領域を含めて広く，二つの過程は1980年台以来，指摘されてきたことであり，20世紀の末頃には「2過程モデル」として整理されることになる。

　一方，21世紀初頭からIAT研究の爆発的広がりによって「潜在測定」「潜在態度」という語が頻繁に用いられることになり，自動性から潜在性へと議論の中心は移ったかに見えるが，「潜在過程」も曖昧な点があり，各種の仕分けが提案され，検討された。本節では対人認知，集団認知を中心とする過程から自動性と統制性の問題を取り上げて論じる。

1. 印象形成の文脈効果：社会的プライミング

　初期に自動的研究を牽引してきたのはジョン・バージ（John Bargh）であるが，それに先だってプライミング研究は当初から社会的認知研究の柱であった。それらの実験では，第1課題で活性化された特性概念を強調するような判断結果が第2課題の印象課題において観察されたことを示した研究が多かった（Higgins et al., 1977; Srull & Wyer, 1979）。巧みな実験によって実験参加者は自分自身がどういう手がかりに影響されているのか，その自覚もないなかで，経験（文脈）の影響を被っていた。影響に

気づかない，自覚がないという点でこうした結果は自動的過程の存在を示唆していた。

　バージ（1994）は，自動性の要件として，四つの観点を取り上げ，①意識，自覚していないこと，②意図がないこと，③効率的であること，④統制不可能であることを挙げた。自動的過程は，これらすべてを満たさないといけないわけではなく，いくつかの要件のみが満たされていることがほとんどである。また自覚のレベルも閾下提示のようにまったく意識に上らないものから，前意識的にいくらか気づきえるもの，プロセス自体はすべて意識的であるが，仮説として想定されるプロセスに気づいていないというレベルまで段階がある。

　自動性と対置して語られるプロセスが統制的プロセス（controlled process）である。社会的認知研究の初期の印象形成研究では，対比効果として統制的プロセスが注目された。ヘア（Herr, 1986）の実験では，ヒトラーやシャーリー・テンプルなどの人物をプライム刺激として提示すると，その極端さから，かえってプライムとは異なるターゲット人物を対比的に捉え，ヒトラーよりは攻撃的，敵意的でないと，プライムとは反対の方向への印象のバイアスが見られたのである。通常の社会的プライミング効果では，提示されたプライムと同じ方向に印象判断が極化することが見られ，これを同化効果とも呼ぶ。これとは逆の対比効果がある条件下では見られるということが盛んに指摘されるようになった。対比効果が見られる条件を大別すると，①意識的自覚のある場合，②刺激が極端な場合，③先行経験としての評定がいったん完了してしまった場合となる（北村，2001）。

　これを説明する理論としていくつかの考えが示された。マーティン（Martin, 1986）は，その「セット-リセットモデル」において，想定されるプライムによる影響を差し引こうとする際に，大きくリセットすることによって判断が逆に偏ることを指摘した（図6-1; Martin & Achee, 1992）。あからさまな先行課題を行う条件では，先行経験の効果を除こうとするプロセスが働きやすく，対比効果が見られる。ロンバルディら（Lombardi et al., 1987）の実験においても，先行刺激を再生できることが対比効果の出現と関連することを見出している。シュワルツとブレス（Schwarz & Bless, 1992）の「包含-除外モデル（inclusion-exclusion model）」も基本的な考え方は同様のものであり，判断に影響すると思われる文脈情報を判断の目的に照らして除外することで対比効果が生じるというものであった。ただし特徴として除外された情報を比較基準に据える可能性が論じられていた。いずれにしても対比効果が生じるプロセスの方がより統制的で認知的資源を必要とすると想定していた。

　しかし，ウェゲナーとペティ（Wegener & Petty, 1997）が指摘し，その柔軟修正モデルで示したように，こうした調節過程も条件によっては自動的に働きうるため，「自動-統制」という枠組みで明確に効果的に整理できるのか疑問が残ることになった。

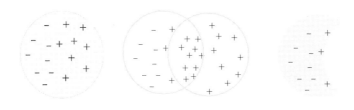

図6-1　セット-リセットモデル（Martin & Achee, 1992）

プライミングなど通常の効果（同化効果）がデフォルトとして働くことと比べて，異なる効果が見られることを「調整」と当初見なしたため，厳密な心的過程としてはその働きが仔細にはどのように生じるか明確ではなく，一つのあり方として，いわば「自動的調節」というこれまでにはなかった考え方も含み込むようになってしまったのである。同化か対比かという切り口がプロセスの統制性の検証には妥当な観点ではなかったと今では評価できるだろう。

2. 動機づけの関与

　初期の社会的認知モデルでは，上記のように表象のモデルから認知的に説明しようという傾向が強かったが，バージは，「自動動機」という考え方によって，プライミングが動機づけ過程に影響を与えうることを実験において示した。バージ（1997）の報告する実験では，目標を活性化するために，まず事前の課題として実験参加者はパズル課題に従事した。特定の言葉を探し出すパズル課題を通して，実験参加者は達成活性化群と統制群が構成された。その後，実験参加者は多くのアルファベットを与えられ，このばらばらの文字からできるだけたくさんの単語を作成する課題を2分で行うように指示された。ところが実験中に実験者は緊急の用事が入り，実験室を離れることになる（カバーストーリー）。所定の時間に戻って来られない場合は，「ストップ」の合図を内線電話で知らせると実験参加者は告げられた。実験参加者の行動はビデオで確認することができたが，実際内線電話でのストップの合図を受けてから，課題の作業を続ける参加者たちがいた。その割合は，達成活性化群において統制群よりも多かった（55% vs 22%）。

　こうした持続的な行動は，目標志向的行動，すなわち，高い遂行，達成を示したいという欲求に基づく動機づけとして達成動機が高まった状態にあったからだと考える。かつての概念プライミングでは直近の言葉，概念の影響が大きいものと考えられてお

り，その考え方では，「ストップ」と言えば，それがプライミングとなるわけで，人は速やかに行動を停止するはずである。しかし，日常私たちは多くそうはならない経験をする。動機がほとばしり，遊び続けたい子ども，TV を見続けたいなど，勉強や必要な作業のために適切に行動を停止できないことがしばしばである。ある種の動機づけを刺激し，動機に基づく行動に人が捕らわれているときには，むしろ徐々にその力が増し，ますます止めにくくなるということから，バージは時間が経った場合の方がより動機に基づく行動が強く見られることを示した。概念プライミングであれば，時間の経過とともに効果は減退するはずである。動機の活性化では概念プライミングとは異なる効果のタイプが観察されることを彼は主張した（Bargh et al., 2001）。

3. ステレオタイプの自動性と統制性

　統制的過程というのは，自動的過程に任せておいては不適切な判断がもたらされるなど，とりわけステレオタイプや偏見などの研究分野では，適切な統制を求めて検討がなされた。デヴァイン（Devine, 1989）は，その契機となる自動性と統制性の対立を示した実験を報告している。

　彼はステレオタイプについての知識の自動的活性化を確認するために，ステレオタイプに関係する手がかり情報を閾下提示することを行った。実験参加者は知覚課題であるとの説明を受け，スクリーン上の左右どちらに刺激が現れたか素早くボタン押しによって回答するように教示された。そして，アフリカ系アメリカ人のステレオタイプに関連する語が提示刺激の中で 80％を占める条件と 20％を占める条件とが用意された。この「知覚課題」終了後に実験参加者はやや敵意的な人物の印象を評定する課題を行い，その敵意性に関わる評定（0-10 点）を平均した結果を敵意性には関連しない無関連語の結果と合わせて示したものが図 6-2 である。

　活性化の影響は無関連な特性に関わる評定には影響を与えていないが，アフリカ系アメリカ人のステレオタイプに関わる敵意性の次元においては，その評定を高める結果をもたらしていた。ステレオタイプ関連語に触れることによる活性化の影響は，尺度で測定された偏見の低い者においても観察された。

　統制の局面を調べた引き続く実験報告では，実験参加者は，アフリカ系アメリカ人という社会的集団を言い換える言葉を挙げる課題を行った。次にその集団について浮かぶ考えをすべて挙げる思考リスティング課題を行い，その内容を分類した。分類では，当該集団に関わる特性と信念に分けられたが，その結果，偏見の強い者（高偏見群）は，アフリカ系アメリカ人について，ネガティブな形容詞特性を，偏見の弱い者（低偏見群）よりも多く思い浮かべたことが示され，一方，低偏見群はポジティブな平

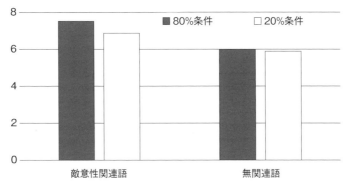

図6-2　条件ごとの評定値の平均

等的信念を挙げることが高偏見群よりもずっと多かった。

　低偏見群は、言い換える言葉、ラベルについては高偏見群と変わらず、同様の知識を示したが、実際の思考においては、こうした偏見を統制し、より平等主義的な信念に基づき、公正な考えを表明することが多かった。偏見的な態度をうまく統制していたと言える。

　しかし、社会的な場面では人はつねによく意識して行動を統制できているとは限らない。無自覚のなかで差別に準じる行為をなしている現象にも光が当てられるようになってきた。

4. 偏見と潜在態度

　差別の研究においても近年では、本人に自覚的な差別だけでなく、回避的差別（aversive racism）が取り上げられている（Dovidio et al., 2000）。本人が偏見の表明であると感じていないなかで、結果的に差別行為がとられることが現代社会の問題として認識されるようになってきた。

　こうした意識しない偏見やバイアスのような心的過程への着目は、潜在連合テスト（implicit association test: IAT）の開発とともに、21世紀社会心理学では、非常に目立つ傾向にある（Greenwald et al., 1998）。

　IATでは、表6-1のように、いくつかの（通常5ブロックか7ブロック）刺激提示のブロックを行いその反応時間から計算を行うことで、バイアスの程度を指標化している。通常のIATでは二つの対置される（女性vs男性など）カテゴリーと、二つの属性（仕事vs家庭など）の二つを左右のキー押しによって提示語を分類させる試行

表6-1　IATの試行例

ブロック	左	右	回数
1	女性	男性	20回
2	仕事	家庭	20回
3	女性＆仕事	男性＆家庭	20回
4	女性＆仕事	男性＆家庭	40回
5	家庭	仕事	20回
6	女性＆家庭	男性＆仕事	20回
7	女性＆家庭	男性＆仕事	40回

（2，3，4ブロックと，5，6，7ブロックはカウンターバランスで入れ替える）

を行い続ける。混合ブロックと呼ばれる表では，3，4，6，7のブロックでは，カテゴリーに関する語か属性に関する語のいずれかが提示され，それをカテゴリーと属性がステレオタイプとして整合している一致状態で左右に分類するか，不整合な不一致状態で左右に分類することになる。

　するとたいてい，不一致ブロックでの方が，一致ブロックよりも分類反応に時間を要することになり，この平均反応時間の差をもとにして偏見や嗜好性の程度を測定している（簡明な説明として，北村，2010：潮村，2016）。

　IATが潜在連合テストと銘打って登場し，こうした偏見の測定を「潜在測定」と呼ぶようになり，これまでの自己報告式によって行われてきた典型的な質問紙による項目測定が「顕在測定」と呼ばれるようになるとともに，潜在-顕在という区分，対比も多く言及されるようになった。顕在測定では，回答者の統制的過程が働く余地が大きいため，社会的望ましさなどの影響を受けやすく，内心の正確な測定になっていないこと，さらに言えば，そもそも人が自分自身の内的過程について正しい報告ができるのかの疑問が呈されてきた（Nisbett & Wilson, 1977）。

　そのために自己報告によらない回答方法が模索されてきたが，少なくとも回答を行っているときに望ましさによって回答を統制できないような工夫が開発され，それがいくつかの潜在測定を構成している（他にAMPなど：北村，2010，2014参照）。

　IATは，ナイーブな実験参加者にとって，反応がほぼ統制不可能という点で潜在測定であり，測定の目的や意図が100％最後まで無自覚とは限らない。そういう点で逐次プライミングによる測定に比べて完全な非意識性は成立しないが，測定の信頼性はおおむね逐次プライミングによる偏見の潜在測定よりは高めである（Bosson et al., 2000; Greenwald et al., 2003; Hofmann et al., 2005; Lane et al., 2007）。

　また，偏見や他の対象について，顕在測定する場合と，潜在測定する場合で異なるものを測定しているという議論があり，潜在測定が素朴に，より「真実」の測定であ

るという意見は少なくなった。IAT では知識内，記憶メカニズム内の概念連合の強度に依存しており，そもそも潜在的連合強度に「見せかけ」や「虚偽」という概念を当てはめること自体が難しく，そのように「知っていること」自体が潜在態度（潜在バイアス）であるという見解をバナージら（Banaji & Greenwald, 2013）は示している。

　「本当の自己の態度なのか」という問いは「本当とは何か」という解決しがたい定義の議論となるため，社会心理学者にはあまり好まれない議論であり，それよりも「測定された態度」が相関関係などを通じて，どう働き，機能しているかの見極めに労力がかけられることになる。潜在態度として測定されたものは，NVC と相関を示すことや，偏見・差別や社会的アイデンティティの場合，他の保守的な態度や政治態度と相関を示すことから（Greenwald et al., 2009; McConnell & Leibold, 2001），ある程度は意味のあるバイアスを測定しているものと考えられる。

　そして，現在では，IAT で測定される潜在態度が，状況変数の影響を受けやすいこと，すなわち状況的に設定された外部刺激や直前の経験によって，測定される態度が体系的に変動することがひんぱんに確認されている（Bohner et al., 2008; Jost, 2019）。たとえばジェンダーステレオタイプについて，ステレオタイプに反するような人物をイメージした後の方が，バイアスは和らぐ（Blair et al., 2001）。リスペクトされる有名なアフリカ系アメリカ人について先行提示された後の方がバイアスは低減する（Dasgupta & Greenwald, 2001）。トレーニングや学習セッションによってある程度バイアスを軽減することができる（Mann et al., 2019; Stone et al., 2020; Van Dessel et al., 2020）。

　後の議論と関係するが，こうした知見は，自動的に経験されるバイアスが，意図や意識によってコントロールを受けるというよりも，状況からの自動的な影響を被って調整されるというものであり，偏見の低減の仕方についても，意志や意図だけでない解決方法に光を当てることになる。

5.2 過程モデル

　印象形成の統制やステレオタイプの統制などから，人の情報処理について，二つの過程—自動的過程と統制的過程などを指摘する 2 過程モデルが隆盛を見るに至った。こうした直観的な速い過程と熟慮的なゆっくりとした過程を，スタノヴィッチら（Stanovich et al., 2014）は，タイプ 1，タイプ 2 として対比し，それを引き継いだカーネマン（Kahneman, 2011）はシステム 1，システム 2 とこれを呼んだ（Stanovich, 1999）。表 6-2 にスタノヴィッチらの二つの過程の対比を示す。

　二つの過程を区分して捉えようという動向は，印象形成，ステレオタイプ，帰属，態度，説得，自己過程など多様な分野に登場し，2 過程モデルはこれらを統合する観点

表6-2　2過程の対比

Type 1（システム1）	Type2（システム2）
全体的	分析的
自動的	統制的
認知容量をあまり要さない	認知容量を要する
相対的に速い	相対的に遅い
生物的に，また経験によって獲得される	文化や教育によって獲得される
並列的	逐次的
進化的に古い	進化的に新しい
潜在的	顕在的
しばしば無意識的，前意識的	しばしば意識的
知能とはより低い相関	知能とより高い相関
短期的，遺伝子的目標	個人の有益性を最大化する長期目標

（Stanovich は Type 1, 2 と呼んでいる: Stanovich et al., 2014 より）

から論じられるようになってきた。かつては規範的な推論，正解を求めるアルゴリズムに対して，エラーを生じるようなヒューリスティックという捉え方があり（Gilovich et al., 2002; Kahneman et al., 1982），きちんと考えないで，直観的な処理を行うことは「エラー」であるという捉え方も多く見られた。しかし，プロセスの違いそのものを関心の焦点とすれば，結果が間違いになるかどうかは別として，比較的簡単な手順によって直感に近い回答を導き出すプロセスであるシステム1と，より時間のかかる意識的思考を用いたゆっくりした熟慮的なプロセスであるシステム2を峻別することができる。この観点からたとえば印象形成の連続体モデルなどを捉えるとステレオタイプ的な認知を呼びやすいカテゴリー主導の印象形成と，個人情報をより精細に考慮したピースミール処理との対置ということになる（Fiske & Neuberg, 1990）。これらを場面によって戦略的にスイッチしていると考えれば，外界に適応的に振る舞おうとする人の一つの方法論ともなるわけで，こうした観点から「動機づけられた戦略家（1章）」という人間観の登場が理解できるだろう。

　こうしてまとめることで多くの研究群の見通しも良くはなったが，実際のところ細かなプロセスの違いがどれだけ重要であるかは見過ごされがちとなる。認知研究に比べると社会心理学領域内ではあまり細かなプロセスにこだわらない扱いが見られるが，そうした鷹揚さが再現可能性の危うさと結びつく危険にもつながると考えられ，理論的にどういった根拠で当該の現象を説明するかは重要な科学的論点と思われる。

　社会心理学の立場から捉えると，とりわけ「意識的 vs 非意識的」というのはあまりこだわる必要がない観点かもしれない。認知神経科学的研究として意識そのものの探究は非常に重要かつ興味深い問題であるが，意識そのものの成り立ちを解明する責務

を社会心理学が担っているわけではない。行為者の意識というのはあいまいなもので，どのくらい自覚していたら意識的行動と言えるのか定めるのは困難であるうえ，変動も大きい。ある種の行為系列は非意識的になされているので，つねにある行動の100％が意識的ということはそもそもなく，たいていのところ，意識何パーセント，非意識何パーセントである。

　実はこういった観点から，ジャコビー（Jacoby, 1991）は，自動成分と統制成分を分離する過程分離モデルを提案している。認知研究では課題が統制しやすいようにシンプルに構成されていることが多いので，記憶課題のような様態ではこうした分析は有効で，計算によってある程度の指標は構成できる。

　元の再認記憶で考えてみよう。最初の記憶すべき語のリストを示され，一定時間それを見た後，時間をおいて再認課題を行う。すると，再認時に先のリストにあったもの（old と呼ぶ）を見た際に，まず反応は大きく二つに分かれる。old であると明確に気づくかどうか（確率は C）。old とわかれば再認で間違いなく Yes と反応できる。

　しかし，あったかどうかはっきりしない場合（確率は $1 - C$ となる）はどうだろうか。それでも反応する際，私たちは直感に頼り「なんとなくあった気がするかどうか」という認知的感情である親近感（familiarity）に頼るという。ここでその項目に親近感が自動的に見られる確率を A とすれば，これが（この場合正解となるが）自動成分と呼ばれるものであり，意識でわからないときに自動的親近感が起こるので（確率として積の法則），それは $A(1 - C)$ となる。再認であったことの正答（hit）が生じる確率は，意識して覚えている場合と，そうでなくて直感的に親近感を感じられるときであるから，式(1)となる（図6-3）。

　式(1)　　　Hit率　　正答率　＝　$C + A(1 - C)$

　式(2)　　　False Alarm（誤再認）率　＝　$A(1 - C)$

　先にみた old 項目でなく，新たな項目（new と呼ぶ）の場合はどうであろうか。そのときにも，普段使っている言葉であれば，何らかの自動的親近感（A）はあるかもしれない。ふだんのそれ，あるいは実験上の何らかの条件でそれが高められる場合があるが，間違って new 項目に対する親近感で Yes と答えてしまう場合，誤再認ということになる。これは「確かになかった」（C）と意識して気づけない場合（統制できない場合）であるので，やはり $A(1 - C)$ となる(2)。

　ただ，各項目への値や old 項目と new 項目での親近性の違いを考えると(1)と(2)で同じ A であるとして，この連立方程式を解いてよいかは疑問点が残るが，Jacoby

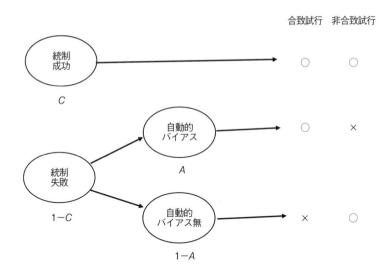

ヒット率：再認成功＝C+A(1−C)　意識的認知で正答する場合と，意識的認知ができないが自動的なバイアス再認成功
　　　　　誤再認　＝A(1−C)　直感バイアス意識して統制できず，かつ自動的なバイアス反応をする
　　　　　A：自動成分　　C：統制成分

図6-3　過程分離モデル（Jacoby, 1991）

（1991）は，ヒット率と誤再認（false alarm）率とで連立方程式を解けば，統制（意識）成分Cと自動成分Aが特定できるのだと主張した。

　ペイン（Payne, 2001）は，これをガン・ツールパラダイム（後に，射撃パラダイム）に適用した。ガン・ツールパラダイムとは偏見の潜在的，自動的課題の一つで，現実社会においてもアメリカでは警官が無実の黒人を誤射してしまう悲劇が繰り返し起こっていたことの対策や分析を可能とするよう開発された手法である。白人か黒人かの登場人物（逐次プライミング課題では，顔の一部の静止画像などが用いられる）を1枚目として提示した直後に，武器か道具（携帯電話など）が提示され，実験参加者は，左右のキー押しによってできるだけ速く正確に，武器か道具かの見極め判断を行うというものである。動画でゲーム仕様になっている射撃（シューティング）バージョンもある。

　さて，この場合は，なんとなくそう思えるという自動成分を「バイアス」と呼んでみる。すると，黒人の次に武器が提示された偏見と合致する（compatible）試行においては，正答は，武器を意識的に目視できた場合（C）と，意識的にはよくわからなかった場合（あるいはスピードとしてよくわからないくらいの早い段階）には，自動

成分 A によって武器であるとバイアスのある回答を行う。これは先の式(1)と一致する。実際には道具なのに，間違って武器と回答する（ゲーム仕様では，武器を持っていると誤認して誤射してしまう：Go-Nogo パラダイムになっている）のは，意識して道具とは気づけないで，そのうえでなんとなくバイアスで武器と思ってしまうという式(2)に該当する。そこで同様に計算すれば，こうした潜在態度研究においても自動成分と意識成分（統制成分）が計算できると考えた（Payne, 2008）。

これをプロセスとして，さらに細かく枝分かれに描いていくと図 6-4 のようになり，これを 4 過程モデル（Quad モデル）と呼ぶ（Conrey, 2005）。

年齢との関係の検討では，年齢の上昇は D の検出能力の向上と関連するが，OB と負相関し，バイアスの克服が減退する傾向にある（Gonsalkorale et al., 2009）。ビアら（Beer et al., 2008）によれば AC は扁桃体および島の活性化と正相関する。このように各プロセスに対応づけられた Quad モデルの変数は，ある程度弁別的妥当性が確認され，プロセスを四つに分けることの妥当性と意義を見出しつつある。

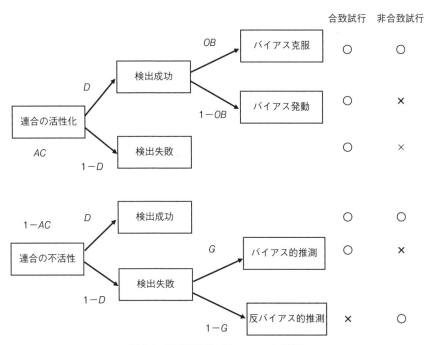

図 6-4　4 過程モデル（Conrey et al., 2005）

6. おわりに：統制可能性をめぐる考察

　とくに進化的アプローチから究極原因の分析などの観点が現れてから，よりはっきりと何かを行為者本人が意識しているかどうかは分析上，論点にはならないという立場をとって研究を進めることも多くなっている。動機づけにおいても「本人はそんなつもりで行動したのではないけれども」という現象が，体内の緻密な生化学過程において非意識的に進行して実現されている行動の場合，本人の理解自体が的外れである，あるいは後付け的であることはよくあるものだからだ。

　「統制可能性」というのは従来，意識と深く関わってきたため，自身の自覚的意図のもとに調整できることが統制可能性であるということであった。しかし，自己制御研究の文脈などでは（4章参照），非意識的統制という研究群が存在する。ひるがえると「自動的」とは何であると定義するか次第でもある。実態に即して言えば，時間の流れのなかで，第1出力，第2出力，第3出力のようなことを考えた方がいいかもしれない。

　知覚過程においても，脳神経プロセスをあえて途中経過で擬人的に描けば，「当初は壁に見えた」「当初はOのアルファベットに見えた」という段階から，詳細情報が追加されるに従って，修正が施され「壁ではなく，実は通路だった」「OではなくてQであった」という知覚的修正が働く。もちろんこの修正は無自覚的，自動的である（時に意識的であるようにゆっくりと進行することもある）。途中経過を認知者が知る必要もない。

　こうした自動的修正も「統制」と呼んでしまうことは問題なのだろうか。しかし，より統制という専門用語が中心的問題になる自己統制（セルフ・コントロール）の研究文脈では，欲望のままに従わないで，行為出力がそれをがまんできていたり，長期目標にそって適応的に調整されたりしていれば，セルフ・コントロールが働いたと定義づけられるわけであるから，このコントロール（統制）自体が意識的か，非意識的かはやはりあまり重要な論点にはならないのだ。

　すると，2過程モデルの主要な功績は，煎じ詰めれば複数の進行プロセスが認知的に存在する（あるいは認知・感情・行為準備システム全体として）ということに他ならない。その描き方として速度が速い／遅いプロセスが存在することは，厳密には今後多数の複雑なプロセスが身体内で進行する図式の中に吸収され，その中で相対的に早い／遅いは峻別可能であるならば残っていくかもしれない。議論を行う際のおおまかな目安として（短期記憶，長期記憶のような概念のごとく），どういったプロセスあるいは機能を重点的に指し示して語るかという用語として活用可能でもある。

　非意識的統制という概念があれば，統制の方略としても「自覚して気づかなければ

統制できない」ということに限定されず，自覚して統制に努める方略もあるだろうが，それと並行して，環境のアレンジや制度の運用によって，「自動的」にコントロール（統制）させる方略も活発化してくることが予想されるわけで，むしろそうした有望な試みに期待がかけられるだろう。前述の IAT の箇所の状況要因に基づくバイアスの低減という成果も同様に意図や意識によらない自動性の調整の仕組みを示唆しており，環境をアレンジすることによって望まれないバイアスを低減するという方策につながるものである。ただ，IAT の調整においてはなかなか持続性の高い効果が見出されにくいという難問もある。望まれない活性化を防ぐ手立てとしては，他の代替物を活性化させる（3 章のリバウンド効果参照）など別の活性化で打ち消すという方策もある。

　一方で行動の瞬間における不適応を適応へと是正するタイプの議論とは別に，意識的統制が何のためにあるかを考察することから広げられる研究もあるだろう。意識は未来の構想を可能にし，思考において時間軸を越えることができる。未来のプランや，今実現はしていない理想を構想，思考して，それを目指す表象とするアイデアは，マーカス（Markus, H.）の「ポシブル・セルフ」など古くから考えとして見られたものである。意識を用いることで行動計画を含めて詳細な計算を行うことが可能となり，知的生産が可能になった。自動的な思いつきだけでは現在のような科学的進展は社会に見られなかったであろうし，思考という道具立てを得ることによって私たちは多大な恩恵を得てきた。政治的にも熟慮，熟議を要する民主主義（未来構想と絡む）と直観的選択と関係の深いポピュリズム（現在の感情）との対応など，二つの過程は有用な視座を提供し，プロセスを二つに限るのが正しいかどうかという議論の他に，他の分野への波及や仮説生成力によって貢献する特質もあるように考えられる。時間軸を取り入れた議論は解釈レベル理論にも接続する（Trope & Liberman, 2010）。

　自動的な直感は道徳判断も導くように，人間の認知・行動・規範形成において不可欠な影響を与える要素であったが，思考なくしてはその制度化や社会形成は困難である。あまりに自動性に反する制度化というのも難しいものである。二つのプロセスの特徴をつかみながら，そのバランスや用い方の工夫を考えていくことが今後の人類の進み方において重要なのであろう。

引用文献

Banaji, M. R., & Greenwald, A. G. (2013). *Blindspot: Hidden biases of good people.* New York, NY: Delacorte Press. （バナージ, M. R.・グリーンワルド, A. G. 北村 英哉・小林 知博（訳）(2015). 心の中のブラインド・スポット：善良な人々に潜む非意識のバイアス 北大路書房）

Bargh, J. A. (1994). The four horseman of automaticity: Awareness, intention, efficiency, and control in social cognition. In R. S. Wyer Jr. & T. K. Srull (Eds.), *Handbook of social cognition* (2nd ed., Vol. 1., pp. 1-40). Hillsdale, NJ: Erlbaum.

Bargh, J. A. (1997). The automaticity in everyday life. In R. S. Wyer Jr. (Ed.), *Advances in social cognition* (Vol. 10., pp. 1-61). Mahwah, NJ: Erlbaum.

Bargh, J. A., Gollwitzer, P. M., Lee-Chai, A., Barndollar, K., & Trotschel, R. (2001). The automated will: Nonconscious activation and pursuit of behavioral goals. *Journal of Personality and Social Psychology, 81*, 1014-1027.

Beer, J. S., Stallen, M., Lombardo, M. V., Gonsalkorale, K., Cunningham, W. A., & Sherman, J. W. (2008). The Quadruple Process model approach to examining the neural underpinnings of prejudice. *NeuroImage, 43*, 775-783.

Blair, I. V. (2002). The malleability of automatic stereotypes and prejudice. *Personality and Social Psychology Review, 3*, 242-261.

Bohner, G., Siebler, F., Gonzalez, R., Haye, A., & Schmidt, E. A. (2008). Situational flexibility of in-group-related attitudes: A single category IAT study of people with dual national identity. *Group Processes and Intergroup Relations, 11*, 301-317.

Bosson, J. K., Swann, W. B. J., & Pennebaker, J. W. (2000). Stalking the perfect measure of implicit self-esteem: The blind men and the elephant revisited? *Journal of Personality and Social Psychology, 79*, 631-643.

Conrey, F. R., Sherman, J. W., Gawronski, B., Hugenberg, K., & Groom, C. (2005). Separating multiple processes in implicit social cognition: The quad model of implicit task performance. *Journal of Personality and Social Psychology, 89*, 469-487.

Dasgupta, N., & Greenwald, A. G. (2001). On the malleability of automatic attitudes: Combating automatic prejudice with images of admired and disliked individuals. *Journal of Personality and Social Psychology, 81*, 800-814.

Devine, P. G. (1989). Stereotypes and prejudice: Their automatic and controlled components. *Journal of Personality and Social Psychology, 56*, 5-18.

Dovidio, J. F., Kawakami, K., & Gaertner, S. L. (2000). Reducing contemporary prejudice: Combating explicit and implicit bias at the individual and intergroup level. In S. Oskamp (Ed.), *Reducing prejudice and discrimination* (pp. 137-163). Mahwah, NJ: Erlbaum.

Fiske, S. T., & Neuberg, S. L. (1990). A continuum of impression formation, from category-based to individuating processes: Influences of information and motivation on attention and interpretation. In M. P. Zanna (Ed.), *Advances in experimental social psychology* (Vol. 23, pp. 1-74). Mahwah, NJ: Academic Press.

Gilovich, T., Griffin, D. (Eds.). (2002). *Heuristics and biases: The psychology of intuitive judgment*. New York, NY: Cambridge University Press.

Gonsalkorale, K., Sherman, J. W., & Klauer, K. C. (2009). Aging and prejudice: Diminished regulation of automatic race bias among older adults. *Journal of Experimental Social Psychology, 45*, 410-414.

Greenwald, A. G., McGhee, D. E., & Schwartz, J. L. K. (1998). Measuring individual differences in implicit cognition: The Implicit Association Test. *Journal of Personality and Social Psychology, 74*, 1464-1480.

Greenwald, A. G., Nosek, B. A., & Banaji, M. R. (2003). Understanding and using the Implicit Association Test: I An improved scoring algorithm. *Journal of Personality and Social*

Psychology, 85, 197-216.

Greenwald, A. G., Poehlman, T. A., Uhlmann, E. L., & Banaji, M. R. (2009). Understanding and using the Implicit Association Test: Ⅲ Meta-analysis of predictive validity. *Journal of Personality and Social Psychology, 97*, 17-41.

Herr, P. M. (1986). Consequences of priming: Judgment and behavior. *Journal of Personality and Social Psychology, 51*, 1106-1115.

Higgins, E. T., Rholes, W. S., & Jones, C. R. (1977). Category accessibility and impression formation. *Journal of Experimental Social Psychology, 13*, 141-154.

Hofmann, W., Gawronski, B., Gschwender, T., Le, H., & Schmitt, M. (2005). A meta-analysis on the correlation between the Implicit Association Test and explicit self-report measures. *Personality and Social Psychology Bulletin, 31*, 1369-1385.

Jacoby, L. L. (1991). A process-dissociation framework: Separating automatic from intentional uses of memory. *Journal of Memory and Language, 30*, 513-541.

Jost, J. T. (2019). The IAT is dead, long live the IAT: Context-sensitive measures of implicit attitudes are indispensable to social and political psychology. *Current Directions in Psychological Science, 28*, 10-19.

Kahneman, D., Slovic, P., & Tversky, A. (Eds.). (1982). *Judgment under uncertainty: Heuristics and biases.* New York, NY: Cambridge University Press.

Kahneman, D. (2011). *Thinking, fast and slow.* New York, NY: Farrar, Straus, & Giroux.

北村 英哉 (2001). 社会的判断と文脈　山本 眞理子・外山 みどり・池上 知子・遠藤 由美・北村 英哉・宮本 聡介（編）社会的認知ハンドブック (pp. 230-233)　北大路書房

北村 英哉 (2010). 態度　浦 光博・北村 英哉（編）展望現代の社会心理学　第1巻 個人のなかの社会 (pp. 113-148)　誠信書房

北村 英哉 (2014). 潜在態度　唐沢 かおり（編）新社会心理学：心と社会をつなぐ知の統合 (pp. 51-70)　北大路書房

Lane, K. A., Banaji, M. R., Nosek, B. A., & Greenwald, A. G. (2007). Understanding and using the Implicit Association Test: Ⅳ What we know (so far) about the method. In B. Wittenbrink & N. Schwarz (Eds.), *Implicit measures of attitudes* (pp. 59-102). New York, NY: Guilford.

Lombardi, W. J., Higgins, E. T., & Bargh, J. A. (1987). The role of consciousness in priming effects on categorization: Assimilation versus contrast as a function of awareness of the priming task. *Personality and Social Psychology Bulletin, 13*, 411-429.

Mann, T. C., Kurdi, B., & Banaji, M. R. (2019). How effectively can implicit evaluations be updated?：Using evaluative statements after aversive repeated evaluative pairings. *Journal of Experimental Psychology: General.* https://doi.org/10.1037/xge0000701

Martin, L. L. (1986). Set/reset: Use and disuse of concepts in impression formation. *Journal of Personality and Social Psychology, 51*, 493-504.

Martin, L. L., & Achee, J. W. (1992). Beyond accessibility: The role of processing objectives in judgments. In L. L.Martin & A. Tesser (Eds.), *The construction of social judgments* (pp. 195-216). Hillsdale, NJ: Erlbaum.

McConnell, A. R., & Leibold, J. M. (2001). Relationship among the Implicit Association Test, discriminatory behavior, and explicit measures of racial attitudes. *Journal of Ex-*

perimental Social Psychology, 37, 435-442.

Nisbett, R., & Wilson, T. (1977). Telling more than we can know: Verbal reports on mental processes. Psychological Review, 84, 231-259.

Payne, B. K. (2001). Prejudice and perception: The role of automatic and controlled processes in misperceiving a weapon. Journal of Personality and Social Psychology, 81, 181-192.

Payne, B. K. (2008). What mistakes disclose: A process dissociation approach to automatic and controlled processes in social psychology. Social and Personality Psychology Compass, 2, 1073-1092.

Schwarz, N., & Bless, H. (1992). Constructing reality and its alternatives: An inclusion/exclusion model of assimilation and contrast effects in social judgment. In L.L. Martin & A. Tesser (Eds.), The construction of social judgments (pp. 217-245). Hillsdale, NJ: Erlbaum.

Sherman, J. W., Klauer, K. C., & Allen, T. J. (2010). Mathematical modeling of implicit social cognition: The machine in the ghost. In B. Gawronski & B. K. Payne (Eds.), Handbook of implicit social cognition: Measurement, theory, and applications (pp. 156-175). New York, NY: Guilford.

潮村 公弘 (2016). 自分の中の隠された心――非意識的態度の社会心理学　サイエンス社

Srull, T. K., & Wyer, R. S., Jr. (1979). The role of category accessibility in the interpretation of information about persons: Some determinants and implications. Journal of Personality and Social Psychology, 37, 1660-1672.

Srull, T. K., & Wyer, R. S., Jr. (1980). Category accessibility and social perception: Some implications for the study of person memory and interpersonal judgment. Journal of Personality and Social Psychology, 38, 841-856.

Stanovich, K. E. (1999). Who is rational?: Studies of individual differences in reasoning. Mahwah, NJ: Erlbaum.

Stanovich, K. E., West, R. F., & Toplak, M. E. (2014). Rationality, intelligence, and the defying features of Type 1 and Type 2 processing. In J. W. Sherman, B. Gawronski, & Y. Trope (Eds.), Dual-process theories of the social mind (pp. 80-91). New York, NY: Guilford.

Stone, J., Moskowitz, G. B., Zestcott, C. A., & Wolsiefer, K. J. (2020). Testing active learning workshops for reducing implicit stereotyping of Hispanics by majority and minority group medical students. Stigma and Health, 5, 94-103.

Trope, Y., & Liberman, N. (2010). Construal-level theory of psychological distance. Psychological Review, 117, 440-463.

Van Dessel, P., De Houwer, J., Gast, A., Roets, A., & Smith, C. T. (2020). On the effectiveness of approach-avoidance instructions and training for changing evaluations of social groups. Journal of Personality and Social Psychology, Advance online publication. https://doi.org/10.1037/pspa0000189

Wegener, D. T., & Petty, R. E. (1997). The flexible correction model: The role of naïve theories of bias in bias correction. In M. P. Zanna (Ed.), Advances in experimental social psychology (Vol. 29, pp. 141-208). New York, NY: Academic Press.

第2部

社会的認知の展開

第7章

心と文化の相互構成過程

橋本博文

　人間の心のはたらきや行動の特性に文化差が存在することは古くから知られているが，近年の文化心理学の発展のなかで，そうした心や行動の文化差は特定の文化において優勢とされる認識枠組みの違いに基づくものとする理解が広く受け入れられるようになっている。本章ではまず，文化心理学における考え方を中心に，心や行動の文化的多様性に関する研究を概観する。そして，過去四半世紀にわたって蓄積されてきた文化心理学の豊富な知見を踏まえつつ，心や行動に示される文化的多様性の説明を目指した近年の研究アプローチについても紹介する。そのうえで，心と文化とが互いに互いを支え合っているとする「心と文化の相互構成過程」についての二つの考え方についても整理する。

1. 文化の定義

　心や行動の文化的多様性を扱う心理学領域の研究を概観するにあたって，まず明確にしておかなければならないのは，「文化とは何か」という文化の定義についてである。心理学の領域に限定しても，文化の定義はさまざまである（レビューとして，Cohen, 2009）。主観世界としての文化に焦点を合わせる研究者は，人々に共有されている思考や信念，理解，感情の様式，あるいは意味体系の中に文化を捉え，またヒトと他の動物とを比較するという視座をとる研究者は，伝達される情報の中に文化の本質を見据えたうえで，そうした文化を生み出し継承していく人間の能力に特段の関心を抱くだろう。また，「氏か育ちか」という単純な議論ではないにせよ，遺伝的要因と文化的要因の相違に目を向ける研究者は，それぞれの要因を明確に区別するかたちで文化を定義する。「文化に関心を寄せる研究者の数だけ文化の定義が存在する」と揶揄されかねないほど，それぞれの研究者が採用する文化の概念は多様である。ただし，文化の定義が研究者間で共有されていないわけではない。一般に挙げられやすい文化の定義としては，たとえば人類学者タイラー（Tylor, 1871/2010）による「知識，信仰，道

徳，芸術，法律，慣習のほか，人間が社会の成員として獲得してきた能力や習性の複合的全体」や，社会学者ギデンズ（Giddens, 2001）による「社会の成員なり社会のなかの種々の集団が生みだす生活様式」という定義，あるいは文化心理学者である北山（1998）による「歴史的に取捨選択され，累積してきた慣習，概念，イメージ，通念，それらの体制化された構造，さらには，それらにもとづいて作られた人工物の総体」などがある。本章では北山による文化の定義を念頭に置きつつ，以下に示す一連の研究群を整理することにする。

2. 文化の開梱アプローチ

　「文化」のようにいくぶん曖昧模糊とした概念を扱ううえでまず用いられるのは，抽象度の高い構成概念を切り分けるというアプローチであろう。二分法はその典型例である。テンニエス（F. Tönnies）によるゲマインシャフトとゲゼルシャフトや，デュルケム（É. Durkheim）による機械的連帯と有機的連帯などをはじめ，二分法に基づく理論の展開は社会科学諸分野における研究によく見受けられる。こうした理論展開は，心や行動の文化的多様性を扱おうとする初期の比較文化研究においても同様である。その草分け的なものとしては，ホフステッドによる個人主義（individualism）と集団主義（collectivism）の次元が挙げられる（Hofstede, 1980）。「個人主義-集団主義」は，彼が提唱した国や地域を単位とする四つの文化次元のうちの一つであるが，心理学領域のみならず社会科学領域一般においてもよく知られるに至っている。この「個人主義-集団主義」の次元は，それぞれの国において，個人と個々人が所属する集団のどちらが優先されるかを表すものであり，世界各国のIBMに勤務する人々を対象とする大規模国際比較調査のデータに基づいて提唱されたものである。この文化次元を用いてさまざまな国や地域をランクづけしてみると，個人主義的な国としてアメリカをはじめとする欧米文化圏の国々が，また集団主義的な国としてアジア地域や南米地域の国々が挙がることがわかっている。「個人主義-集団主義」をはじめとする文化次元を切り口として文化を紐解いていくことにより心や行動の文化的多様性を理解しようとするアプローチを文化の開梱アプローチと呼ぶとすれば，このアプローチの意図するところは，比較文化心理学者トリアンディス（Triandis, 1996）の考え方に示されている。彼の言葉を借りると，人間の心や行動の文化的多様性は，いくつかの次元として十分に切り分けていくことができる文化的シンドロームを反映している。換言すれば，文化的シンドロームを構成すると思われる複数の次元を明らかにすることで，人間の心のはたらきや行動の特性と文化の対応関係を明確にできるという考え方だと言える。実際に文化の開梱アプローチに基づく研究群は，心や行動の文化的多様性を体系的に

整理するうえで役に立ってきた。しかし，トリアンディス以降の比較文化研究は，ある意味では後続の心理学研究の発展に貢献しつつも，また別の意味では問題を孕ませてしまう結果となったとみることもできる。その問題とは，マクロレベルの次元であるはずの文化がマイクロレベルとしての心のはたらきとほぼ同義のものとして理解されはじめたという点にある。実際にトリアンディスは，文化レベルとしてではなく個人レベルとしても「個人主義−集団主義」傾向を論じており，人間は誰しもこれらの傾向を心の内にもっているが，身を置く文化によって，どちらかの傾向がより顕著に示されるとの議論を展開している。この議論はその後の多くの比較文化研究に多大な影響を与え，たとえば，個人主義的傾向や集団主義的傾向を測定するための心理尺度の開発を目的とする研究を促すこととなる。

3. 文化心理学のアプローチ

　ホフステッドやトリアンディスを中心とする文化の開梱アプローチを踏まえつつ，心と文化の関係に関するその後の心理学研究の進展に大きな影響を及ぼすことになったのが，人間の心と文化は互いを生み出し支え合っているという点を強く主張する文化心理学（cultural psychology）であり，またその核となる心と文化の相互構成論である。私たち人間は，自らが身を置く文化における制度や慣習，日常的な現実のみならず，当該の文化において人々に共有されているような認識枠組み，あるいは文化的な意味の体系，価値の体系などから逃れることはできない。したがって，特定の文化に身を置く人々の心や行動は，当該の文化によって生み出されると考えることができる。そして，心と文化の相互構成論においてとくに重要となるのは，マクロなパタンとしての文化そのものも，文化に特有とされる心のはたらきや行動の特性を示す個々人の実践によって構成されるという点である。心と文化とが相互に構成し合うという考え方を基礎とするかたちで心や行動の文化的多様性を捉えようとするのが文化心理学のアプローチである。1990年代以降，文化心理学は急速な発展を遂げてきたが，その発展を強く促したのが以下に示す文化的自己観という認識枠組みである。

[1] 認識枠組みの違いとしての文化的自己観

　文化心理学者であるマーカスと北山は，欧米の文化と東アジアの文化において異なる二つの典型的な自己観を区別することによって，心や行動の文化的多様性の体系化を試みている（Markus & Kitayama, 1991）。彼女らが主張する文化的自己観（cultural self-construal）とは，当該文化を生きることを通じて形成される人の主体の性質についての通念として定義され（北山, 1998），他者と互いに結びついた人間関係の一部

として自己を捉える相互協調的自己観と，他者から分離した独自の存在として自己を
捉える相互独立的自己観に大別される。前者は日本をはじめとする東アジアの文化に
おいて優勢であるとされ，後者はアメリカやカナダをはじめとする欧米文化において
優勢であると考えられている。北山（1998）によれば，それぞれの文化で優勢とされ
る自己観は，当該の文化において歴史的に作り出されたものであり，同じ文化に身を
置く人々の間で共有されている。そしてこの自己観は，文化の日常的な現実の構造に
反映され，結果として，現実の中で育まれる人間の心理や行動を規定する。すなわち，
人間の心のはたらきは，「文化に関与することを通じて形成され，同時に，文化は，多
くのそのような社会的，集合的活動により維持・変容されることにより，将来へと受
け継がれていく」（北山，1998）。そのため，それぞれの文化において優勢とされる自
己観は，それぞれの文化における自己の構造やその特徴，あるいは当該文化を生きる
個人に対して求められる課題などに広範な影響を及ぼすとされている。たとえば，相
互協調的自己観が優勢とされる文化においては，仲間と協調的であること，適切な行
動をとることなどが求められ，仲間との調和を保つことが自尊心を規定する一つの要
因になるとの議論がなされている（Markus & Kitayama, 1991）。

[2] 心と文化の相互構成論

　人間の心のはたらきや行動の特性が文化によって形成され，さらにそうした文化も
また，文化特定的な心を有する人々によって再生産されるという相互構成過程を扱う
文化心理学のアプローチにおいては，人間の心と文化とはいわば表裏一体の関係にあ
ると考えられている。つまり文化心理学のアプローチのもとでは，それぞれの文化に
おいて優勢とされる認識枠組みと，そうした文化を生きる個々人の心のはたらきとが
互いに規定し合うと同時に，文化特定的な心を備えた個々人による行動が，特定の文
化において優勢とされる認識枠組みと一貫する文化的現実を生み出すことで，日常的
な慣習や公の意味構造などのいわゆる文化の集合要素が形成されるという関係が想定
されている。たとえば文化心理学者であるキムとマーカスは，文化的自己観と一貫す
る心を備えた個人が，その文化に関わることで文化そのものが維持される過程を論じ
ている（Kim & Markus, 1999）。この過程とは，それぞれの文化において優勢とされ
ている自己観が個々人の価値観や選好として反映され，その結果として，文化特定的
な心の性質を作り上げると同時に，個々人の選好の表明や選好に従う行動により，当
該文化において優勢とされる自己観の共有が促進されるという過程である。

　本章では，こうした文化的な認識枠組みに対応する価値や選好を備える個人を「文
化的エージェント」と定義する。この定義によれば，従来の文化心理学研究において
論じられている心と文化の相互構成過程とは，文化的エージェントにより生み出され

る文化と，文化的エージェントの心理や行動の再生産過程として捉えることができる。このような文化的エージェントを想定したうえでの心と文化の相互構成関係の理解は，これまで東アジア文化と欧米文化を比較することで得られた人間の心理や行動に示される文化差を整合的にまとめるうえで大きな役割を果たしてきた。しかしながら，特定の文化を生きる人々が互いに文化的に優勢な自己観と一貫する行動を促進するように行動することを示す北山ら（Kitayama, Markus, Matsumoto, & Norasakkunkit, 1997）による状況サンプリング研究や，人々が自己観と一貫するかたちでサポートを提供し合うことで互いに自己観を強化し合っていることを示す内田ら（Uchida, Kitayama, Mesquita, Reyes, & Morling, 2008）によるソーシャル・サポート研究などの少数の研究を除いては，実際にこの相互構成関係の動的な再生産プロセス，とくに人間の心の性質や行動の特性が文化を作り出すという方向性の議論を実証的な観点から検討する研究はこれまであまりなされていない。

[3] 認識枠組みの違いとしての文化的思考様式

　心と文化の相互構成論に基づく初期の研究においては，自己観の文化差に焦点が合わせられていたが，その後は人間のより基礎的な事物の知覚や認知様式などに示される文化差に焦点を合わせた研究が蓄積されるようになった。そしてニスベット（Nisbett, 2003）をはじめとする研究グループは，数多くの実証的知見をもとに人々の知覚や認識様式の文化差を統一的に捉えるための枠組みを提唱している。ニスベットによると，東アジア文化において優勢と考えられる思考様式は包括的（holistic）であり，全体的な背景に注目し，対象と背景・文脈との関係性から人の心や行動，事物の動きなどを理解する傾向があるとされる。その一方で，欧米文化圏において優勢となるのは分析的（analytic）な思考様式であり，対象そのものに注目し，規則性や論理を用いて人の心や行動，事物の動きを理解する傾向があるとされる。ニスベットの議論は，意味システムや慣習といった歴史的文脈の違いが生み出す文化間の差異が認知一般に影響を及ぼす過程を強調しており，その意味においてニスベットの議論はマーカスと北山による議論を拡張したものとして捉えることもできる。

4. 心や行動の文化的多様性：その具体例

　1990 年代以降急速に発展してきた文化心理学研究は数多くの知見を生み出してきたが，これらの知見は主に上述した二つの認識枠組み――文化的自己観（Markus & Kitayama, 1991）と文化的思考様式（Nisbett, 2003）――のもとで整理されてきた。そして，人間の心や行動は文化の産物であること，また，文化に特有とされる自己観や

思考様式を有する個々人によって文化そのものもまた維持されるとの理解が促されてきた。以下では，二つの認識枠組みのもとで体系的に整理されてきた文化差に関する具体的な知見について概観する。

[1] 自己高揚と自己卑下

　自分自身の能力や資質に関して人々がどのように認識しているのかという問いは，文化心理学者が関心を抱き続けてきた問いである。自分自身を評価する際に，自分が他人よりも優れていると評価しがちな傾向である自己高揚（self-enhancement）は，当初は文化普遍的な人間の心のはたらきとして理解されてきた。この自己高揚が広く認められる例としては，ダニングら（Dunning et al., 1989）が報告しているアメリカの高校生約100万人を対象に行った大規模な調査の分析結果を挙げることができる。この調査結果によれば，アメリカの高校生の実に60％が，「あなたの他人とうまくやっていく能力は，どの程度だと思いますか」という質問に対して「自分の能力が上位10％に入る」と回答することが明らかにされている。つまり，能力や資質に関して自分は他者よりも優れていると考える自己高揚が顕著に示されるというわけである。こうした自己高揚に関する一連の心理学研究に対して文化心理学者は，東アジアの文化に身を置く人たちはこうした自己高揚を示さないばかりか，むしろ自分自身は他人よりも劣っていると評価する自己卑下（self-effacement）を示すという事実を繰り返し主張してきた（Heine, Lehman, Markus, & Kitayama, 1999; 北山，1998）。文化心理学の知見により明らかにされているのは，自分自身についての評価の仕方には文化間において体系的な差異があり，自己高揚は欧米の文化で一般的である一方，自己卑下は東アジアの文化において一般的であるという点である。こうした自己評価の文化差についてハイナら（Heine et al., 1999）は，自己観の文化差と関連づけつつ，日本人の自己卑下の背後に自己批判的動機が存在していると解釈している。つまり，役割や義務といった他者との関係性を重視する相互協調的な文化において，個々人は，文化的に適切であり，また理想とされる自己のあり方に近づこうとするために自己批判的な動機――自分に欠けている点，望ましくない属性に注意を向けようとする動機――を備えているとの解釈である。これに対して欧米文化を生きる人々にとって重要なのは，自尊心を保つこと，主体の独立性を維持することであり，それゆえに頑健な自己高揚が示されるのだとハイナらは解釈している。

[2] 帰　属

　原因を求める人間の心のはたらきである帰属（attribution）のスタイルにおいても文化差が示されるという事実を文化心理学者は一貫して主張している。一般に，根本

的な帰属の誤り（fundamental attribution error）——他者の行動を推測する際に，外的要因を軽視し，行為者本人の内的要因を過大評価する——と呼ばれる心のはたらきは，その名のとおり文化に関わらず「根本的な」心のバイアスとして欧米文化圏では当初は認識されていたが，帰属のスタイルにも文化差が示される可能性が指摘されてきた（たとえば，Choi & Nisbett, 1998）。帰属スタイルの文化差についても，文化的自己観や文化的思考様式といった枠組みのもとでの理解がなされている。つまり，自己とはどのようなものであるか，また世界とはどのようなものであるかに関する自己観や人間観，世界観によって，現実の場面における人々の行動の理解が促され，その結果として，他者の行動の帰属傾向に文化差が見られるという理解である。たとえば，人間はまわりの人の期待に応えようと行動するものであるという相互協調的自己観を有している人々は，他者の行動を推測する際にも，その行為者の内的属性に目を向けるだけでなく，行為者の周囲の人々が何を考え，何を期待しているのかに目を向けるはずである。このように特定の文化において優勢とされている自己観や人間観，世界観と，人間の心や行動の文化的多様性とが表裏一体の関係にあるという捉え方は，先に挙げた文化心理学研究における心と文化の相互構成論に基づく考え方と言える。すなわち，ある特定の文化的な枠組みを共有している人々は，その枠組みを使って自身の日常的現実，文化的な慣習と意味のパタンを解釈し，その枠組みと一貫するかたちで，まわりの人の行動を予測し，説明すると言うわけである。

［3］注意配分

　文化心理学研究は自己評価や帰属スタイルにおける文化差のみならず，認知や知覚に対する文化の影響についても明らかにしてきた。たとえば，増田とニスベット（Masuda & Nisbett, 2001）は，コンピューターの画面上に複数の動物の画像を提示し，その画像の再認成績を日本人とアメリカ人とで比較する実験を実施し，アメリカ人の再認成績は画像の背景情報の変化にあまり影響を受けない一方で，日本人の再認成績は背景情報が変わると極端に再認成績が悪くなることを明らかにしている。つまり，日本人は動物の画像を記憶する際に，対象のみならずその背景情報にも注意を払っている可能性を彼らは示唆しているのである。増田らが示す実験結果は，ニスベットが主張している「分析的-包括的」な思考様式という枠組みと整合する。日本人をはじめ東アジア文化を生きる人々が，背景情報に影響を受けやすいという点は，他の知見においても数多く示されている事実であり，たとえば表情判断課題（図7-1）を用いた増田らの実験においては，中央の人物の表情からその人物の感情を判断するという課題であっても，日本人参加者は周囲の人物の表情をつい考慮に入れて判断しがちであることが明らかにされている（Masuda, Ellsworth, Mesquita, Leu, Tanida & De

図7-1　表情判断課題で用いられた画像の例（Masuda et al., 2008）

Veerdonk, 2008）。

　さらに北山ら（Kitayama, Duffy, Kawamura, & Larsen, 2003）は，単純な線分の長さ
を再生するという課題においても，注意配分の文化差が示される可能性を指摘してい
る。彼らが開発した枠の中の線課題（Framed Line Test）では，正方形の大きさを無
視して再生することが求められる課題（絶対判断課題）と，正方形の大きさを考慮に
入れて再生することが求められる課題（相対判断課題）があり，アメリカ人参加者は

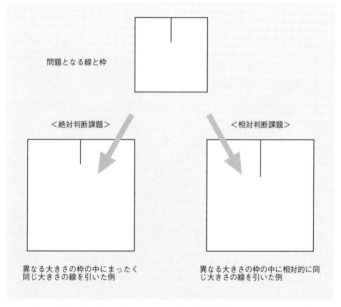

図7-2　枠の中の線課題で用いられた課題の例（Kitayama et al., 2003）

前者の課題で，日本人参加者は後者の課題でより正答する傾向があるとされている（図7-2）。近年では，認知や知覚の文化差を生み出す神経基盤についても盛んに検討されはじめており，たとえば上述した枠の中の線課題を行っている参加者の脳活性レベルをfMRI（機能的磁気共鳴画像）装置を用いて測定し，文化的に得意ではない判断——アメリカ人参加者にとっての相対判断，日本人参加者にとっての絶対判断——を行っている際に，注意配分をつかさどる脳の前頭および頭頂部の活性化が認められるという事実も指摘されている（Hedden, Ketay, Aron, Markus & Gabrieli, 2008）。

5. 文化的多様性の説明を目指す近年の試み

　心と文化の相互構成論に基づく文化心理学の発展により，過去数十年もの間に，心と文化の関係を理解するうえで重要となる知見が蓄積されてきた。しかし，心と文化との動的な関係性の解明を目指した文化心理学のアプローチもまた，実質的には文化の開梱アプローチと同様に，心と文化とが相互に構成し合う双方向の関係性を扱いあぐねているとの批判もある（Matsumoto & Yoo, 2006）。こうした批判は，人間の心や行動の文化的多様性を実証的に示すことに成功してきた文化心理学的アプローチの重要性を否定するものではないが，明らかにされた文化的多様性の説明の必要性を指摘しているものと理解できる。こうした批判に対応すべく，近年では文化心理学のアプローチによって明らかにされてきた文化的多様性の説明を目指した動きが展開されている。

［1］文化内分散に焦点を合わせた分析

　心や行動の文化的多様性に対する説明は，近年さまざまな観点から試みられているが，その説明を目的とする分析として注目されているのが，文化内の分散に焦点を合わせた分析である。同一文化内での比較によって，遺伝的な特徴，言語的な特徴，産業化や民主化の程度をある程度統制するかたちで，心や行動の文化的多様性を下支えしている要因を明らかにしようという試みである。たとえば，北山ら（Kitayama, Ishii, Imada, Takemura, & Ramaswamy, 2006）は，移民の歴史が独立性を育むという自発的入植仮説を検討するために，北米と同様に自発的入植の歴史を有する北海道と，北海道を除く日本の他の地域を比較する研究を行い，上述したような認識枠組みの文化差の説明を試みている。実際に彼らは，帰属スタイルや認知的不協和の生起パタン，幸福感の規定因などにおいて，北海道で生まれ育った人々には，従来独立的あるいは分析的な認識枠組みとしてまとめられてきたような心のはたらきや行動の特性が観察されることを示している。近年では，当該社会ないし文化の歴史性（Kitayama et al.,

2006; Nisbett & Cohen, 1996）のみならず，都市化の度合いや社会階層，教育水準など，同一文化内の分散に焦点を合わせた説明が多くなされている。その中でも特筆すべきは，トルコの黒海沿岸地域で生まれ育った人々の生業形態の違いに着目したウスクルら（Uskul, Kitayama, & Nisbett, 2008）の研究であろう。彼女らは，漁民，農民，牧畜民の認知スタイルを比較し，牧畜民は，農民や漁民と比べて，相対的に分析的な注意傾向を示すことを明らかにしている。これらの研究は，洋の東西といった文化間のマクロなレベルでの比較を，文化内のレベルでの比較へと落とし込むことによって文化差の説明を目指す試みとしてまとめることができる。

［2］社会生態学的環境への適応の道具として心や行動の文化的多様性を捉えるアプローチ

　文化心理学のアプローチによって明らかにされてきた心や行動の文化差を社会生態学的環境への適応の道具として理解しようとする研究アプローチも近年多く目につくようになっている。たとえば大石（Oishi, 2010）は居住地流動性（residential mobility），結城ら（Yuki et al., 2007）は関係流動性（relational mobility）に着目し，それらを社会生態学的環境の重要な側面として捉えた一連の研究を展開している。結城ら（Yuki, Sato, Takemura & Oishi, 2013）の研究は，自尊心の水準の文化差を関係流動性の高低という観点から説明しようと試みたものであり，彼らの議論をまとめると，対人関係形成の機会が多く，より開かれた社会環境（高関係流動性社会）を生きる人々にとって，高い自尊心（自身の社会的価値の主観指標）を保持することは，新たな対人関係形成へと背中を押してくれる適応デヴァイスとして機能する一方，低関係流動性社会（関係性が排他的であり，既存の関係内部でのコミットメント関係が集団を形成・維持する基盤となっているような社会環境）を生きる人々にとっては，高い自尊心が無用の長物であるばかりか，ときとして既存の関係からの孤立を引き起こすといった弊害を招く可能性がある，というものである。実際に彼らの議論の妥当性は，実証的な研究知見において支持されており，自尊心の水準の文化差は，関係流動性の定量化のために結城らが開発した関係流動性尺度の得点によって媒介されることが明らかにされている。当該文化を生きる人々が適応する社会生態学的環境の定量化という意味において特筆すべきは，社会規範からの逸脱への寛容度に焦点を合わせたゲルファンドら（Gelfand et al., 2011）の研究知見である。彼女らは，33ヶ国における調査データおよび既存のアーカイブデータをもとに，人間の心や行動の文化的多様性を解釈するうえで，社会規範の拘束性（厳格さと緩さ）が鍵となることを膨大なデータをもとに実証的に示している。

[3] 信念の間主観性に着目するアプローチ

　上述のアプローチが，マクロレベルとしての文化や社会生態学的環境に焦点を合わせているとすれば，当該の文化や社会生態学的環境を生きる個々人が有しているよりマイクロレベルとしての心のはたらきに着目するかたちで，文化差の説明を試みるアプローチもいくつか挙げることができる。その一つの試みとして，文化を生きる人々が有する信念の間主観性に焦点を合わせた研究がある。このアプローチが重要視しているのは，特定の文化を生きる人々が有している個人的な価値観や選好は，必ずしも周囲の人々が有していると理解されている信念と対応しているわけではない，という点である。このことは，考えてみれば当然のことではあるが，興味深いことに，信念の間主観性に着目するアプローチが主張しているのは，個々人が有している価値観や選好そのものよりも，周囲の人々が有していると理解されている信念の方が，心や行動の文化的多様性をより適切に説明できるという点である（Zou, Tam, Morris, Lee, Lau, & Chiu, 2009）。同様の主張は，アメリカ南部の男性の間で受け継がれている「名誉の文化」（Nisbett & Cohen, 1996）──周囲の人々からの侮辱に対して敏感に反応し，自分は暴力行為に身を投じる覚悟があること，怪我や死の危険を恐れない人間であることを示すことを重視する文化──に関する考察を展開しているヴァンデロら（Vandello, Cohen, & Ransom, 2008）の議論にも示されている。彼らは，名誉の文化がその機能を失ったはずの現代に至ってもなお維持されている一つの理由として，間主観的な信念の存在を挙げ，アメリカ南部における名誉の文化は，アメリカ南部の男性が名誉の文化に則した価値観や選好を自らの心の中に内面化することによってではなく，周囲の人々からの侮辱に対して感情的な反応を示さなければきっと自分のことを馬鹿にするだろうという信念を共有している結果として名誉の文化が維持されている可能性を指摘している。ここでのヴァンデロらの議論，すなわち個人レベルでの価値観や選好よりも，周囲の人々に共有されていると理解されている信念によってマクロパタンとしての文化が生成され維持されているという議論は，心と文化の相互構成過程の理解にとって重要なヒントを提供している。

6. 心と文化の動的な関係を再考する

　本章ではここまで，文化心理学における考え方を中心に心や行動の文化的多様性に関する研究を眺めてきた。それとともに，そうした文化的多様性の説明を目指すいくつかの研究アプローチについてもまとめた。以下では，それらを踏まえつつ，人々がもっている認識枠組みがマクロレベルの文化をいかにかたちづくっているのかという「心と文化の相互構成過程」について可能な限りの考察を試みることとする。

[1] コインの裏表としての心と文化

　文化心理学の研究知見は，心と文化が切っても切れない関係にあるとの主張の裏づけを提供する一方で，特定の文化を生きる人々の心のはたらきと文化のマイクロ-マクロの関係に存在しうる乖離を見えにくくしてきた側面がある。もちろん，文化心理学の研究において想定されているように，マクロパタンとしての文化は，文化に優勢とされる認識枠組みと対応する心の性質を有している人々によって生みだされ維持されている可能性は十分に考えられる。しかし，特定の文化を生きる個々人の価値や選好といった心の性質に従う行動の単純な総和と，個々人が互いに行動し合う結果として生じるマクロパタンとしての文化の間には少なからずの乖離が生じるはずである。この乖離は，心と文化の双方向の関係性を考えるうえでの主要な研究対象として位置づけられてもよいはずであるが，あたかもコインの裏表として心と文化を捉える従来の文化心理学研究において，この乖離に主眼が置かれることはほとんどなかったと言える。

[2] 協調的な心と協調的な文化

　人々の行動の相互依存性に基づくいわゆる「予言の自己実現」の過程によって社会的現実が生みだされ維持されるように，マクロなパタンとしての文化が，個々人の選好や動機そのものとは独立に生みだされる可能性は十分に考えることができる。そしてこの可能性は，たとえば相互協調的ないし集団主義的と形容される文化とそうした文化を生きる人々の心の動的な関係を理解しようとする場合にも当てはめることができる。

　橋本（2011）は，協調的な心のはたらきと協調的な文化との乖離を浮かび上がらせるために，個々人の独立性と協調性をそれぞれ測定する尺度を用いて，各尺度項目が自分自身にどの程度あてはまるか（現実自己），また回答者が理想とする自分にどの程度当てはまると思うか（理想自己）を尋ねるための調査を日本人を対象に実施している。そして，現実自己について尋ねた場合には，独立性尺度の得点よりも協調性尺度の得点の方が高くなるという結果になるが，理想自己を尋ねた場合には，独立性尺度の得点が協調性尺度の得点を大きく上回るという結果をまず示している。この結果は，個々人が協調性に対応するような考え方や生き方を好ましく受け入れているわけではない可能性を示唆するものである。加えて橋本は，周囲の人々は協調的な考え方や生き方をしているだろうという予測，そして，協調的な生き方を採用することで周囲の人々からの好意的な評価を引きだすことができるだろうという予測を日本人がもっていることも明らかにしている。これら一連の結果は，特定の文化を生きる人々が自ら好ましいと考える生き方を採用し，そうした生き方を相互に奨励し合うかたちで相互

協調文化が生みだされているという，心と文化を表裏一体の関係として理解する文化心理学における想定とはそぐわない。むしろ，周囲の人々からの好意的な評価を求めるために（自身が好まずとも）採用する協調行動そのものが，周囲の人々の協調的な生き方に対する予測（周囲の人々は協調的であり，また協調的な生き方を採用する人物こそが好ましく評価されるだろうという予測）を強化するという予言の自己実現に似た過程を通じて協調的な文化が生みだされているという可能性を示す結果である。

[3] 文化的エージェントと文化的ゲームプレーヤー

　特定の文化に身を置く人々は，一方では文化に特有とされる自己観や思考様式，文化的価値を自然なかたちで身につけ，それらを共有し合い，奨励し合い，世代を超えて継承していく存在である。しかしもう一方では，自分の行動に対する周囲の人々からの反応を予測し行動するかたちで文化を「生きる」存在でもある。本章で整理したように，文化心理学のアプローチは基本的には前者の存在として人間（文化的エージェント）を捉えているが，後者のように，他者からの反応を予測しながら適応行動を採用するいわば文化的なゲームプレーヤーとして特定の文化を生きる人間を捉えた場合には，従来とは異なる視点から「心と文化の相互構成過程」を眺めることができるはずである。文化的ゲームプレーヤーの存在を前提とすれば，個々人がもっている文化的な価値や選好，動機などの心のはたらきに着目するよりも，他者からの反応の予測に役に立つ，「他者が有している（と思っている）信念」を重要視する理由も理解しやすくなるだろう。

7. ま と め

　1991年に文化心理学者マーカスと北山によるパイオニア的論文が提出されて以降，文化心理学の研究は，人間の心のはたらきや行動の特性に頑健な文化差が示される事実を一貫して示してきた。また文化心理学の急速な発展を受けて，心や行動の文化的多様性を説明しようとするさまざまなアプローチの展開も注目に値する。近年では，神経基盤の文化差を分析の俎上に載せようとする文化神経科学と呼ばれる研究領域も生まれ，「ノイズ」として文化を捉えていた時代に鑑みれば，社会的認知研究において文化に目を向けることの重要性もますます認識されるようになっている。また，洋の東西の比較にとどまらない大規模国際比較研究に基づく新たな知見も数多く提出されてきており，今後は人間の心や行動の文化的多様性についてより詳細に検討がなされていくだろう。こうした流れの中で，心と文化のいくぶん複雑な相互構成の関係性についてもより深く明らかにされていくはずである。

引用文献

Choi, I., & Nisbett, R. E.（1998）. Situational salience and cultural differences in the correspondence bias and in the actor-observer bias. *Personality and Social Psychology Bulletin, 24,* 949-960.

Cohen, A. B.（2009）. Many forms of culture. *American Psychologist, 64,* 194-204.

Dunning, D., Meyerowitz, J. A., & Holzberg, A. D.（1989）. Ambiguity and self-evaluation: The role of idiosyncratic trait definitions in self-serving assessments of ability. *Journal of Personality and Social Psychology, 57,* 1082-1090.

Gelfand, M. J., Raver, J. L., Nishii, L., Leslie, L. M., Lun, J., Lim, B. C., et al.（2011）. Differences between tight and loose cultures: A 33-nation study. *Science, 332,* 1100-1104.

Giddens, A.（2001）. *Sociology.* Cambridge, UK: Polity Press

橋本 博文（2011）. 相互協調性の自己維持メカニズム　実験社会心理学研究, *50,* 182-193.

Hedden, T., Ketay, S., Aron, A., Markus, H. R. & Gabrieli, J. D. E.（2008）Cultural influences on neural substrates of attentional control. *Psychological Science, 19,* 12-17.

Heine, S. J., Lehman, D. R., Markus, H. R., & Kitayama, S.（1999）. Is there a universal need for positive self-regard? *Psychological Review, 106,* 766-794.

Hofstede, G.（1980）. *Culture's consequences: International differences in work-related values.* Beverly Hills, CA: Sage.

Kim, H., & Markus, H. R.（1999）. Deviance or uniqueness, harmony or conformity? A cultural analysis. *Journal of Personality and Social Psychology, 77,* 785-800.

北山 忍（1998）. 認知科学モノグラフ 9　自己と感情　共立出版

Kitayama, S., Duffy, S., Kawamura, T., & Larsen, J. T.（2003）. Perceiving an object and its context in different cultures: A cultural look at New Look. *Psychological science, 14,* 201-206.

Kitayama, S., Ishii, K., Imada, T., Takemura, K., & Ramaswamy, J.（2006）. Voluntary settlement and the spirit of independence: Evidence from Japan's "Northern Frontier." *Journal of Personality and Social Psychology, 91,* 369-384.

Kitayama, S., Markus, H. R., Matsumoto, H., & Norasakkunkit, V.（1997）. Individual and collective processes in the construction of the self: Self-enhancement in the United States and self-criticism in Japan. *Journal of Personality and Social Psychology, 72,* 1245-1267.

Markus, H. R., & Kitayama, S.（1991）. Culture and the self: Implication for cognition, emotion, and motivation. *Psychological Review, 98,* 224-253.

Masuda, T., Ellsworth, P. C., Mesquita, B., Leu, J., Tanida, S., & De Veerdonk, E. V.（2008）. Placing the face in context: Cultural differences in the perception of facial emotion. *Journal of Personality and Social Psychology, 94,* 365-381

Masuda, T., & Nisbett, R. E.（2001）. Attending holistically vs. analytically: Comparing the context sensitivity of Japanese and Americans. *Journal of Personality and Social Psychology, 81,* 922-934.

Matsumoto, D., & Yoo, S. H.（2006）. Toward a new generation of cross-cultural research. *Perspectives on Psychological Science, 1,* 234-250.

Nisbett, R. E.（2003）. *The geography of thought.* New York, NY: Free Press.

Nisbett, R. E., & Cohen, D.（1996）. *Culture of honor: The psychology of violence in the South.*

Denver, CO: Westview Press.

Oishi, S. (2010). The psychology of residential mobility: Implications for the self, social relationships, and well-being. *Perspectives on Psychological Science*, 5, 5-21.

Triandis, H. C. (1996). The psychological measurement of cultural syndromes. *American Psychologist, 51*, 407-415.

Tylor, E. B. (1871/2010). *Primitive culture: Researches into the development of mythology, philosophy, religion, art, and custom.* Cambridge, UK: Cambridge University Press.

Uchida, Y., Kitayama, S., Mesquita, B., Reyes, J. A. S., Morling, B (2008). Is perceived emotional support beneficial? Well-being and health in independent and interdependent cultures. *Personality and Social Psychology Bulletin, 34*, 741-754.

Uskul, A. K., Kitayama, S., & Nisbett, R. E. (2008). Ecocultural basis of cognition: Farmers and fishermen are more holistic than herders. *Proceedings of the National Academy of Sciences, 105*, 8552-8556.

Vandello, J. A., Cohen, D., & Ransom, S. (2008). U.S. Southern and Northern differences in perceptions of norms about aggression: Mechanisms for the perpetuation of a culture of honor. *Journal of Cross-Cultural Psychology, 39*, 162-177.

Yuki, M., Sato, K., Takemura, K., & Oishi, S. (2013). Social ecology moderates the association between self-esteem and happiness. *Journal of Experimental Social Psychology, 49*, 741-746.

Yuki, M., Schug, J., Horikawa, H., Takemura, K., Sato, K., Yokota, K., & Kamaya, K. (2007). Development of a scale to measure perceptions of relational mobility in society. *Center for Experimental Research in Social Sciences Working Paper Series*, No. 75. Hokkaido University.

Zou, X., Tam, K., Morris, M. W., Lee, S., Lau, I. Y., & Chiu, C. Y. (2009). Culture as common sense: Perceived consensus versus personal beliefs as mechanisms of cultural influence. *Journal of Personality and Social Psychology, 9*, 579-597.

第8章

神経科学と社会的認知

柳澤邦昭・阿部修士

心理学研究の多くは非侵襲的な脳機能イメージングの導入により飛躍的進歩を遂げてきた。なかでも，他者の理解，共感，他者情報のカテゴリー化など，ヒトの多様な情報処理の解明を目指す社会的認知研究はその恩恵を享受している分野の一つである。そのような研究分野が，近年，神経科学分野の解析技術の発展とともに新たな展開を見せている。とくに，脳活動の空間パターンに対する多変量解析により，脳情報に基づく心的状態の予測や心理学的概念モデルの評価が可能となり，ヒトの脳内における詳細な情報処理メカニズムが明らかになりつつある。そこで本章ではまず，これまでの画像解析の主流であった単変量解析と，先端的な多変量解析の違いを紹介する。そうしたうえで，多変量解析で明らかとなった社会的認知の研究成果を中心に概観する。最後に，将来の社会的認知研究に関する展望を神経科学の観点から論じる。

1. 脳機能イメージングにおける解析手法の発展：単変量解析から多変量解析へ

ヒトは社会を構築し，他者と助け合い，協力することで種を繁栄させてきた。多くの研究者がヒトの社会性に興味・関心を抱き，ヒトの多様な情報処理の仕組みについて研究を進めてきた。とはいえ，目に見えないヒトの情報処理過程を検討することが難しいのも事実である。そうしたなかで，機能的核磁気共鳴画像法（functional magnetic resonance imaging: fMRI）をはじめとする非侵襲的な脳機能イメージング（生きているヒトの脳の活動をオンラインで測定する技術）の登場は大きな転機となった。ヒトを対象とした脳活動の可視化が実現したことで，ヒトの情報処理過程を検証する強力なツールが確立されたことは大変意義深い。したがって，ヒトの情報処理研究の発展に拍車をかけた要因はまぎれもなく，脳機能計測技術の進歩にあると言えるだろう。なかでも fMRI は脳深部を含めた全脳の活動を比較的優れた空間分解能で測定できるため（宮内，2013），ヒト脳機能研究にとって欠かせないツールと言って

も過言ではない。以下では，fMRI の手法について簡単に述べたあと，fMRI を用いた脳機能イメージングの代表的な解析手法とその変遷について概観する。

［1］　fMRI を用いた脳機能イメージング

　fMRI は脳内の神経活動により生じる代謝反応を利用した技術である。脳内の神経細胞の活動に伴い，局所脳血流量が増加する。これは，活動した神経細胞の酸素を補うため，酸素供給が必要となるからである。神経活動時には酸化ヘモグロビン（反磁性体）と還元ヘモグロビン（常磁性体）の割合の変化が生じ，磁気共鳴信号の増加が生じる。fMRI はこの信号変化を計測することで脳活動を捉える。fMRI を用いた研究では，MRI の性能や撮像時の解像度設定に依存するものの，脳の異なる神経解剖学的位置に由来する数万～数十万のボクセル（3 次元空間を格子状に区切ったときの立方体）から，数秒以内に信号データの情報を得ることが可能である。従来の fMRI 解析は，この信号データに単変量解析（univariate analysis）を実施することが主流であった。単変量解析は，実験条件に対して統計的に有意な反応を示すボクセルを探索することや，領域内のボクセルの平均的な活動レベルを算出することに主眼が置かれる。それゆえ，実験条件に対するボクセル反応が大きければ，そのボクセルが位置する脳領域が実験要因に関連すると推論する。初期の fMRI 研究から現在に至るまで，この単変量解析による膨大な研究成果が蓄積されてきた。しかしながら，従来法での研究成果が蓄積されるにつれ，この手法の問題点も次第に明らかになってきた。とくに，従来法では複数ボクセルで構成される信号のパターンが無視され，fMRI で測定された脳情報を十分に活かしきれていないという問題である。事実，単変量解析のシンプルなモデルでは，多様な刺激の特徴をなす神経活動の空間パターンを表現するには不十分であるという指摘がある（Haxby, Connolly, & Guntupalli, 2014）。しかし，近年，新たな解析手法の登場によって，この状況が大きく変わりつつある。それは，複数のボクセルに別個の情報源が存在することを仮定し，それらの情報を集約することでヒトの心的状態の微細な区別や予測を試みる多変量解析（multi-variate pattern analysis: MVPA）である（図 8-1）。以下では，MVPA の代表的手法を 2 つ紹介する。なお，手法内容が解説された論文はすでに公刊されているためそちらも適宜参照されたい（たとえば Cohen et al., 2017; Haxby et al., 2014; 堀川・宮脇・神谷, 2014; Iannetti, Salomons, Moayedi, Mouraux, & Davis, 2013; Lewis-Peacock & Norman, 2014; 宮脇, 2017）。

［2］　MVPA

　MVPA の代表的な手法の一つは分類器ベースの MVPA である。この手法では，機

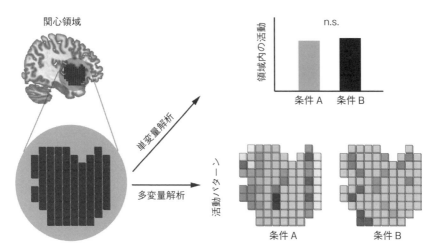

図 8-1　単変量解析と多変量解析（Iannetti et al., 2013 の図を参考に作成）

　　従来の単変量解析では，関心領域内のボクセルで有意に賦活するボクセルを同定したり，領域内の平均的な活動量を算出することに主眼が置かれていたが，多変量解析では領域内の複数ボクセル間で心的状態の特徴をなす神経活動の空間パターンが表現されているかどうかに着目する。従来法で条件 A と条件 B による関心領域内の平均的な活動が同等である場合であっても，多変量解析では空間パターンの違いから心的状態の微細な区別や予測が可能となる。

械学習のアルゴリズムを応用した解析が行われることが多い。具体例としては，以下のような手順をとる。はじめに fMRI 実験で計測した脳画像に対し実験条件に応じたラベルづけを行う。解析対象となる脳領域（関心領域）内の複数のボクセルの信号に基づき，実験条件に対する信号パターンは各ボクセルを軸とした多次元空間の 1 点として表現できる（図 8-2a）。そうすることで，個々のボクセルベースで検討する従来法より，はるかに豊富な情報を利用できる。次に，実験条件（ラベル）と信号パターンの関係を機械学習モデル（分類器）に学習させることで，信号パターンからラベルの予測・判別を行う分類器を構築する。学習用データとは異なるデータ（テストデータ）の信号パターンを用いてラベルの予測を行うことで，予測の正答率などの指標で関心領域に実験課題の条件に関わる情報が表現されているかどうかを定量的に評価可能である。また，従来法と大きく異なる点は，従来法は脳が情報をどのように符号化（エンコーディング）しているかに着目しているが，分類器ベースの MVPA は脳情報から心的状態を読み解く復号化（デコーディング）を実施している点にある。それゆえ，脳情報デコーディングとも呼ばれる。

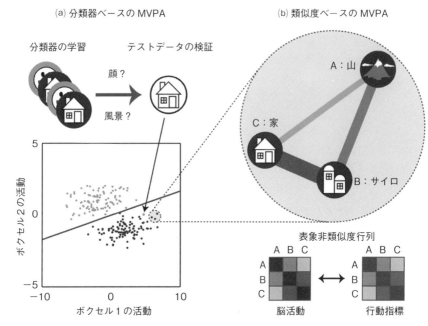

図8-2 fMRIデータの2種類の代表的な MVPA（Cohen et al., 2017 の図を *Nature Neuroscience* 誌から改変して転載）

(a) 分類器ベースの MVPA

実験刺激（図の例は顔刺激および風景刺激）に対する fMRI 信号パターンは多次元空間における1点として表現することができる。ここでは説明を簡略化するため，信号パターンが2つのボクセルからなるとし，2次元上の1点として表現する。それぞれの信号パターンに基づき顔刺激と風景刺激のパターンを識別する決定境界を求めることで，新しい脳活動が入力された際に，その活動が顔刺激，風景刺激のどちらに対応する脳活動かを予測する。

(b) 類似度ベースの MVPA

各刺激を fMRI 信号に基づき2次元上に点で表現した場合，各刺激同士の距離から表象非類似度行列（representational dissimilarity matrix：RDM）を作成することができる。こうした RDM は脳活動以外の指標でも構築できるため，fMRI 信号パターンにより構築した RDM，刺激の物理的特徴（たとえば，刺激画像のピクセル強度）で構築した RDM，行動実験で得られた指標で構築した RDM などの比較が可能である。なお，このとき脳の異なる領域の fMRI 信号パターンに基づき RDM をそれぞれ構築することも可能である。RDM 同士で高い関連性が示された場合，脳領域の脳活動パターンにはその情報が表現されていると解釈できる。

　MVPA のもう一つの代表的な解析手法としては，類似度ベースの MVPA である表象類似度解析（representational similarity analysis: RSA）が挙げられる（Kriegeskorte, Mur, & Bandettini, 2008; Kriegeskorte, Mur, Ruff et al., 2008）。脳情報デコーディングで示したように fMRI 信号パターンは多次元空間における点として見ることができる（図 8-2b）。とりわけ，RSA ではこの点と点の距離に着目する。各点間の距離を表象の非類似度として捉える（距離が大きいほど非類似度が高い）ことで，刺激・条件間の表象非類似度行列（representational dissimilarity matrix: RDM）を構築する。重要なのは，ここで構築した fMRI 信号パターンによる RDM をほかで構築した RDM と比較する点にある。たとえば，実験刺激の物理的特徴，心理的概念モデル，さらには計算論的モデルにより，さまざまな基準で RDM を構築することが可能である。RSA は，複数の RDM を比較し，刺激の物理的特徴量（たとえば，刺激画像の輝度，大きさ）の影響を統制することも可能なことから，脳内のどの領域にどのような心理的特徴が表象されているのかを柔軟に検討可能な手法である。また大きな利点は同じ実験刺激・条件であれば，異なる手法（たとえば，fMRI と single-cell recording），あるいは異なる種（たとえば，ヒトとサル）で構築した RDM であっても比較が実施できる点である。たとえば，ヒトとサルにさまざまな物体を提示した際の下側頭皮質の活動パターンで構築した RDM は種間で強い共通性があり，類似のカテゴリー構造（たとえば，生物と無生物）を形成していることが報告されている（Kriegeskorte, Mur, & Ruff et al., 2008）。

　上記で概観したように，近年の脳機能研究における解析技術の発展は著しく，ヒト脳機能研究全般を大きく前進させている。当然ながら，ヒトの多様な情報処理過程を研究対象とする社会的認知研究もこの影響を強く受け，多くの研究トピックにおいて多変量解析の研究成果が報告され始めている。そこで次節以降では，社会的認知研究におけるいくつかの代表的なトピックを取り上げ，fMRI 研究がスタートしてから現在に至るまで，どのような研究成果が蓄積され，どこまで明らかにされているのか現状を概説する。なお，本章で主に取り上げる脳領域については図 8-3 に示したので適宜参照されたい。

2. 他者の心の理解

[1] 心の理論

　他の動物と比べ，ヒトの優れた能力の一つに，自分以外の他者の心を推論する能力が挙げられる。そうして他者の心を理解することで，他者の行動を柔軟に予測，解釈す

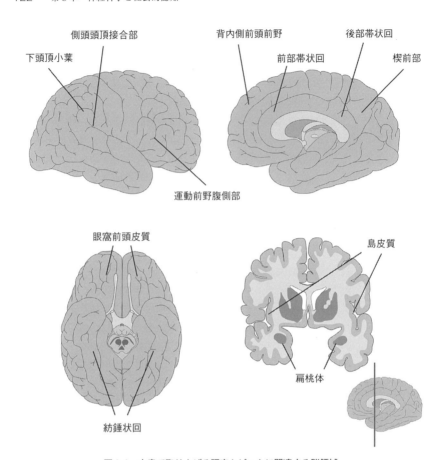

図8-3　本章で取り上げる研究トピックに関連する脳領域

　　図の上段は，左側が右大脳半球の外側面，右側が右大脳半球の内側
　　面を示している。図の下段は，左側が脳を下から見た場合の眼窩前
　　頭皮質と紡錘状回，右側が島皮質，扁桃体を示している。

ることが可能になる。それゆえ，ヒトがどのようにして他者の心を理解しているのか
は，その背景にある神経基盤を含め，社会的認知研究において基礎的かつ重要なテーマ
である。自身や他者の心の状態を推論することを「心の理論」と言い（Premack
& Woodruff, 1978），他者には自身と異なる信念・意図・価値・目標・願望・見方があ
ることを理解する能力として捉えられている。発達心理学の領域を中心に心の理論の
研究が進み，心の理論の成立時期（たとえば，Kovács, Téglás, & Endress, 2010），自

閉症との関連 (Baron-Cohen, 1995) について議論が行われ，近年では心の理論を機械に実装することが可能かどうか人工知能分野での研究も行われている（たとえば，Rabinowitz et al., 2018）。

　心の理論に関する神経基盤の検討も盛んに行われ，膨大な研究成果が報告されている。とくに，心の理論に関わる主要な脳領域としては，背内側前頭前野，後部帯状回／楔前部，側頭頭頂接合部が報告されている (Heyes & Frith, 2014)。社会的認知の基礎的な脳機能であるため，近年では主実験とは別の課題として心の理論を担う脳領域を特定する手法も開発されている (Dodell-Feder, Koster-Hale, Bedny, & Saxe, 2011; 日本語版は，小川・横山・亀田，2017)。こうした課題を導入することで心の理論に関わる領域を参加者ごとに安定して特定することに成功している。

　では，心の理論に関わる脳領域では，他者の信念や意図のどのような特徴が表象されているのだろうか。この点に関して他者の行動の背景にある意図の有無に着目した研究がある (Koster-Hale, Saxe, Dungan, & Young, 2013)。この研究では，登場人物が他者に意図的に危害を与えた場合（たとえば，登場人物が友人にコーヒーを入れる際，そばに置いてあった白い粉が死に至る有毒な物質であると知りながら，コーヒーに混ぜて友人に渡す）と偶発的に危害を加えてしまった場合（たとえば，登場人物が友人にコーヒーを入れる際，そばに置いてあった白い粉が死に至る有毒な物質とは知らずに，砂糖だと思いコーヒーに混ぜて友人に渡す）の文章が提示され，実験参加者がこれらの文章を読んでいる際の心の理論領域の脳活動パターンが MVPA により検討されている。その結果，右側頭頭頂接合部の脳活動パターンが意図的危害と偶発的危害の場合で異なることが示されている。すなわち，危害を加えたという行動の結果は同じであっても，その意図の有無により異なる神経表象として表現されていることを示唆する。また，この研究では他者に危害を加えた行為に対する道徳判断（たとえば，どのくらいこの行為は責められるべきか？）を測定し，その行為の意図の有無に関わる脳活動パターンとの関連を検討している。その結果，意図的危害と偶発的危害の場合で右側頭頭頂接合部の脳活動パターンの違いが顕著な者ほど，偶発的な危害と比較して意図的な危害に対する道徳判断が厳しいことを報告している。因果関係に関してはさらなる検討が必要であるものの，道徳判断の厳しさの背景にこうした他者の意図の識別に関わる神経基盤の個人差がある可能性を示している。

　従来の心の理論に関する脳機能研究では，他者の心の状態を推測する際に賦活する脳領域を特定し，その領域が司る認知機能について推論されてきたが，具体的にどのような情報が表象されているのかを知ることはできなかった。上記の研究は，他者行為の背景にある意図の情報が右側頭頭頂接合部で表象されていることを示唆する。その後の彼女らの研究では，社会的文脈において他者が抱く複雑な心的状態に関しても，心の理

論に関わる脳領域の活動パターンから識別できることが報告されている（Koster-Hale et al., 2017）。こうした研究は，今後，心の理論におけるさまざまな特徴が脳内表象から解読できる可能性を示している。

[2] ミラーニューロン

　1992年，イタリアのパルマ大学の研究グループはマカクザルの研究において，物を掴む際に発火する運動前野腹側部の神経細胞が，同じ行動を別のサル（あるいは実験者）が行うのを見ているだけで発火することを発見した（di Pellegrino, Fadiga, Fogassi, Gallese, & Rizzolatti, 1992）。その後，同様の神経細胞は頭頂連合野（体性感覚情報や視覚情報の統合，注意の制御等にも関わる脳領域）に属する下頭頂小葉領域にも存在することが確認された（Fogassi et al., 2005）。他者の行動を観察しているだけにもかかわらず，あたかも自らの行動であるかのように脳で再現されていることから，このような神経細胞はミラーニューロンと名づけられた。この脳内における一種の共鳴現象の発見により，他者の行動理解，心の理論，共感，模倣行動，言語の獲得，ひいては文明の発展に至るまで，ミラーニューロンを核とした多くの理論や仮説が生まれ，一躍注目を集めた。ミラーニューロンの発見から20年以上の時が経ち，それらの心理学の理論と仮説は異なる形で再び注目を集めている。

　多くの研究者がミラーニューロンを再考するきっかけを作ったのはヒコックの著書であろう（Hickok, 2014）。彼はミラーニューロンの存在自体ではなく，その細胞が関わる心理的作用の拡大解釈に警鐘を鳴らした。たとえば，ミラーニューロンが発見されたマカクザルでは模倣能力がないこと，また，発話の理解には発話能力が必ずしも必要でないことを挙げ，模倣行動や言語獲得にはミラーニューロン以外の理論の必要性を唱えている。またミラーニューロンの（当初，想定された）その特徴から，壊れた鏡仮説として自閉症との関連が指摘されたが（たとえば，Oberman & Ramachandran, 2007），行動実験，脳機能研究ともにこの仮説を支持しないデータについてヒコックは言及している。それらの知見に基づくと，ミラーニューロンを核とした応用的な理論や仮説のほとんどは慎重に考えざるをえない状況である。

　そもそもミラーニューロンはどのような機能を果たしているのだろうか。2013年，それまでに蓄積されたミラーニューロンの研究成果を概観したレビュー論文が発表されている（Kilner & Lemon, 2013）。ミラーニューロンの中には特定の行動に特化した細胞があることや行動の観察中に抑制がかかる細胞も存在することなど，その特徴が単純なミラーリングに限らないことが指摘されている。なかでも興味深いのは，観察した行動の報酬価や目標によってミラーニューロンの活動が調整される点である。これは脳の複雑なネットワークの中にミラーニューロンの機能が包含される可能性を意

味する。また，ミラーニューロンの正確な機能を検証するにあたって，ヒトの神経細胞レベルの検討が必須であるものの，単一細胞の記録は侵襲性が高く，これまでに報告されたケースは 1 例だけである（Mukamel, Ekstrom, Kaplan, Iacoboni, & Fried, 2010）。この研究では側頭葉の海馬や前頭葉内側部の補足運動野領域などでミラーニューロンの存在を報告している。しかし，動物研究で言及されている領域の神経細胞は測定できていないことから，厳密にはヒトの運動前野腹側部や下頭頂小葉にミラーニューロンが存在する直接的証拠は得られていない。

　ヒト対象の単一細胞レベルの検討が難しいことから，ヒト fMRI 研究ではクロスデコーディングという手法を用いてミラーニューロンの機能について検証されている。これは特定の心理的概念・モダリティの脳活動パターンで構築した分類器で，別の心理的概念・モダリティの脳活動パターンの識別・解読を試みる MVPA を応用した手法である。この手法により精度良く解読が行えた場合，その背景に共通の神経基盤が存在することを意味する。たとえば，動作を実行する際の脳活動パターンから特定の動作を識別する分類器を作成し，動作を観察している際の脳活動パターンで特定の動作を解読できた場合（その逆も同様に検討が可能），ミラーニューロンの機能的役割のエビデンスとなる。こうした手法を導入した研究では，解読の成功を報告する研究（Etzel, Gazzola, & Keysers, 2008）と解読困難であることを報告する研究（Dinstein, Gardner, Jazayeri, & Heeger, 2008）が混在し，必ずしも一貫した結果が得られていない。

　要するに，ミラーニューロンはまだまだ解明されていない部分が多い。従来考えられていたミラーニューロンの活動により他者が抱いている意図を直接理解できるという前提も（Rizzolatti & Sinigaglia, 2010），それほど単純ではないことは指摘され続けてきた（Jacob & Jeannerod, 2005）。とくに，これは意図と行為が 1 対 1 の関係ではなく，同一の意図が異なる行為を引き起こすことも，異なる意図が同一の行為を引き起こすこともあり，観察のみで他者の行為の意図を理解することが容易ではないことに由来する。この点を説明すべく，ミラーニューロンは他者の行動などの入力によって駆動されるのではなく，入力を予測する生成モデルの一部であるとする予測符号化モデルが提唱されている（Kilner, Friston, & Frith, 2007）。このモデルではミラーニューロンが積極的に行為や意図の予測に関わるとするトップダウン的処理を想定しているため，ミラーニューロンの活動がほかの要因によって調整されることも説明がつく。こうした新たなモデルの提案はミラーニューロンの機能に関する理解を着実に前進させているが，その全容解明にはまだまだ時間を要するであろう。次項ではミラーニューロンの議論から派生した共感研究について概説する。

[3] 共　感

　情動を他者と共有する共感のメカニズムは，シミュレーション説（Gordon, 1986）と理論説（Gopnik & Wellman, 1992）の異なる理論に基づいて議論されることが多い。シミュレーション説の観点からは，ヒトが他者と感情を共有するためには自身の感情表象に基づいたシミュレーションにより共感が可能になると言う。理論説の観点からは，他者の感情を理解するには自己とは異なる他者の心に対する概念や理論構築が必要であるとする。なかでも，シミュレーション説の考え方はミラーニューロンのそれと類似するため，共感の背景にミラーニューロンの働きが関与していることを想定している研究者も少なくないだろう。しかし，そのような直接的なエビデンスが得られたのはごく最近のことである（Carrillo et al., 2019）。この研究では，痛みに関わる領域として報告されているラットの前部帯状回の神経細胞に着目し，ラットに痛み刺激を与える条件（レーザー刺激条件），ほかのラットに痛み刺激が与えられるのを見ている条件（電気ショック観察条件：共感が関与），恐怖条件づけされた音刺激を与える条件（恐怖刺激条件）での活動を記録した。その結果，レーザー刺激条件と電気ショック観察条件で共に活動する神経細胞が確認された。これは痛みに特異的に反応するミラーニューロンに相当する神経細胞であると考えられる。クロスデコーディング手法による解析も行われ，電気ショック観察条件における神経細胞の発火に基づき痛みの強度を判別する分類器を作成した場合，レーザー刺激条件の神経細胞の発火から刺激強度を精度良く分類可能であることが報告されている。これらは，脳の局所領域における神経細胞レベルで自他の痛みの神経表象が類似していることを意味し，シミュレーション説による共感の説明にまさしく合致する。

　上記の単一神経細胞レベルの検討よりはるかに巨視的なレベルで行われるヒト対象の脳機能イメージング研究では，シミュレーション説と理論説のそれぞれを裏づけるエビデンスが蓄積されてきた。とりわけ，実験参加者自身が痛みを経験している場合と，他者が痛みを経験しているのを観察した場合で賦活する共通の脳領域に着目し，検討が行われてきた（たとえば Singer et al., 2004）。いずれの処理でも両側の前部島皮質，前部帯状回の賦活が確認され，これらは脳内における痛みの共有経験を反映しているとも考えられ，シミュレーション説を支持する。一方，他者の痛みを想像する際には心の理論に関する内側前頭前野，後部帯状回，側頭頭頂接合部，上側頭溝の賦活も確認されている（Lamm, Decety, & Singer, 2011）。こうした脳領域で，自己の痛みとは異なる他者の痛みに対する共感の神経基盤を構築している可能性も考えられるため，理論説を支持するエビデンスと言えるだろう。

　ヒト対象の脳機能研究は両者の主張をサポートする数多くのエビデンスを提供してきたが，両者の主張に対する直接的な比較検討はされてこなかった。これは従来法で

は，2つの条件のそれぞれが脳内でどのように表象されているのかを，正確に特定することが困難であったことに由来する。しかし，近年，解析手法にクロスデコーディングを取り入れることで，この点に対する積極的な検証が試みられている。クリシュナンら（Krishnan et al., 2016）の研究では，自身が痛みを感じているときの脳活動パターンから痛みの強度を高精度で予測可能な分類器と，他者が怪我をしている画像を見ているときの脳活動パターンからその怪我で生じるであろう痛みの強度を高精度で予測可能な分類器をそれぞれ作成し検証している。その結果，それぞれの分類器は，テストデータの脳活動パターンを相互に入れ替えた場合では痛みの強度を予測することは難しく，自身の痛みと他者の痛みの観察に関わる神経表象が類似していないことを指摘している。とくに，自身の痛みに関しては前部および後部島皮質，前部帯状回，二次体性感覚野などで表現され，他者の痛みを観察した際には内側前頭前野，後部帯状回，扁桃体，側頭頭頂接合部など心の理論に深く関わる領域で表現されることが報告されている。同様の実験は恋人の痛みを観察する場合でも行われているが，たとえ恋人との関係性が親密な場合であっても，恋人の痛みを観察している際に自身の痛みに関わる脳活動パターンは生じにくいという（López-Solà, Koban, Krishnan, & Wager, 2017）。したがって，MVPA を導入した一連のヒト脳機能研究は理論説を支持している。

　これまでにシミュレーション説と理論説のそれぞれを支持するエビデンスがあり，またそれぞれを検証した対象（たとえば，単一神経細胞レベルと全脳レベル，ラットとヒト）が大きく異なるため，一概にどちらが正しいと判断するのは難しい。また神経細胞レベルで符号化している情報と，神経細胞群や全脳レベルで符号化している情報が異なり，両者の情報によって共感が成立している可能性も考えられる。引き続き研究の推移を注視する必要があるとともに，今後，両者の理論の橋渡しをする認知・神経科学モデルの構築が必要なのかもしれない。

3. 社会的表象

[1] 集団内のネットワーク情報の神経表象

　ヒトは社会的動物であり，集団に所属することで多大な恩恵が受けられる。そのため，集団内の関係性などの情報はヒトにとって価値ある情報と言える。たとえば，人間関係を測定するソシオメトリック・テストを応用した fMRI 実験では，集団内で人気のあるメンバーの顔写真を見ている際に報酬処理に関わる脳領域の賦活が確認されると言う（Zerubavel, Bearman, Weber, & Ochsner, 2015）。こうした知見は，ヒトが集団内のネットワークの特徴に基づいて他者情報の処理を行っていることを示唆する。

　近年，RSA を導入することで，集団内のより複雑なネットワークの特徴に関する神経表象を明らかにした研究が報告された（Parkinson, Kleinbaum, & Wheatley, 2017）。この研究では 277 人の学生クラスを対象にソシオメトリック・テストを実施し，ネットワークの特徴として社会的距離（個人間の親密さの程度）や固有ベクトル中心性（他者との交友関係が広いだけでなく，交友関係の広い他者とつながっている程度：人気や社会的地位と密接な関連のある指標）などを把握し，これらのネットワーク情報を考慮した fMRI 実験を当該クラスに所属する 24 人の学生に実施している。fMRI 実験では，実験参加者はクラスメートが短く自己紹介をするビデオ刺激を視聴し，同一のビデオが連続して提示された際にボタンを押すように指示された。実験刺激に登場するクラスメートは参加者ごとに異なり，各参加者を起点とした場合の社会的距離が異なる 12 人のクラスメートで構成され，固有ベクトル中心性の高いクラスメートと低いクラスメートが含まれていた。この研究の狙いは，ネットワークの各特徴に基づき視聴するビデオ刺激のクラスメート間で RDM を作成し，同様に各クラスメートのビデオ刺激により誘発される脳活動パターンで構築した RDM と比較することで，ネットワークの特徴が表象されている脳領域を同定することにある。その結果，内側前頭前野，楔前部，下頭頂小葉において，固有ベクトル中心性と脳活動パターンの RDM の一致が明らかとなった。したがって，これらの脳領域でネットワーク内の人気に関わる情報や社会的地位の情報が符号化されていると考えられる。

　上記の研究成果は，集団内ネットワークの情報処理に対し，多様なインプリケーションを有する。なかでも，他者の情報処理において，他者との個別的な関係に関する情報だけでなく，集団内の関係性などより広範囲で複雑な社会的関係に関する情報が符号化されていることは興味深い。とくに，実験ではクラスメートの映像をシンプルに視聴する課題であり，社会的関係性を意識させる課題ではないことから，ヒトの脳は自動的に集団内のネットワーク情報を処理していることがうかがえる。同時に，こうした知見は社会的認知研究において，日々の生活で構築される個々の知識構造を理解する重要性を強調する。

［2］カテゴリーに関する神経表象

　ヒトの顔情報は多くの情報を有する。男性や女性などの性別に関する情報，黒人や白人など人種に関する情報，さらには笑顔や怒り顔など情動的な情報まで他者に対する情報が凝縮されている。これらは他者を理解するうえで有益な情報であり，他者との関係性の構築・発展にも寄与することは言うまでもない。こうした男性，黒人といったカテゴリー情報は互いに独立したものとして捉えられているのだろうか。近年の計算モデルに基づく研究は，異なるカテゴリー同士であってもきわめて強い相互依

存関係が生じることを指摘している（Freeman & Ambady, 2011）。その背景には，一見無関係と思われるカテゴリー同士に共有のステレオタイプが存在するためという。たとえば，男性と黒人は攻撃性に関するステレオタイプを共有している（Johnson, Freeman, & Pauker, 2012）。これらの知見に基づくと，事前に有するカテゴリーに対する社会的概念知識が，他者の顔情報の処理を修飾していることが示唆される。

　こうした可能性をRSAにより検討した研究がある（Stolier & Freeman, 2016）。この研究では，性別（男性，女性），人種（黒人，白人，アジア人），そして情動（怒り，幸せ）の計7種類のカテゴリーにどの程度概念的類似性があるか，そして主観的な知覚的類似性があるかを測定している。概念的類似性に関しては，それぞれのカテゴリーに92の特性（たとえば，攻撃的，知的）がどの程度当てはまるかを回答させる課題を実施し，カテゴリー間で回答が類似する程度（すなわち，ステレオタイプを共有する程度）に基づきRDMを作成する。知覚的類似性に関しては，マウス・トラッキング課題を用いることで測定している。たとえば，「幸せ顔の男性」の写真がパソコン画面中央下に提示され，画面左上に「怒り」，画面右上に「幸せ」の単語（選択肢）がそれぞれ提示される。実験参加者は起点（画面中央下）からマウスを動かして，写真の顔表情に合致する単語を回答する。その際の起点から選択肢までのマウスの動きが記録され，マウスの軌跡が正答とは異なる「怒り」の方に逸れた程度が男性と怒りの間の知覚的類似性の強度を反映すると見なす。これにより，知覚的類似性に基づくRDMを作成する。概念的類似性と知覚的類似性に関しては，顔の知覚によるRDMが概念によるRDMによって予測されることが確認され，カテゴリー間の概念的類似性がそれらのカテゴリーの主観的な知覚を左右することを示唆する。さらに，fMRI実験ではマウス・トラッキング課題で使用した顔刺激を見て，覚えるという作業を実験参加者に要求することで，各顔刺激により誘発される脳活動パターンによってRDMを構築する。とくに，マウス・トラッキング課題で得られたデータをもとに，知覚的類似性のRDMと強い対応関係を示す脳領域を同定することがこの研究の狙いである。その結果，眼窩前頭皮質と紡錘状回において，これらのRDM間の一致が明らかとなり，これらの領域で（社会的）カテゴリー間の類似性が形成されていることを示している。なお，この一連の結果は視覚刺激の物理的特徴量（たとえば，刺激画像のピクセル強度）で作成したRDMを統制しても確認されている。したがって，この研究は社会的概念知識が異なるカテゴリー同士をトップダウン的に結びつける機序の存在を示唆し，顔情報における社会的カテゴリー間の相互依存関係を形成するエビデンスを提供している。

　上記の研究を実施したフリーマンの研究チームは顔情報の処理において，知覚者が保有する概念知識の重要性をさらに強調する興味深い研究を報告している（Brooks,

Chikazoe, Sadato, & Freeman, 2019)。この研究では，基本情動（怒り，嫌悪，恐怖，幸せ，悲しみ，驚き）に対するカテゴリー間の概念的類似性，各基本情動を表出する顔刺激間の知覚的類似性，各基本情動を表出する顔刺激を見ることによって誘発される脳活動パターンでRDMをそれぞれ参加者ごとに構築している。なお，概念的類似性に関しては，思考や行動の40の特徴（たとえば，笑う，動揺する）が各情動カテゴリーに関連するかどうかを参加者に回答させる課題を実施し，回答の類似度に基づきRDMを作成している。RSAによる解析の結果，基本情動間の概念的類似性は基本情動を表出する顔刺激間の知覚的類似性を予測すること，概念的類似性が顔刺激を見ている際の紡錘状回の神経表象に反映されることを明らかにしている。なお，このような結果は物理的な視覚刺激の特徴により作成したRDMを統制しても確認されている。情動に関する古典的な見方では，情動に関する概念知識は情動刺激をトリガーとした知覚過程の最終段階で活性化されるものと考えられてきたが，この研究により視覚情報の初期段階で知覚者の保有する概念知識が作用していることが示唆された。

　こうした研究成果は，ヒトが発達の過程で培った社会的概念知識が対象の知覚・認知を大きく左右することを意味するとともに，知覚・認知に個人差や文化差が容易に生じうることを示唆する。とりわけ，物事に対する捉え方や価値観は，友人・恋人関係や家族といったミクロレベル，民族や国といったマクロレベルのそれぞれにおいて大きく異なる。それらのなかで個人が取得する情報は異なり，その接触頻度も多様であろう。したがって，従来想定されていたヒト普遍的な知覚・認知機能は，それぞれのレベルで構築した概念・知識構造にトップダウン的に支配されていると言える。今後，社会的認知研究において，神経科学とネットワーク分析の理論・手法を組み合わせた学際的アプローチを採用することで，複雑に入り組んだ社会構造の特徴がどのようにヒトの脳に実装されているか，より深い理解を得ることができるだろう。

おわりに：今後の展望

　本章で概説したように，脳機能イメージング研究は解析手法のパラダイムシフトにより新たな展開を迎えている。とりわけ複雑な心的状態や概念モデルを想定する研究者にとって，MVPAが魅力的な手法であることは疑いようがない。こうした手法が社会的認知の研究トピックに使用され始めたのは比較的最近であることから，今後さまざまな方向に研究が発展することが予想される。

　具体的な方向性の一つとしては，同一の心理現象の説明を試みる複数のモデル間の比較・検証が，心理学のさまざまなトピックで実施されることだろう。本章の2節で紹介したクロスデコーディングはその代表例である。たとえば，距離概念の共通性に

着目した研究（Parkinson, Liu, & Wheatley, 2014）では，社会的距離，時間的距離，空間的距離に共通した神経表象を明らかにし，心理的距離や比喩的表現に関する理論やモデルに対する重要なエビデンスを提供している。こうした手法は社会的認知研究の多様なテーマにおいて活用可能であり，モデル検証の強力なツールとなりえるであろう。各種理論の信頼性や妥当性の検証，類似理論との差異化や統合といった一連の科学的プロセスに大きく寄与する可能性を秘めている。

　また，RSA を説明する際に述べたように，近年の神経科学のアプローチはヒトを含む動物の情報処理を極めて柔軟にモデル化できる点が強みである。たとえば，視覚刺激のカテゴリー表象に関する研究では，RSA を用いることでヒトとサルのモデル比較により進化心理学的な示唆が得られ（Kriegeskorte, Mur, Ruff et al., 2008），乳幼児と大人のモデル比較により発達心理学的な示唆が得られている（Deen et al., 2017）。文化的要因を考慮する研究も報告され始めており（Brooks et al., 2019），こうした検証が視覚処理以外にも多方面で進むことで，ヒトの社会的認知における生物学的な特徴，それらを調整する発達的な要因，文化的な要因の理解が深化することだろう。

　1990 年代から導入された非侵襲的な脳機能イメージングは，ヒトの情報処理過程を可視化する技術として大きな期待が寄せられた。しかし，初期の研究はヒトの心的状態とそれに関わる脳領域の対応づけを大まかに行うマッピングが主流であったため，社会心理学者にとって必ずしも満足のいく技術として受け取られなかったかもしれない。初期の研究から 30 年ほどの時が経ち，その技術は当初の期待を大きく上回るレベルに達している。今後，社会的認知研究において脳データの意義がますます強まることになるだろう。

引用文献

Baron-Cohen, S. (1995). *Mindblindness: An essay on autism and theory of mind.* Cambridge, MA: The MIT Press.

Brooks, J. A., Chikazoe, J., Sadato, N., & Freeman, J. B. (2019). The neural representation of facial-emotion categories reflects conceptual structure. *Proceedings of the National Academy of Sciences of the United States of America, 116*, 15861-15870.

Carrillo, M., Han, Y., Migliorati, F., Liu, M., Gazzola, V., & Keysers, C. (2019). Emotional mirror neurons in the rat's anterior cingulate cortex. *Current Biology, 29*, 1301-1312.

Cohen, J. D., Daw, N., Engelhardt, B., Hasson, U., Li, K., Niv, Y., . . . Turk-Browne, N. B. (2017). Computational approaches to fMRI analysis. *Nature Neuroscience, 20*, 304-313.

Deen, B., Richardson, H., Dilks, D. D., Takahashi, A., Keil, B., Wald, L. L., . . . Saxe, R. (2017). Organization of high-level visual cortex in human infants. *Nature Communications, 8*, 13995.

di Pellegrino, G., Fadiga, L., Fogassi, L., Gallese, V., & Rizzolatti, G. (1992). Understanding motor events: A neurophysiological study. *Experimental Brain Research, 91*, 176-180.

Dinstein, I., Gardner, J. L., Jazayeri, M., & Heeger, D. J. (2008). Executed and observed movements have different distributed representations in human aIPS. *The Journal of Neuroscience, 28*, 11231-11239.

Dodell-Feder, D., Koster-Hale, J., Bedny, M., & Saxe, R. (2011). fMRI item analysis in a theory of mind task. *NeuroImage, 55*, 705-712.

Etzel, J. A., Gazzola, V., & Keysers, C. (2008). Testing simulation theory with cross-modal multivariate classification of fMRI Data. *PLoS ONE, 3*, e3690.

Fogassi, L., Ferrari, P. F., Gesierich, B., Rozzi, S., Chersi, F., & Rizzolatti, G. (2005). Parietal lobe: From action organization to intention understanding. *Science, 308*, 662-667.

Freeman, J. B., & Ambady, N. (2011). A dynamic interactive theory of person construal. *Psychological Review, 118*, 247-279.

Gopnik, A., & Wellman, H. M. (1992). Why the child's theory of mind really is a theory. *Mind & Language, 7*, 145-171.

Gordon, R. M. (1986). Folk psychology as simulation. *Mind & Language, 1*, 158-171.

Haxby, J. V., Connolly, A. C., & Guntupalli, J. S. (2014). Decoding neural representational spaces using multivariate pattern analysis. *Annual Review of Neuroscience, 37*, 435-456.

Heyes, C. M., & Frith, C. D. (2014). The cultural evolution of mind reading. *Science, 344*, 1243091.

Hickok, G. (2014). *The myth of mirror neurons: The real neuroscience of communication and cognition*. New York, NY: W W Norton & Co.

堀川 友慈・宮脇 陽一・神谷 之康（2014）．脳活動から心を可視化する（可視化技術が拓く新たな世界）光学, *43*, 104-110.

Iannetti, G. D., Salomons, T. V., Moayedi, M., Mouraux, A., & Davis, K. D. (2013). Beyond metaphor: Contrasting mechanisms of social and physical pain. *Trends in Cognitive Sciences, 17*, 371-378.

Jacob, P., & Jeannerod, M. (2005). The motor theory of social cognition: A critique. *Trends in Cognitive Sciences, 9*, 21-25.

Johnson, K. L., Freeman, J. B., & Pauker, K. (2012). Race is gendered: How covarying phenotypes and stereotypes bias sex categorization. *Journal of Personality and Social Psychology, 102*, 116-131.

Kilner, J. M., Friston, K. J., & Frith, C. D. (2007). Predictive coding: An account of the mirror neuron system. *Cognitive Processing, 8*, 159-166.

Kilner, J. M., & Lemon, R. N. (2013). What we know currently about mirror neurons. *Current Biology, 23*, R1057-R1062.

Koster-Hale, J., Richardson, H., Velez, N., Asaba, M., Young, L., & Saxe, R. (2017). Mentalizing regions represent distributed, continuous, and abstract dimensions of others' beliefs. *NeuroImage, 161*, 9-18.

Koster-Hale, J., Saxe, R., Dungan, J., & Young, L. L. (2013). Decoding moral judgments from neural representations of intentions. *Proceedings of the National Academy of Sciences of the United States of America, 110*, 5648-5653.

Kovács, Á. M., Téglás, E., & Endress, A. D. (2010). The social sense: Susceptibility to others' beliefs in human infants and adults. *Science, 330*, 1830-1834.

Kriegeskorte, N., Mur, M., & Bandettini, P. A. (2008). Representational similarity analysis-connecting the branches of systems neuroscience. *Frontiers in Systems Neuroscience, 2*, 4.

Kriegeskorte, N., Mur, M., Ruff, D. A., Kiani, R., Bodurka, J., Esteky, H., . . . Bandettini, P. A. (2008). Matching categorical object representations in inferior temporal cortex of man and monkey. *Neuron, 60*, 1126-1141.

Krishnan, A., Woo, C.-W., Chang, L. J., Ruzic, L., Gu, X., López-Solà, M., . . . Wager, T. D. (2016). Somatic and vicarious pain are represented by dissociable multivariate brain patterns. *Elife, 5*, e15166.

Lamm, C., Decety, J., & Singer, T. (2011). Meta-analytic evidence for common and distinct neural networks associated with directly experienced pain and empathy for pain. *NeuroImage, 54*, 2492-2502.

Lewis-Peacock, J. A., & Norman, K. A. (2014). Multivoxel pattern analysis of functional MRI data. In M. S. Gazzaniga & G. R. Mangun (Eds.), *The cognitive neurosciences* (pp. 911-920). Cambridge, MA: MIT Press.

López-Solà, M., Koban, L., Krishnan, A., & Wager, T. D. (2017). When pain really matters: A vicarious-pain brain marker tracks empathy for pain in the romantic partner. *Neuropsychologia*.

宮内 哲 (2013). 脳を測る――改訂 ヒトの脳機能の非侵襲的測定―― 心理学評論, *56*, 414-454.

宮脇 陽一 (2017). スパースモデリングを用いたヒト脳活動の解析 システム/制御/情報, *61*, 138-145.

Mukamel, R., Ekstrom, A. D., Kaplan, J., Iacoboni, M., & Fried, I. (2010). Single-neuron responses in humans during execution and observation of actions. *Current Biology, 20*, 750-756.

Oberman, L. M., & Ramachandran, V. S. (2007). The simulating social mind: The role of the mirror neuron system and simulation in the social and communicative deficits of autism spectrum disorders. *Psychological Bulletin, 133*, 310-327.

小川 昭利・横山 諒一・亀田 達也 (2017). 日本語版 ToM Localizer for fMRI の開発 心理学研究, *88*, 366-375.

Parkinson, C., Kleinbaum, A. M., & Wheatley, T. (2017). Spontaneous neural encoding of social network position. *Nature Human Behaviour, 1*, 0072.

Parkinson, C., Liu, S., & Wheatley, T. (2014). A common cortical metric for spatial, temporal, and social distance. *The Journal of Neuroscience, 34*, 1979-1987.

Premack, D., & Woodruff, G. (1978). Does the chimpanzee have a theory of mind? *Behavioral and Brain Sciences, 1*, 515-526.

Rabinowitz, N. C., Perbet, F., Song, H. F., Zhang, C., Eslami, S., & Botvinick, M. (2018). Machine theory of mind. *arXiv preprint arXiv:1802.07740*.

Rizzolatti, G., & Sinigaglia, C. (2010). The functional role of the parieto-frontal mirror circuit: Interpretations and misinterpretations. *Nature Reviews Neuroscience, 11*, 264-274.

Singer, T., Seymour, B., O'Doherty, J., Kaube, H., Dolan, R. J., & Frith, C. D. (2004). Empathy for pain involves the affective but not sensory components of pain. *Science, 303*, 1157-1162.

Stolier, R. M., & Freeman, J. B. (2016). Neural pattern similarity reveals the inherent intersection of social categories. *Nature Neuroscience, 19*, 795-797.

Zerubavel, N., Bearman, P. S., Weber, J., & Ochsner, K. N. (2015). Neural mechanisms tracking popularity in real-world social networks. *Proceedings of the National Academy of Sciences of the United States of America, 112*, 15072-15077.

第9章

ウェル・ビーイングと社会的認知

堀毛一也

　本章では，ウェル・ビーイング研究と社会的認知研究の関連について論じる。まず，ウェル・ビーイングという概念の捉え方や測度には多様性があり，理論的な背景について複数の考え方が提唱されていることを示す。そのうえで，社会的認知研究との関連は現時点では全般的に希薄であり，ウェル・ビーイング研究の関心は基本的に個人差に向けられているのに対し，社会的認知研究の関心は人に共通するプロセスの探求にあることがその原因とする指摘を試みる。一方で，最近のウェル・ビーイング研究では，オンラインの判断プロセスにも関心が向けられており，「認知的視点」モデルや，ウェル・ビーイングの「統合モデル」などが提唱され，研究が進められていることを具体例とともに紹介したい。最後にまとめとして，人と状況の相互作用論的視点からの研究の重要性についても簡潔に論じる。

1. ウェル・ビーイングの定義と測度

[1] ウェル・ビーイングのガイドライン

　ウェル・ビーイング研究は，老年学，福祉学，社会学，経済学などを中心に長い歴史をもつ。心理学領域では，セリグマンによるポジティブ心理学の提唱以降（Seligman, 1998），急速に注目を集め発展を遂げてきた。中核的な役割を果たしてきたのはディーナー（Diener, 1984, 2013; Diener et al., 1999, 2009）であり，最近電子版として公開されたハンドブックに至るまで（Diener et al., 2018），一貫してウェル・ビーイング研究の先端を担っている。心理学的なウェル・ビーイング研究の中心となる概念は，主観的ウェル・ビーイング（subjective well-being: SWB）と呼ばれる。ラーソン（Larson, 1978）は，老年学研究における過去30年の幸福感研究の成果を展望し，その多くが自己報告を指標として用いていると指摘し，対象者により評定されたポジティブ-ネガティブな感情次元をSWBと名づけた。ただ，この概念を科学的に定着させたのは，ディーナー（Diener, 1984）による「主観的ウェル・ビーイング」と題された

論文であろうと思われる。この論文では，収入や社会経済的変数（年齢，性，人種，雇用，教育，宗教，結婚など）よりも，「主観的」なウェル・ビーイングに関する判断のほうが，予測性が高く重要な意味をもつことが指摘され，心理学者がこの問題に関心をもつきっかけを生み出した。その影響はきわめて大きく，2008年の段階ですら，1,000件以上の論文に引用されたことが報告されている（Larsen & Eid, 2008）。

　2006年に出版されたSWB研究の国際的ガイドラインに関する論文では（Diener, 2006），SWB指標が政策決定やビジネス領域でも重要な意味をもつことが指摘され，ガイドラインとして以下の5点が提唱されている。すなわち，①グローバルなSWBの測度は，政策策定のデータベースとして利用されうること，②SWB指標は，政策的介入の効果を検証する指標としての感受性をもつべきこと，③SWBの測度として精神物理学的な特徴を分析でき，妥当性や信頼性が検証できること，④誤差が含まれるとしても，SWBの測度から有用な結論を導き出すことができること，また知見の応用できる限界が理解できること，⑤SWBの測定が市民やリーダーにとって有用な民主主義過程の一部と見なせること，である。この論考には，ポジティブ心理学や行動経済学を専門とする50名の代表的な研究者たちの署名が付されており，少なくともこの時点では共通する理念になっていたと見なすことができる。こうしたガイドラインはOECD（経済協力開発機構，2013）の論考にも引き継がれ，生活の質の向上に向けてSWBの測定が重要な意味をもつことが強調されている。

［2］ 関連する諸概念とその定義

　ディーナー（2006）は，こうしたガイドラインに基づき，SWBや関連する概念を明確に定義している。それによると，SWBとは，「ポジティブなものもネガティブなものも含め，人々が自分の人生を多様な視点で評価すること（p. 400）」を意味する。そこには，人生満足，仕事の満足，関心や関与事象，楽しみや悲しみなどのライフ・イベントに対する感情反応など，幅広い内容が含まれる。「主観的」とされるのは，それらが個人内の経験として生起するためであり，またそうした経験は，言語・非言語行動，行為，生物学的特徴，注意や記憶などの形をとって客観的に顕現するとされている。

　一方で，ディーナーら（2009）はSWBを，日常のポジティブ感情の高さ，ネガティブ感情の低さと，一般的な人生満足（life satisfaction）を結合させたものと指摘している。ディーナー（2006）は，これらの要素についても明確な定義を行っており，「ポジティブ感情」とは楽しさ（joy）や親愛感（affection），満足感（contentment），高揚感（euphoria），興味・関心（interest）などの快感情や気分を意味し，人生が望ましい方向に進んでいることを示す事象に対する反応としてSWBの一部を構成すると論じて

いる。また「ネガティブ感情」については，不快さにつながる感情・気分であり，生き方や健康，環境，出来事などに対するネガティブな反応として経験されるものとされている。ネガティブ感情には，怒り，悲しみ，不安，ストレス，羨望などのほか，孤独感や無気力なども含まれ，人生がうまく進んでいないとする信念につながる。「人生満足（感）」は，自分の人生を全体的に評価した結果を意味する。「人生」という用語には，特定の時点におけるその人の生活領域のすべて，あるいは，誕生以降の人生全体に対する統合的な判断という二つの意味が含まれ，これらが明確に区別されずに用いられていることも指摘されている。関連して「領域的満足（domain satisfaction）」という用語もしばしば使用されるが，これは身体的・精神的健康，仕事，余暇，社会的関係，家族関係など，人生のさまざまな領域における満足感の評価を意味する。領域的満足に関するこれまでの研究によれば，それぞれの領域的満足はグローバルな人生満足と中程度から高い相関を示す一方で，領域間の相関は低いことが示されている（Heller et al., 2004; Schimmack, 2008; Schimmack et al., 2004）。

　この他，「幸福感（happiness）」は，日常的に，ポジティブな感情，人生満足の総体的な評価，よい人生が送られていることなど，さまざまな使われ方をする。そのために心理学的研究では，幸福感よりもウェル・ビーイングという用語を好んで用いる。ちなみに，ウェル・ビーイングと SWB は，心理学ではほぼ同義の用語として用いられることが多い。とくに恣意的な内容や不可知な内容を含まないことを意味する場合，SWB ではなくウェル・ビーイングという用語を用いる傾向がある（Diener, 2006）。また「人生の質（quality of life）」という用語も看護・福祉・老年学領域で多用されるが，これは主として環境や収入などの外的要因により，人の人生がどの程度望ましいものか判断する考え方として用いられる。SWB に比べると，人生や人の置かれた環境に対するより「客観的」な判断を意味する用語とされているが，最近の研究では，主観的な側面を含んだよりグローバルな視点からこの用語を使用する傾向も見られる（Sirgy, 2012）。

　さらに，主観的ウェル・ビーイングとは別の概念として，心理的ウェル・ビーイング（psychological well-being: PWB）を位置づける立場も多く見られる。この概念は，アリストテレスの「エウダイモニア（Eudaimonia）」，すなわち良い（エウ）守護神（ダイモン）に守られている状態のことを意味し，日本語では理性主義的ウェル・ビーイングとも訳される（大坊，2012; 上出，2012）。リフ（Ryff, 1989）は，心理学研究で扱われてきた自己実現やプロプリウムなどの概念とエウダイモニアの考え方を結びつけ，PWB を「自己受容（self-acceptance）」「積極的対人関係（positive relations with others）」「自律心（autonomy）」「環境制御（environmental mastery）」「人生目的（purpose in life）」「自己成長（personal growth）」という 6 つの側面から構成され，

SWBとは区別される概念と論じている。PWB研究については，最近，関連研究を集めたハンドブックも出版されており（Vittersø, 2016），ウェル・ビーイングを考える際に不可欠な考え方の一つとされている。PWBの他にも，自身の行っている活動の充実感を重視する関与的ウェル・ビーイング，社会の一員として活動できていることの充実感を重視する社会的ウェル・ビーイングや，セリグマン（Seligman, 2011）のPERMAの五側面，特定の文化に基づく幸福感を重視する文化的ウェル・ビーイングなども提唱されており（これらの側面の詳細は堀毛（2019）を参照），研究や実践を進めるうえで，SWBや関連する概念も含め，どのような側面に焦点を当てるかを明確に論じることが必要とされている。

[3] ウェル・ビーイングの測度

　ウェル・ビーイングの測度も多数考案されている。代表的なものは，ディーナーら（Diener et al., 1985）による人生満足尺度（satisfaction with life scale: SWLS）という5項目から構成される尺度である。また，リュボミアスキーら（Lyubomirsky et al., 1999）による主観的幸福感尺度（subjective happiness scale: SHS）もしばしば利用される。SWBの感情的側面の測定には，ワトソンら（Watson et al., 1988）によるPANAS（positve and negative affect schedule）が用いられることが多い。これらの尺度のほとんどは，自己評定式の尺度であり限界があるという見解もあるが，ルーカス（Lucas, 2018）は，精神物理学的検討による結果に問題がないことを指摘している。また，スコーロン（Scollon, 2018）は，自己評定以外のSWB指標として，脳活動や微笑，認知的アクセシビリティ，潜在連合テスト，ビッグ・データなどによる指標が考案されているとしており，多様な指標を用いた検討にも関心が寄せられている。ここで取り上げた尺度の他にも，SWBを測定する尺度は多数開発されており，PWBなどのウェル・ビーイングに関する測度も数多く提案されているが，ここではその詳細は省略する。関心のある方は堀毛（2019）をご参照いただきたい。以下の論考では，SWBに焦点を合わせて紹介する。

2. ウェル・ビーイングの理論と社会的認知

[1] ウェル・ビーイングの説明理論

　主観的ウェル・ビーイングの個人差を説明する理論は，ディーナーら（Diener et al., 2009）によれば，①欲求／目標充足理論，②過程／活動理論，③遺伝やパーソナリティによる素因理論の三つに区別される。「欲求／目標充足理論」は，個人のもつ欲求や目標の個人差を重視し，それが充足されるほどSWBが高まるとする考え方である。た

とえばシェルドンら（Sheldon et al., 2001）は，欲求を 10 個に分類したうえで，SWB
との関連を検討し，自尊欲求や自己決定欲求と SWB の関連が高いことを報告してい
る。「過程／活動理論」は，個人の行う活動内容やその過程で感じる充実感が SWB を
もたらすとする立場である。たとえば，チクセントミハイ（Csikzentmihalyi,
1975/2000）は，「全人的に行為に没入しているときに人が感じる包括的な感覚
（Csikzentmihalyi, 1975／今村訳，1979, p. 66）」を「フロー（flow）」と名づけ，SWB
と高い関連をもつことを指摘しており，先述した関与的ウェル・ビーイングの基盤と
なる考え方にもなっている。「素因理論」は，幸福感には人によって遺伝的に定められ
たポイント（セット・ポイント）が存在し，状況による幸福感の相違が，セット・ポ
イントを中心とした一定の分散として説明されると主張する。たとえばネスら（Nes
et al., 2006, 2013）は，縦断的研究のデータをもとに，遺伝子による SWB の説明率が
70％以上に達すると指摘している。また特性との関連については，ビッグ・ファイブ
に関する多くの研究などにより，外向性の高さや神経症傾向の低さが SWB と関連す
ることが明らかにされている。

　素因理論によるアプローチは，ウェル・ビーイングへのトップ・ダウン的要因の影
響を重視するが，一方でボトム・アップ的な考え方として，先の領域的満足の考え方
に示されるように，生活領域ごとの満足感が，グローバルな SWB 判断を規定すると
いう考え方も存在する。ヘディら（Headey et al., 1991）のように，領域によって因果
関係が異なるとする指摘もあるが（生活満足と結婚満足は双方向的，仕事や余暇満足
はトップ・ダウン的など），こうした観点に関する合意は得られておらず，どちらのア
プローチが有効かという問題については，現在でも論議が続けられている。ただ，
ディーナーら（1999）が指摘するように，ボトム・アップ的なアプローチによる説明
率は低く，トップ・ダウン的アプローチが研究者の関心の焦点になってきたことは事
実であろう。リュボミアスキーら（Lyubomirsky et al., 2005）は，「持続的幸福感モデ
ル（sustainable happiness model）」と呼ばれるモデルを提唱し，過去の研究成果を根
拠に，SWB に関し遺伝的要因による説明率が約 50％，環境的要因による説明率は約
10％，活動実践による説明率が約 40％とする見積を示している。このモデルでも遺伝
的要因の説明率が半分を占めているが，一方で日々の活動が SWB に関連することも
示唆されており，介入による SWB 向上の可能性があることの論拠にもなっている。

［2］　社会的認知論とウェル・ビーイング

　このように，SWB を説明する理論的立場にはさまざまな考え方があるが，これら
の考え方と社会認知論的な研究との関連は希薄であると見なさざるを得ない。たとえ
ば，PsycINFO で well-being と social cognition をタイトルに含む論文を検索してみ

ると（2020 年 6 月），10 編しかヒットしない[1]。そのいずれも，養育者や青年などの SWB に限定されており，グローバルな視点からまとめた論考はほとんど存在しない。これは社会的認知研究が個人差を捨象した一般的プロセスや法則性に関心を向けているのに対し，ウェル・ビーイング研究は基本的に，SWB 研究に代表されるような認知的な個人差に関心をもつことによると考えられる。たとえば，ディーナーら（2009）も「SWB の個人差は人々が世界をどのように考えるかに関する安定した個人差の結果である（p. 190）」と論じている。ただ，後述するように SWB の中にも社会認知的

表 9-1　ウェル・ビーイングの判断過程とその特徴に関する 3 つのモデル（Robinson & Klein, 2018 を一部改変）

	統合型（integrative）	構成主義型（constructive）	直接検索型（direct retrieval）
説明	WB を判断する際に，人は生活領域を通覧し，それぞれの領域での進捗状況をまとめ，基準と比較し，これら全体の計算を平均する	人は自分が「一般的に」幸福かどうかを知らない。そのような質問を受けたときには，現在アクセス可能な情報を利用し判断する。そのため，一時的で無関連なプライミング要因に対する脆弱性をもつ	人は以前から自分が幸せかどうか教えられてきた。ウェル・ビーイングについて判断するさいには，こうした以前から蓄積されてきた評価を直接検索する
処理モード	組織的	ヒューリスティック	ヒューリスティック
検索方法	ボトムアップ	ボトムアップ	トップダウン
長所	ライフイベントが重要な理由を説明できるウェル・ビーイングの変化について説明できる	潜在的な影響力が気分やコミュニケーション・ルールによることを浮き彫りにする文脈の影響を説明できる	ウェル・ビーイング判断の安定性を説明できる認知的倹約の観点と一致する
短所	精神的計算の量が過大になる	ウェル・ビーイング判断の可塑性を過度に強調することになる	幸福感レベルの基盤を特定できない
過去の理論の説明との関連	欲求／目標理論領域的ウェル・ビーイング社会的比較論	過程／活動理論認知理論	素因理論／セット・ポイント説パーソナリティ特性
状態−特性的判断（Tov, 2018）	グローバル（相互作用的，未来志向）	オンライン（状況的，現在志向）	回想的（特性的，過去志向）

1　両者をキーワードとして検索すると，160 件がヒットする。

な判断は含まれており，社会的認知論研究との整合性は重要な視点として，今後研究が進められるべきであろうと考える。

　最近，ロビンソンとクライン（Robinson & Klein, 2018）は，自分のウェル・ビーイング（幸福感）を判断する考え方として三つの立場があると主張している（表 9-1 参照）。第一の立場は，「統合型」と名づけられており，「ウェル・ビーイングを判断する際に，人は生活領域を通覧し，それぞれの領域での進捗状況をまとめ，基準と比較し，これら全体の計算を平均する」という，ボトム・アップの領域的満足を重視する判断様式である。第二は，「人は自分が『一般的に』幸福かどうかを知らない。そのような質問を受けたときには，現在アクセス可能な情報を利用し判断する。そのため，一時的で無関連なプライミング要因に対する脆弱性をもつ」とする「構成主義型」と呼ばれるオンラインの社会的認知的判断様式である。第三は，「人は以前から自分が幸せかどうか教えられてきた。ウェル・ビーイングについて判断するさいには，こうした以前から蓄積されてきた評価を直接検索する」という「直接検索型」とされるトップ・ダウン型の判断様式である。表 9-1 には，それぞれの立場の特徴や長所・短所が示されているが，下の 2 行に示したように（著者が付加），これまで説明してきた論議とも整合する内容となっている。こうした内容から，少なくとも構成主義的な SWB の判断には，社会的認知研究の成果が重要な役割を果たす可能性が示唆されているが，統合型や直接検索型の判断にも関係するとも考えられ，研究領域間のタイアップが重要な意味をもつと推察される。

3. ウェル・ビーイング判断のプロセスに関する研究

[1] ウェル・ビーイング判断のオンライン・プロセス

　このように，自分がウェル・ビーイング（幸福）な状態にあると判断するに至るオンライン・プロセスを検討した例は少ないが，いくつか取り上げておかねばならない研究も存在する。たとえば，シュワルツとシュトラック（Schwarz & Strack, 1999, 2007）は，SWB に関する判断は安定した内的な状態を反映したものではなく，文脈によって規定された，その時点でアクセス可能な情報によるものと指摘している。社会調査等で用いられる，「全体としてあなたは，最近の自分の生活にどの程度満足していますか？（OECD, 2013, p. 400）」という質問に回答しようとした場合，私たちの頭の中には，数多くの場面が浮かび，SWB（満足感）の判断はそれらを統合したものになると考えられる。ただ，実際にそこで用いられる情報は，時間的にアクセス可能な情報と，人が常同的（chronically）にアクセスしている情報に切り分けられ，前者はオンラインな SWB 判断に，後者は比較的安定した SWB 判断（統合型・直接検索型）につ

ながることになる。シュトラックら（Strack et al., 1988）は，大学生を対象に一般的な幸福感とデートの頻度を尋ねた。結果としての相関は，$r = -.12$ とほぼ無相関になったが，質問順を逆にしたところ相関値は $r = .66$ に上昇した。同様の結果は，一般的生活満足感と結婚満足感の関連でも得られている。シュトラックらは，この結果を，先行するオンラインの状況的判断（デートや結婚による幸福感）が，後の一般的幸福感判断に影響したためと解釈している。こうした考え方に対し，シマックと大石（Schimmack & Oishi, 2005）は，結果が再現されないことを明らかにしたうえで，一般的満足感と領域的満足感の関連についてのメタ分析により，質問順序の効果は弱く，常同的にアクセス可能な情報が人生満足感の強い予測因になると反論している。

［2］「認知的視点」の考え方

　マルゴリスとリュボミアスキー（Margolis & Lyubomirsky, 2018）は，グロスとトンプソン（Gross & Thompson, 2007）の感情モーダルモデル（modal model of emotion）を参考に，認知的視点（cognitive outlook）という考え方を提唱し，ウェル・ビーイングとの関連を論じている。感情モーダルモデルとは，特定の状況で特定の感情が発生する様相を，「状況→注意→評価（解釈）→（感情）反応」という経路として理解できるとする提案で，「注意→評価・解釈」の部分に認知的視点が関与すると考えることになる。認知的視点とは，「自己や事象に関する評価を包括する思考のパターンであり，その人物のパーソナリティの構成要素で，パーソナリティがウェル・ビーイングの分散の大部分を説明する理由となるもの（Margolis & Lyubomirsky, 2018, p. 2）」と定義されている。マルゴリスらは，一般的な「注意」過程を「一連の焦点をあわせるべき知覚可能な情報や，その後の解釈をすすめるべき情報を選択する過程（同上, p. 4）」と見なし，何に注意を向けるかには個人差があり，ウェル・ビーイングとの関連は双方向的で，「拡張-形成理論（Fredrickson et al., 1998）」のようにポジティブ感情（SWBの一側面）が注意を拡張するという考え方もあれば，マインドフルネス瞑想のように，注意の変換を行うことがウェル・ビーイングを向上させるという考え方もある（Pavlov et al., 2015）と指摘している。また「解釈」過程についても，古典的なマレーの α 圧力（客観的な環境からの圧力），β 圧力（その主観的な解釈）の例を引きながら，β 圧力には個人差があり，生活環境の中で生じるウェル・ビーイングの判断は，その認知的な解釈によることが指摘されている（Lyubomirsky, 2001）。ただ，ここでも解釈がウェル・ビーイングにどのような影響を与えるかに関する具体的な研究は少ないことも論じられており，ウェル・ビーイングによって解釈がどう影響されるかという逆方向の因果関係を扱った研究もほとんど見られないとされている。

　マルゴリスら（Margolis & Lyubomirsky, 2018）は，「注意→解釈」過程の個人差を

個別に検討した研究として，過去と現在の評価に関連する「感謝」や，未来の評価に
関連する「楽観性」，現在の自己に関する評価に関連する「自尊感情」や「自己決定理
論」の考え方を取り上げ，さらに「帰属スタイル」や「反芻スタイル」についてこれ
ら3時点を共通に取り扱い得る研究として位置づけている。ただ，縦断的研究などに
より一部因果関係の検討は行われているものの，結果としてこれらの変数とウェル・
ビーイングとの関連を明確に論じた研究は少なく，判断プロセスを明確化し，記憶と
いう変数も含めた因果関係を特定化する認知的モデルを構築する必要性が指摘されて
いる。堀毛（2019）も，ミシェルとショウダ（Mischel & Shoda, 1995）のCAPSモデ
ルの考え方を基盤に，ポジティブ心理学と関連する認知的符号化，期待・楽観性，目
標・価値・希望，自己制御，ポジティブな自己（自尊感情，自己効力，自己決定）な
どの認知的要因について，それぞれに関する研究の知見を紹介しているが，これらの
変数の相互関係や，ウェル・ビーイングにつながるプロセスに関しては明確な論議を
示せていない。マルゴリスら（Margolis & Lyubomirsky, 2018）も，結論としてこうし
た視点の重要性を指摘しており，実験的研究や縦断的研究等の手法を駆使し，新たな
ウェル・ビーイングの測定法なども取り入れつつ，社会的認知研究の成果を反映させ
ながら，これらの変数とウェル・ビーイングの関連を検討してゆくことが今後の課題
として重要な意味をもつと考えられる。

4. ウェル・ビーイングの統合的モデル

　最後に，こうした課題を解決する一助となりうる可能性のある考え方として，レン
ト（Lent, 2004）の提唱するウェル・ビーイングの「統合的モデル」を紹介する。この
モデルは，バンデューラ（Bandura, 1997）の社会的認知理論を基盤としており，主に
産業・組織・臨床領域での応用を意図したものとなっている。このモデルの特徴は，
①SWBと共にPWB（特に目標達成）を視野に入れ，SWBによる心理的回復と，
PWBによる心理的成長の両側面を包括することを意識しながら作成されていること，
②SWBについては，感情的な側面（ポジティブ・ネガティブ感情）と人生満足，領域
満足を区別し，因果関係を仮定していること，③文化的な相違も目標の相違として取
り込んでいること，④社会的認知理論の強調する，人の作動的（agentic）な側面を，
自己効力や自己制御を重視する形で取り込んでいること，そして，⑤基準となる一般
モデル（normative model）と，コーピング過程を意識した応用的な回復モデル
（restorative model）の双方が提唱されていることなど，ウェル・ビーイング研究の中
で論議されてきた数々の側面を取り込んだものとなっている。
　図9-1に「一般的モデル」の図式を示す。図に示されるように，パーソナリティ特

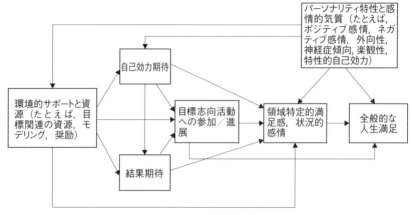

図 9-1　ウェル・ビーイングの統合的モデル（一般モデル; Lent, 2004）

性や，固有のポジティブ感情・ネガティブ感情などの感情気質は，全般的な SWB の高さ（セット・ポイント）やエウダイモニックな満足感・充実感の高さを規定するが，領域の満足や状況的感情変数もこうした全般的な SWB の規定因となる。また特性や感情気質は，自己効力期待や環境的サポート・資源にも影響を示す。効力期待は目標志向行動に直接的な影響と，結果期待を経由した間接的な影響があり，それぞれが領域の満足を規定する。環境的サポート・資源は，効力期待，結果期待，目標志向行動，そして領域満足にそれぞれ直接的な影響をもち，目標の進展は全般的 SWB に直接的な影響をもつとされている。

　要約すれば，領域的満足は，①個人的に価値を置く目標に関与でき，目標に進展が見られ，②目標達成に必要な課題への挑戦に満足感を感じており，もたらされる結果にも期待がもて，③環境も目標達成にサポーティブで利用可能な資源も与えられている場合に高まり，全般的な人生満足を規定すると考えられる。ただ，このモデルでは，主として単純化のために，目標関連のスキルや，双方的なパス（たとえば目標達成行動と領域的満足の関連など），領域の重要性による領域満足の相違，目標の内発性や接近-回避性などの目標の種別の影響性等が省略されていることに注意を払うべきであろう。

　また図 9-2 には，一般的モデルを基盤として作成された「応用的回復モデル」を示す。これは人が何らかのストレス状況にさらされた際に，SWB を回復する過程を念頭に置いたプロセス・モデルになっている。パーソナリティや感情気質は人生満足の回復に直接的な影響をもつが，問題状況の意味づけや，対処方略，問題解決様式にも

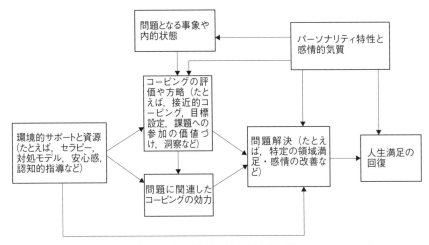

図 9-2　ウェル・ビーイングの統合的モデル（応用的回復モデル; Lent, 2004）

直接的影響を与える。環境的サポート・資源も，対処方略，問題関連の対処効力，問題解決様式に直接的な影響を与える。問題の意味づけは対処方略に影響を与え，対処方略は対処効力を規定する。問題状況の生起に焦点を当てて考えれば，それがどのようなパーソナリティや感情気質に関連しているか特定し，環境的サポートや資源を考慮しながら対処方略や対処効力を検討し，問題解決を図ることで SWB や PWB の回復を試みるモデルと要約できよう。

　これらのモデルは，「統合モデル」の特徴として先に指摘した五つの問題点を取り込んでいるという点で興味深い。レントら（Lent et al., 2005）は，パス解析によりモデルの妥当性を検討するとともに，このモデルの労働場面への応用（Lent & Brown, 2006）や，キャリアに関する自己管理への応用（Lent & Brown, 2014）についても論じている。ただ，残念なことにこうしたモデルは，ポジティブ心理学関連のテキストではほとんど取り上げられておらず，縦断的研究などによるエビデンス・ベースの検討も不十分なように思われる。一方で，社会的認知研究の今後の方向性としては，さまざまな領域でこうした検討を重ねて知見を蓄積してゆくことがウェル・ビーイングを検討するうえできわめて重要な意味をもつと考える。そのためには，レントの指摘にある自己効力とともに「中核的自己評価（Judge et al., 1997）」として重視される自尊感情や情緒安定性，統制の所在などといった変数のモデルへの取り込み，領域特定的な知見の蓄積，目標関連行動としての目標の階層性や自己制御などとの関連など，モデルに取り入れ検討すべき点は多々あるように思われる。

5. おわりに

　レントとブラウン（Lent & Brown, 2006）も指摘しているが，ウェル・ビーイングの社会的認知論的な理解のためには，人の要因と，文脈的な状況要因を統合的に捉える相互作用論的視点が不可欠であろう。エモンズら（Emmons et al., 1986）は，状況選択モデルと状況一致性モデルを基盤にSWBとの関連を検討している。状況選択モデルでは，人は自分の特性に合った状況を選択する傾向をもち，そうした選択が可能なほどSWBが増進されるとする。状況一致性モデルでは，特性と合致した状況を体験するほど，ポジティブな感情が増進され，ネガティブな感情が減衰すると考える。エモンズらは，これら二つのモデルを力動的な相互作用モデルとして位置づけ，30日間にわたる日誌法研究によって，日々の20状況の選択および12の感情傾向とパーソナリティとの関連を検討し，これらのモデルを支持するデータを得ている。また，ブランドシュテッター（Brandstätter, 1994）も，同じく30日間の日誌法によるデータをもとに，相互作用状況および個人の動機と感情バランスとの関連を検討した結果，状況と動機の整合性（person-environment fit）が感情バランスの有効な説明因となることを明らかにしている。これらの例のように，社会的認知論的なウェル・ビーイング研究として，状況的要因に関する系統的な研究を進めながら，人と環境（文化や文脈）との整合性（フィット）に関連する相互作用論的アプローチを展開してゆくことも重要な課題の一つとして位置づけられよう。

引用文献

Bandura, A. (1997). *Self-efficacy: The exercise of control.* New York, NY: W.H. Freeman.

Brandstätter, H. (1994). Well-being and motivational person-environment fit: A time-sampling study of emotions. *European Journal of Personality, 8*, 75-93.

Csikzentmihalyi, M. (1975/2000). *Beyond boredom and anxiety. Experiencing flow in work and play.* San Francisco, CA: Jossey-Bass. （チクセントミハイ, H. 今村 浩明（訳）(1979/2000). 楽しみの社会学　思索社／新思索社）

大坊 郁夫（編）(2012). 幸福を目指す対人社会心理学——対人コミュニケーションと対人関係の科学——　ナカニシヤ出版

Diener, E. (1984). Subjective well-being. *Psychological Bulletin, 95*, 542-575.

Diener, E. (2006). Guidelines for national indicators of subjective well-being and ill-being. *Journal of Happiness Studies, 7*, 397-404.

Diener, E. (2013). Remarkable changes in the science of subjective well-being. *Perspectives on Psychological Science, 8*, 663-666.

Diener, E., Emmons, R. A., Larsen, R. J., & Griffin, S. (1985). The satisfaction with life scale.

Journal of Personality Assessment, 49, 71-75.

Diener, E., Oishi, S. & Lucus, R. E. (2009). Subjective well-being: The science of happiness and life satisfaction. In S. J. Lopez & C. R. Snyder (Eds.), *Oxford handbook of positive psychology* (2nd ed., chap. 17, pp. 187-194). New York, NY: Oxford University Press.

Diener, E., Oishi, S., & Tay, L (Eds.). (2018). *Handbook of well-being.* Salt Lake City, UT: DEF Publishers.

Diener, E., Suh, E. M., Lucas, R. E., & Smith, H. L. (1999). Subjective well-being: Three decades of progress. *Psychological Bulletin, 125*, 276-302.

Emmons, R. A., Diener, E., & Larsen, R. J. (1986). Choice and avoidance of everyday situations and affect congruence: Two models of reciprocal interactionism. *Journal of Personality and Social Psychology, 51*, 815-826.

Fredrickson, B. L., & Levenson, R. W. (1998). Positive emotions speed recovery from the Cardiovascular Sequelae of negative emotions. *Cognition and Emotion, 12*, 191-220.

Gross, J. J., & Thompson, R. A. (2007). Emotion regulation: Conceptual foundations. In J. J. Gross (Ed.), *Handbook of emotion regulation* (chap. 1, pp. 3-24). New York, NY: Guilford.

Headey, B., Veenhoven, R., & Wearing, A. (1991). Top-down versus bottom-up theories of subjective well-being. *Social Indicators Research, 24*, 81-100.

Heller, D., Watson, D., & Ilies, R. (2004). The role of person versus situation in life satisfaction: A critical examination. *Psychological Bulletin, 130*, 574-600.

堀毛 一也 (2019). ポジティブなこころの科学 サイエンス社

Judge, T. A., Locke, E. A., & Durham, C. C. (1997). The dispositional causes of job satisfaction: A core evaluations approach. *Research in Organizational Behavior, 19*, 151-188.

上出 寛子 (2012). ポジティブな人間関係―― well-being, happiness, 人と社会―― 大坊 郁夫 (編) (2012). 幸福を目指す対人社会心理学――対人コミュニケーションと対人関係の科学 ――（第2章, pp. 25-43） ナカニシヤ出版

Larsen, R. J., & Eid, M. (2008). Ed Diener and the science of subjective well-being. In M. Eid & Larsen, R. J. (Eds.), *The science of subjective well-being.* New York, NY: Gulford.

Larson, R. (1978). Thirty years of research on the subjective well-being of older Americans. *Journal of Gerontology, 33*, 109-125.

Lent, R. W. (2004). Toward a unifying theoretical and practical perspective on well-being and psychosocial adjustment. *Journal of Counseling Psychology, 51*, 482-509.

Lent, R. W., & Brown, S. D. (2006). Integrating person and situation perspectives on work satisfaction: A social-cognitive view. *Journal of Vocational Behavior, 69*, 236-247.

Lent, R. W., & Brown, S. D. (2014). Social cognitive model of career self-management: Toward a unifying view of adaptive career behavior across the life span. *Journal of Counseling Psychology, 60*, 557-568.

Lent, R. W., Singley, D., Sheu, H., Gainor, K. A., Brenner, B. R., Treistman, D., & Ades, L. (2005). Social-cognitive predictors of domain and life satisfaction: Exploring the theoretical precursors of subjective well-being. *Journal of Counseling Psychology, 52*, 429-442.

Lucas, R. E. (2018). Reevaluating the strengths and weaknesses of self-report measures of subjective well-being. In Diener, E., Oishi, S., & Tay, L (Eds.), (2018). *Handbook of well-*

being. Salt Lake City, UT: DEF Publishers

Lyubomirsky, S. (2001). Why are some people happier than others? The role of cognitive and motivational processes in well-being. *American Psychologist, 56*, 239-249.

Lyubomirsky, S., & Lepper, S. H. (1999). A measure of subjective happiness: Preliminary reliability and construct validation. *Social Indicators Research, 46*, 137-155.

Lyubomirsky, S., Sheldon, K. M., & Schkade, D. (2005). Pursuing happiness: The architecture of sustainable change. *Review of General Psychology, 9*, 111-131.

Margolis, S., & Lyubomirsky, S. (2018). Cognitive outlooks and well-being. In E. Diener, Oishi, S., & Tay, L (Eds.), *Handbook of well-being*. Salt Lake City, UT: DEF Publishers.

Mischel, W., & Shoda, Y. (1995). A cognitive-affective system theory of personality: Reconceptualizing situation, disposition, dynamics, and invariance in personality structure. *Psychological Review, 102*, 246-268.

Nes, R. B., Czajkowski, N. O., Røysamb, E., Ørstavik, R. E., Tambs, K., & Reichborn-Kjennerud, T. (2013). Major depression and life satisfaction: A population-based twin study. *Journal of Affective Disorders, 144*, 51-58.

Nes, R. B., Røysamb, E., Tambs, K., Harris, J. R., & Reichborn-Kjennerud, T. (2006). Subjective well-being: Genetic and environmental contributions to stability and change. *Psychological Medicine, 36*, 1033-1042.

OECD (2013). OECD guidelines on measuring subjective well-being. Paris: OECD Publishing. (OECD 桑原 進（監訳）(2015). 主観的幸福を測る―― OECD ガイドライン―― 明石書店)

Pavlov, S. V., Korenyok, V. V., Reva, N. V., Tumyalis, A. V., Loktev, K. V., & Aftanas, L. I. (2015). Effects of long-term meditation practice on attentional biases towards emotional faces: An eye-tracking study. *Cognition and Emotion, 29*, 807-815.

Robinson, M. D., & Klein, R. J. (2018). What do subjective well-being judgments mean? Sources and distinctions, processes and mechanisms. In E. Diener,, S. Oishi, & L. Tay (Eds.), *Handbook of well-being*. Salt Lake City, UT: DEF Publishers.

Ryff, C. D. (1989). Happiness is everything, or is it? Explorations on the meaning of psychological well-being. *Journal of Personality and Social Psychology*, 57, 1069-1081.

Schimmack, U. (2008). The structure of subjective well-being. In M. Eid & R. J. Larsen (Eds.), *The science of subjective well-being* (chap. 6, pp. 97-123). New York, NY: Guilford.

Schimmack, U., & Oishi, S. (2005). The influence of chronically and temporarily accessible information on life satisfaction judgments. *Journal of Personality and Social Psychology, 89*, 395-406.

Schimmack, U.,Oishi, S., Furr, R. M., & Funder, D. (2004). Personality and life satisfaction: A facet-level analysis. *Personality and Social Psychological Bulletin, 30*, 1062-1075.

Schwarz, N., & Strack, F. (1999). Reports of subjective well-being: Judgmental process and their methodological implication. In D. Kahnemann, E. Diener, & N. Schwarz(Eds.), *Wellbeing: The fundation of hedonic psychology* (chap. 4., pp. 61-84). New York, NY: Russell Sage Foundation.

Schwarz, N., & Strack, F. (2007). Think about your life: Healthy lessons from social cognition. In M. Hewstone, H. A. W. Schut, J. B. F. de Wit, K. van den Bos, & M. S. Stroebe (Eds.),

The scope of social psychology: Theory and applications. London: Routledge.

Scollon, C. N. (2018). Non-traditional measures of subjective well-being and their validity: A review. In E. Diener, S. Oishi., & L. Tay (Eds.). (2018). *Handbook of well-being.* Salt Lake City, UT: DEF Publishers.

Seligman, M. E. P. (1998). *The president's address.* (http:/www. psych. upenn. edu/seligman/aparep98.htm）（セリグマン, M. E. P. 島井 哲志（訳）(2006). 21 世紀の心理学の 2 つの課題　島井 哲志（編）(2006). ポジティブ心理学：21 世紀の心理学の可能性　ナカニシヤ出版）

Seligman, M. E. P. (2011). *Flourish: A visionary new understanding of happiness and well-being.* New York, NY: Simon & Schuster.

Sheldon, K. M., Elliot, A. J., Kim, Y., & Kasser, T. (2001). What is satisfying about satisfying events? Testing 10 candidate psychological needs. *Journal of Personality and Social Psychology, 80,* 325-339.

Sirgy, M. J. (2012). Leisure well-being. In M. J. Sirgy (Ed.), *The psychology of quality of life: Hedonic well-being, life satisfaction, and eudaimonia* (2nd ed.). New York, NY: Springer.

Strack, F., Martin, L. L., & Schwarz, N. (1988). Priming and communication: Social determinants of information use in judgment of life satisfaction. *European Journal of Social Psychology, 18,* 429-442.

Vitterso, J. (Ed.). (2016). *Handbook of eudaimonic well-being.* Cham, Switzerland: Springer International.

Watson, D., Clark, L. A., & Tellegen, A. (1988). Development and validation of brief measures of positive and negative affect: The PANAS scales. *Journal of Personality and Social Psychology, 54,* 1063-1070.

［謝辞］　本稿の作成にあたっては，科学研究費補助金（基盤研究（C），平成 31 年度～平成 34 年度：課題番号 19K03198）の助成を受けた。

第10章

AI・ロボット工学と社会的認知

谷辺哲史

　2010年代の人工知能（AI）研究は第三次AIブームと言われる盛り上がりを見せ，最近ではAIという言葉を見聞きしない日はないほどになっている。今まで人間が行っていた判断の一部をAIが担ったり，家庭用のペットロボットが人気を集めたりと，徐々にAI・ロボットが私たちの生活の一部になっていることは誰もが認めるところだろう。

　AI・ロボットは他の工業製品と比べて，人間の操作によらず判断・行動する自律性を高い水準でそなえており，人工物でありながら他者らしさを感じさせる側面がある。このような特徴をそなえた人工物を私たちはどのように認知するのかということは，他者の存在が人の認知や行動に与える影響を探ってきた社会的認知の研究者にとって興味深い問題である。本章ではAI・ロボットという新たな「他者」への認知について研究知見を概観し，将来の社会におけるAI・ロボットの受容のあり方を考察する。

1. 社会的認知の対象としての AI・ロボット

　社会的認知研究における「社会」とは，他者，つまり自分以外の人間が存在する状況を指す言葉である。論文や学術書で，他者という語の指す対象が人間であると明記されていることはまずないが，それはあえて説明するまでもない前提とされているからだろう。日常的な理解としても，社会とは複数の人間が集まって構成されるものであるという考えは多くの人に受け入れられるだろう。ところが，近年の技術の発展は，他者の範囲を人間以外の存在に拡張するかもしれない。すなわち，人間の指示や操作によらず知的な活動を行う人工知能（artificial intelligence: AI）や，AIの制御によって動くロボットが，私たちの社会を構成する他者として扱われるようになるということである。

　「他者として扱う」とは，ある対象をただ物理法則にのみ従って動く物体ではなく，その対象自身の意図や欲求といった心をもって動く行為主体として見ることと言い換

えられる。AI や，AI によって動くロボットは言うまでもなく無機物であり，人間と
同じような心をもった存在ではない。AI の実体はコンピュータープログラムであり，
電卓のような単純な機械がより複雑になっただけとも言える。それにもかかわらずマ
スメディアの報道などを見ていると，AI を人間と対比させ，人間のような意思や感情
をもつようになるとか「人間を超える」といった表現で AI 開発の発展を伝える記事
をたびたび目にする。さらに，専門の研究者が編集を担う学会誌でも，AI を擬人化し
たイラストが表紙に採用されており[1]，AI・ロボットに人間のような心を見出すことは
必ずしも素人の無知ゆえの錯覚とも言えないようである。電卓よりも複雑になった
AI・ロボットには，何か心があるように感じさせる性質があると考えられる。本章で
は，AI・ロボットに心があるように感じるという現象から，社会の中での AI・ロボッ
トの位置づけについて考えていく。

　なお，AI の定義はいまだ定まっておらず，専門家の間でもさまざまな立場があるが
（人工知能学会，2016），本章では広く，人間が行っている知的な活動を機械によって
実現したものを AI と呼ぶことにする。また本章でロボットという言葉を使うときは，
工場での部品の組み立てなどに用いられる産業ロボットではなく，家庭などで利用さ
れ一般の人々とコミュニケーションを行える，いわゆるソーシャルロボットを念頭に
置いている。

2. 人工物の振る舞いに知覚される心

　人は人間に限らずさまざまな対象に対して，その振る舞いを説明したり理解したり
するために，その振る舞いの背後に心を見出してしまう。ハイダーとジンメル
（Heider & Simmel, 1944）の実験では，参加者は円や三角形が動き回る動画を見た後，
その動画の内容を説明するよう求められた。すると，参加者への質問は「映像の中で
起きたことを書いてください」というシンプルなものであったにもかかわらず，大半
の参加者が図形を擬人化し，「怒りといらだちで周りが見えなくなる」「邪魔が入るの
を嫌う」といった心の状態を表す言葉によって図形の動きを説明したのである。心の

1　人工知能学会が発行する『人工知能』の 29 巻 1 号（2014 年）では，女性型の外見をもった AI 搭載
　ロボットがケーブルにつながれて掃除をするイラストが表紙に掲載され，このイラストが性役割分
　業を再生産するものであり差別的だと批判された。この問題について学会では，翌 29 巻 2 号で特集
　を組み議論を行っている。本章では議論しきれなかったが，AI・ロボットを擬人化する際にそれら
　をどのように表現するべきか，社会に存在するバイアスが AI・ロボットの設計に投影されることで
　（たとえば医師の役割のロボットは男性らしく，看護師の役割のロボットは女性らしい外見に作られ
　るなど）バイアスを強化してしまうのではないかといった問題は，社会的認知の観点からも重要な課
　題である。

存在を見出すという私たちの認知のしくみが非常に強力なものであることを教えてくれる印象的な研究である。

　近年の研究でも，心を知覚することの役割の一つは知覚対象の振る舞いを理解し不確実性を低減することにあると指摘されている。ウェイツら（Waytz et al., 2010）の研究では，動作の予測が困難なロボットは心をもっていると知覚されやすく，また，ロボットの動作を予測するように動機づけられると，単にロボットの動きを見ている場合よりもロボットが心をもっていると知覚されやすくなった。ロボットだけでなく犬（Epley et al., 2008）や，さらには金属の玉（Barrett & Johnson, 2003）でも，予測困難な動きをする対象には心があると知覚されやすいことが明らかになっている。身の回りのさまざまな事物に心を見出すことは，自らが置かれた環境を整合的に理解し，環境に対して適切に働きかけるために私たちにそなわっている認知的な能力なのだろう。

　動作の説明や予測が心の知覚を促進するとすれば，人間の操作によらず複雑な環境下で判断・行動できる AI・ロボットに心があると感じられるのも不思議ではない。そして今後 AI の開発がさらに進めば，ますます複雑で予測困難な行動が可能になり，心の存在を知覚されやすい AI・ロボットが普及していくだろう。もっとも，予測不可能性をより高くすれば，つまりランダムな動きにすれば心の知覚がより強く生じるとは考えにくいため，ある程度の予測可能性や一貫性も必要であると考えられる。心をもつ他者の典型である人間について考えてみると，完全に予測可能な決まりきった行動でも，完全に予測不可能なランダムな行動でもない，ある程度予測可能な行動をしているはずである。AI・ロボットに対する知覚においても，予測不可能性が心の知覚を促進するという単純な関係ではなく，説明や予測を動機づける適度な予測不可能性がどの程度のものであるのか，より詳細な検討が必要だろう。

3. 心の知覚の2次元構造と道徳判断

　第3節から第5節では心の知覚と道徳判断の関連についての知見を踏まえ，社会の中での AI・ロボットの位置づけを道徳的な地位という観点から考えていく。

　なぜここで道徳の問題に焦点を当てるかというと，人の操作によらず複雑な判断や行動が可能な AI・ロボットの出現は，責任や権利といった道徳に関わる概念について再考を迫り，社会のしくみを変化させる可能性があるからである。道徳的な判断は「○○するべきだ」「○○することは良いことだ」という価値判断を含み，他者に何らかの行動を要求したり，他者の行動に対して称賛や非難といった評価的な反応を示したりすることにつながる。つまり，AI・ロボットの道徳的な地位を考えることは「私

は〇〇したい」という個人的な選択にとどまらず，社会の中で生きる全員に関係する問題となるのである。たとえば，医療や司法の現場で，自分の人生がかかった判断をAIに委ねることを考えてみよう。その判断によって不利益を被ったとして，AIの判断には誰の意思も関わっていないとしたら，誰に責任を問えばよいだろうか。あるいは，現在でも人型や動物型のロボットを傷つけることに躊躇を感じる人は少なくないだろうが，自分がそうしたくないということを超えて，他者に対しても「ロボットを傷つけるな」と要求することは可能だろうか。AI・ロボットの開発の進展に伴って，このような問題は真剣な議論の対象になってきており，法学や倫理学の分野で議論が始まっている（たとえば平野，2017；久木田ら，2017）。

　まず議論の前提として，AI・ロボットは一般的にどのような存在として認知されているのだろうか。グレイら（Gray et al., 2007）がアメリカで実施した調査では，人間の成人，子供，犬，カエル，神，そしてロボットといったさまざまな対象を対提示し，2つの対象のどちらが心のはたらき（記憶する，自己の行動をコントロールする，苦痛を感じる，喜びを感じるなど）をより高くもっていると思うかを参加者に尋ねた。参加者の回答から明らかになったのは，①心のはたらきは大きく分けて行為性（agency; 記憶する，自己の行動をコントロールする，善悪の区別をつける，他者の感情を理解するなど）と経験性（experience; 苦痛や喜び，空腹，怒りなど）の二つの次元で知覚されており，②ロボットは行為性はある程度高く，経験性はほとんどもたない存在と見なされているということであった。

　さらにこの調査では，行為性・経験性の知覚と，各対象に向けられる態度の間に関連が見られた。行為性が高く知覚される対象ほど道徳的に悪い行為をすれば罰を受けるべきだと判断され，経験性が高く知覚される対象ほど危害を与えることに抵抗を感じると判断されたのである。この結果は，責任や権利といった道徳に関する判断が，対象の心のはたらきに対する知覚と関連して生じることを示している。ある対象の行為（たとえば，人を殴る）は，それが対象自身の意図や動機といった心のはたらきによって生じた場合には，意図していない場合（うっかりぶつかった）と比べて対象自身に責任があると感じられるし，行為の悪さに応じた非難や罰といった報いを受けるべきだと判断されるだろう。そして，意図などの行為を生み出す心のはたらき，すなわち行為性をそなえているという知覚は，その対象が道徳的な責任を負う主体となりうるという判断につながっていると考えられる。他方で，経験性は苦痛や喜びといった感覚・感情を生じさせる心のはたらきであるが，この次元の心のはたらきをそなえているということは，たとえば殴られると痛いという形で，外部からの働きかけに応じた感覚を経験することにつながる。行為（殴る）の結果として生じる心の状態（痛み）は「誰かに苦痛を与える行為は悪い」という形で，行為の善し悪しを判断する根

拠となる。したがって，ある対象が経験性をそなえているという知覚はその対象に道徳的な権利があるという判断，具体的には苦痛を与えてはならないとか丁重に扱うべきだといった判断につながると考えられる。

4. AI・ロボットの道徳的責任

　本節では道徳的責任の主体としての AI・ロボットに対する認知について考える。私たちは道徳的な判断を行う AI・ロボットをどのような存在として理解し，それに対してどのような態度をもつのかということは，AI・ロボットの普及への対応を（普及させるべきなのかということも含めて）考えるうえで重要な問題である。なお，責任という言葉は法的な義務などを含み多義的なものであるが，本章では久木田ら（2017）にならい，行為に対する称賛や非難などの報いという意味で用いる。

　上述したように，AI・ロボットはある程度の行為性をそなえていると知覚されていた。これは現実に開発されている AI・ロボットが計算や記憶，言語処理といった「知的な活動」とされる機能を実現していること，そして報道や娯楽作品を通じて，高い「知的」能力を備えた存在という AI・ロボット像が広まっていることを反映していると考えられる。

　心の知覚と道徳判断の関連を示す知見に照らし合わせれば，行為性があると知覚された AI・ロボットは自身の行為について道徳的責任があると判断される可能性がある。しかしこの点についての実証研究の結果は，それほど明確な結論に至っていない。AI・ロボットが人間に不利益を与える場面（司法判断を行う AI が人種によって偏った判断をする，実験課題での参加者の成績をロボットが誤認識し報酬を減らしてしまうなど）を扱った研究では，AI・ロボットはそれらの行為に関してある程度責任があると判断された（Kahn et al., 2012b; Shank et al., 2019）。このうちカーンらの実験ではロボット以外の機械（自動販売機）との比較も行っており，実験参加者は自動販売機にはほとんど責任を帰属せず，ロボットには責任を帰属した。したがって責任を帰属される機械（ロボット）とそうでない機械は区別されていることがわかる。しかしながら，これらの研究では AI・ロボットに対する責任帰属は人間に対する責任帰属よりも低く，平均値は尺度上の中点を下回っていた。これは，自動販売機などの機械とは区別されるとはいえ，AI・ロボットに責任があるという考えが受け入れられていないことを示唆する結果である。

　「AI・ロボットは責任を帰属されるが，その程度は人間よりも低い」という知見は，グレイらの調査でロボットがある程度の（犬などの動物よりは高いが，人間の成人よりは低い）行為性をそなえていると知覚されていたことと整合するものと言える。今

後の技術の発展により，AI・ロボットが非常に高い行為性を知覚させるほどの自律的な振る舞いを見せるようになれば，それに応じてAI・ロボットも道徳的責任を帰属されるようになるかもしれない。しかし一方で，AI・ロボットがどれだけ高い自律性をそなえたとしても，それらに責任を帰属することは受け入れられないと感じる人も多いのではないだろうか。行為性の知覚と道徳的責任の帰属の関係はそれほど単純ではないのかもしれない。以下ではこの点について，①道徳的責任は行為性の知覚以外の要因も考慮して判断される，② AI・ロボットに対して知覚される行為性は人間の行為性とは異なる，という二つの可能性を指摘する。

　一つ目の可能性は，私たちは道徳的責任について考えるとき，実は責任を帰属した後の対応も考慮しているというものである。古典的な社会的認知の理論では，責任帰属の対象は人間であり，「責任を取る」ことが可能な存在であることは前提となっていたため，「責任を取る」能力が責任帰属の判断に関わる要因として注目されてこなかった。しかしAI・ロボットについて考えると，それらに責任を負わせるとは具体的に何を意味するのか判然としない。少なくとも現時点で多くの人は，罰金や懲役などの刑罰，あるいは周囲の人々からの非難や排斥といった私的制裁がAI・ロボットにとっての罰として意味のある行為であるとは感じないだろう。私たちが道徳的責任について判断するときには，まず責任を帰属することが可能かを判断し，可能であると判断された場合には責任の有無や大きさを判断するという過程があるのかもしれない。そうだとすれば，多くの研究で用いられている測定方法，つまり「○○には責任があるか」という質問項目に「そう思う／そう思わない」の選択肢を用いて回答するといった方法は，責任を帰属できない対象であるという判断と，責任の程度が低いという判断を弁別できていないと考えられる。AI・ロボットに対する道徳的責任の帰属が低いという結果がどのような認知過程を経て生じたものなのか，より詳細な検討が必要だろう。

　二つ目の可能性は，AI・ロボットが行為性をもつように感じられたとしても，それは人間がもつような「真の行為性」とは区別されているというものである。AI・ロボットは人工物であり，その判断・行動は人間が作成したプログラムなしには実現しないということを私たちは知っている。そのため，一見してAI・ロボットの判断や行動がAI・ロボットの意図によって生じたように思えたとしても，人間の行動と同じ意味でAI・ロボットが自らの行動をコントロールしているわけではないのだ，という形で判断の修正が行われる可能性がある。

　社会的認知研究の領域では二重過程モデルに基づく膨大な知見の蓄積があり，人の認知過程には素早く自動的に情報処理が生じるルートと，意識的・分析的な情報処理を要するルートの二つがあることが明らかになっている（総説としてFiske & Taylor, 2008, 第2章）。このモデルを心の知覚に当てはめると，次のように考えることができ

る。すなわち，ハイダーとジンメル以降の数々の研究が明らかにしてきたとおり，人は認知対象の振る舞い（予測が難しい，物理法則に逆らうように見えるなど）を見ることで自動的な情報処理が生じ，人間以外の存在に心を知覚することがある。しかし同時に，認知対象に関する知識（プログラムに従って動く）を用いた意識的・分析的な情報処理が生じることで，心の知覚を抑制することもできる。このような二つの認知過程の存在を想定すると，AI・ロボットに道徳的責任を帰属するためには，意識的・分析的な認知過程でも正当化される形での行為性の知覚が必要なのかもしれない。

これら二つの可能性はどちらも，私たちの認知のしくみがどのようにできているのかという経験的な問題に関係している。今後 AI・ロボットという新たな存在を社会制度の中にどう位置づけるかを議論するうえで，これらの経験的な問題への回答を前もって検討し知見を蓄積しておくことは，議論の妥当性を下支えする足場を作ることであり，社会的認知研究に求められる役割だろう。

AI・ロボットの判断や行動の結果に対する評価だけでなく，そもそも判断や行動をAI・ロボットに任せたいかという問題もある。ビッグマンとグレイ（Bigman & Gray, 2018）の調査では，道徳的な意思決定（患者の意思を確認できない状況で死亡リスクのある治療を実施するか，受刑者を仮釈放するかなど）を AI が行うことは，人間の専門家が行うのに比べて受け入れられないという回答が多かった。そして，AI による判断への否定的な態度は，AI には心がないという知覚（行為性，経験性ともに人間よりも低く知覚されていた）と関連していた。

心の知覚の低さが道徳判断を任せられないという態度につながる理由は検討されていないが，その理由が明らかになれば，AI による道徳判断が社会的に受け入れられるためにはどのような条件を満たせばよいかを議論することが可能になる。一つの可能性は，心の機能の低さが道徳判断を行う能力の不足と見なされるために，AI の判断を信頼できないというものである。つまり，道徳に関して適切な判断を下すためには人間らしい心のはたらき（判断の結果として起こるさまざまな影響を予想する能力や，他者の苦痛に共感する能力など）が必要であると人々は考えており，それらがない AI は適切な判断を行えないと見なされているのかもしれない。この可能性が正しいとすれば，高い自律性をそなえた AI・ロボットを日常的に目にするようになり，それらに心を知覚することが一般的になれば，道徳判断を任せることへの抵抗も自然になくなっていくかもしれない。あるいは，AI の判断過程を人間の認知過程になぞらえて理解できることが AI の判断能力への信頼につながっており，心の知覚がそのような理解の助けになるという可能性もある。その場合には心の知覚以外の方法でも，AI の判断過程を理解できれば判断能力への信頼は高まると考えられる。AI 開発の原則として透明性や説明責任が挙げられている（内閣府，2019）ことは，AI の判断を人間

が理解できることの重要性を示したものと言えるだろう。

5. AI・ロボットの道徳的権利

　次に，道徳的権利の主体としての AI・ロボットに対する認知について考える。道徳的権利の主体であるとは，危害を加えてはならないとか，丁重に扱うべきだといった形で，その対象と相互作用する者に義務が生じることを意味する。私たちは AI・ロボットをそのような義務の対象と認めるのだろうか。

　グレイらの調査ではロボットに対する経験性の知覚は非常に低かった。このことから，ロボットは道徳的権利の主体とは見なされないことが予測される。実際に地雷除去や災害救助といった危険な場所での活動がロボットの有望な活用方法として期待されていることは，ロボットならば危険にさらしてもよいという認識の表れと言えそうである。しかし一方で，ペットロボットの葬儀を営む人がいたり，ロボットを蹴飛ばす動画に非難のコメントが寄せられたりと，ロボットを丁重に扱う義務を認識していると解釈できる出来事はすでに現実のものとなっている。人間を危険にさらさずに済むことが利点のはずの軍事ロボットでさえ，兵士は絆を感じ，ロボットが爆弾で破壊されると取り乱して涙を浮かべる（Singer, 2009）。これらのエピソードからは，ロボットの経験性が知覚されていることが示唆される。とすると，AI・ロボットに対する道徳的権利の帰属や経験性の知覚は状況によって変動するのかもしれない。

　ロボットに対する道徳的権利の帰属は，実験室でのロボットとの相互作用や，日常的にロボットと相互作用するユーザーの反応を通じて検討されている。9歳から15歳の子供を対象とした実験（Kahn et al., 2012a）では，参加者がロボットと会話や簡単なゲームをした後，ロボットは意に反して実験者によってクローゼットに入れられる（実際にはロボットは遠隔操作されている）。その後のインタビューでロボットをクローゼットに入れてもよいかと尋ねると，参加者の54%がよくないと回答した。インタビューではほうきと人間についても同様の質問をしており，ほとんど全員がほうきはクローゼットに入れてよいが人間はよくないと回答している。つまり道徳的な扱いが必要な対象とそうでない対象の区別を理解したうえで，約半数の参加者がロボットは前者に含まれると回答したのである。ただし，ロボットを所有・売買することについては年齢にかかわらず80%以上の参加者が問題ないと回答していることや，ロボットをクローゼットに入れるのはよくないという回答も15歳になると低下する（9歳児57%，12歳児70%，15歳児37%）ことから，子供はロボットを人間と区別しており，発達とともにその区別は明確になっていくようである。

　成人を対象とした研究では，ペットロボット AIBO のオーナーが集まるウェブ上の

掲示板への投稿の分析（Friedman et al., 2003）によると，AIBO に道徳的地位を認める投稿者は 12％しかいなかった。この結果は自発的な投稿の内容を分析したものであるため，88％の投稿者が AIBO の道徳的地位を否定しているわけではない点に注意が必要であるが，AIBO に好意的な態度をもつと想定される人々でも約 1 割の人しか道徳的地位に言及しないという結果からは，ロボットが道徳的権利の主体として受け入れられていると考えることは難しい。一方で他の機械，たとえば冷蔵庫の道徳的地位に言及する人がどれだけいるだろうかと考えると，1 割という数字は注目に値するものかもしれない。

　経験性の知覚と道徳判断の関連については，文章で提示された架空のロボットに関する回答ではあるものの，経験性の一部である「喜びを感じる能力」をロボットに帰属する人ほどロボットに道徳的権利を認め，非道徳的な行為（まだ動くのに捨てる）に抵抗を感じることが示されている（Tanibe et al., 2017）。これは心の知覚と道徳判断の関連を示唆する結果であるが，この結果が実物のロボットでも成り立つかは未検討の問題である。また，上述のカーンらの実験では，ロボットに心の機能（知性，感情）があると回答する割合は年齢が上がるにつれて低くなり，道徳的地位に関する質問（クローゼットに入れるのはよくないことだ）と同じパターンを示している。この回答パターンは心の知覚が道徳判断と関連するという想定に整合するものの，両者の関連は直接には検証されていない。

　これらの研究結果から現時点で言えることは，一定の条件（それがどのような条件であるかは解明されていないが）を満たしたロボットは他の機械と区別され，道徳的権利の主体と見なされる場合があること，しかし同時に，人間と同じように道徳的権利を帰属されるとは言い難いということである。また，ロボットが心，とくに経験性をもつという知覚がロボットに対する道徳的権利の帰属につながる可能性も示されているものの，実証的な証拠はまだ不十分という状況である。

　ここまで，人がロボットに対してどのような知覚や行動を示すかという観点から研究を紹介した。次に，少し観点を変えて，ロボットに対して何らかの行動をとることがロボットに対する知覚を変化させることを示した研究を紹介する。ウォードら（Ward et al., 2013）は認知対象自身の振る舞いではなく，認知対象が周囲からどのように扱われるかによって心の知覚が変化するという現象を明らかにした。彼らの実験では，参加者は「科学者がソーシャルロボットをいじめてセンサーをメスで突く」というシナリオを読んだ後，このロボットの心の機能を評定した。すると，加害行為が起きていないシナリオを読んだ統制群の参加者と比べて，加害行為のシナリオを読んだ参加者はロボットの心の機能を高く評定したのである。

　周囲からの扱われ方，とくに道徳的[2]な意味合いをもつ扱われ方（親切にされる，危

害を加えられるなど）によって認知のされ方が変化するという現象は道徳的な二項関係の補完（dyadic completion）と呼ばれる。人は基本的に，道徳的な行為を「意図をもった行為者と，その行為によって快・不快を感じる被行為者」という二項関係に当てはめて理解しており（Gray & Wegner, 2012），一見して道徳的に見える行為（たとえば，理由もなく傷つける）が存在すると，その行為を意味あるものとして理解するために被行為者の心の状態を補って知覚してしまうと解釈されている。なお，ウォードらは道徳的に悪い行為（加害）のシナリオのみを扱ったが，筆者らの研究（Tanibe et al., 2017）では道徳的によい行為（故障を修理する）でもロボットに対する心の知覚が高くなることが確認されている。

　これらの研究は架空のシナリオに登場するロボットを扱ったものであるため解釈には慎重でなければならないが，ロボットが普及した社会のあり方を考えるためのヒントを与えてくれる。グレイらの調査ではロボットは経験性をほとんどもたない存在として認知されていた。この結果は私たちの素朴な実感と整合するものだと思われる。現代の多くの人にとって，ロボットへの加害を人間への加害と同じように非難したり，ロボットにも人権（ロボット権？）があると主張したりすることは奇異に感じられるだろう。しかし将来，家庭用ロボットが普及し，商業施設に行けば接客ロボットと会話をすることが当たり前になれば，ロボットを心をもつ存在として扱うことは自然に受け入れられるようになるかもしれない。実際，ペットロボットのために葬儀を営む人たちがいることはすでに述べたが，ロボットと共に生活してきた人々にとって，そのロボットをただの機械から区別するのは自然なことだったのではないだろうか。さらに時代が進み，幼少期からロボットに囲まれて育つ世代の人々にとっては，それらを心のない存在として見ることの方が受け入れ難く感じられるかもしれない。このような社会の変化が実際に生じるか，現時点で何らかの結論を示すことはできないが，現在の一般的な認識が将来もそうだとは限らないということは意識しておく必要があるだろう。

　歴史を振り返れば道徳的権利を認められる対象の範囲は時代とともに変化してきた。たとえば女性や奴隷に人権があるとは考えられなかった時代があるし，動物の道徳的権利が認識されるようになったのはもっと最近のことである。ロボットもこれらの存在と同様に，道徳的権利の主体に加えられるのかもしれない。

　ただし，ロボットの道徳的権利について考える際に注意することが少なくとも二つある。一つはロボットの多様性である。ロボットという言葉は非常に幅広い種類の機械を指し，その中には心を知覚しやすいものもあればそうでないものもある。「ロ

2　［前ページ］ここでは「道徳的」という言葉は「善悪の観点から評価される」という意味合いで用いており，「道徳的によい」という含意はない。

ボット」とひとくくりにするのではなく，多様なロボットがそれぞれどのように知覚されるのか詳細に検討し，それぞれがどのような道徳的地位に値するのか，多様なロボット間での線引きをどのように定めるのかといった問題について社会的な合意を形成する必要がある。

　二つ目の注意点は，ロボットは人工物であり，人間が自由に設計できるということである。つまり，ロボットに対する知覚がロボットへの道徳的権利の帰属を規定するだけでなく，ロボットにどのような道徳的権利を認めるべきかという観点から，適切な心の知覚を引き出すロボットを設計することが可能である。これは環境を操作することによる心の知覚への介入（鈴木，2019）ということができる。仮に今後の議論によって，ロボットを道徳的権利の主体と見なすべきではない，あるいはその権利に限度を設けるべきであるという合意がなされれば，過度に心の知覚を生じさせないロボットの設計が求められるようになるかもしれない。

6. 日常場面における人とロボットの相互作用

　本節では，人とロボットの相互作用を研究するヒューマン・ロボット・インタラクション（HRI）の研究知見を参照しながら，社会的認知の対象としての AI・ロボットの特徴を議論する。

　松本と塚田（2014）はコミュニケーション・ロボット「プリモプエル」を高齢者に預けて 7 か月間生活してもらい，高齢者がロボットをどのような存在として受け入れているかをインタビューや観察を通じて検討した。それによれば，ロボットを預かった高齢者はロボットが機械であることを明確に意識し，人間のような振る舞いを模しているにすぎないことを理解しながら，同時に，ロボットの発話に返答し，そのやりとりを「嬉しい」「元気づけられる」と肯定的に受け取っていた。

　また，ペットロボット AIBO のオーナーのオフ会（インターネット上の掲示板などで知り合った人が対面で交流する会）で参与観察を行った久保（2015）は，オーナーの多くが AIBO を動物のペットとは異なるものと見なし，むしろ両者を同一視する見方を「あまりに短絡的」と語っていることを報告している。しかし一方でオーナーたちは AIBO を「家族の一員」と呼び，開発者に言わせれば偶然や機能不全でしかない動作に「やんちゃ」という個性を見出すなど，他の家電製品とも異なる存在として受け入れていたのである。

　コミュニケーションや愛玩以外の用途で設計されたロボットでさえ，社会的な相互作用の対象となることがある。掃除ロボットのルンバのオーナー 379 名に対するアンケート調査（Sung et al., 2008）では，回答者のうち 36%がルンバに性別を当てはめ

（ルンバを男性と見る人と女性と見る人の割合は同程度だった），23%がルンバに名前をつけていた。それらよりも割合は下がるが，ルンバにパーソナリティを当てはめる（12%），話しかける（11%）という回答もあった。掃除ロボットであることを理解して購入したにもかかわらず，本来の用途である掃除とは無関係な扱い方をするユーザーが一定数存在することは，多様な対象に心の存在を見出す人間の認知傾向の強さをうかがわせる。

　これらの研究から浮かび上がるのは，ただの機械ではなく，かといって人間や動物と同じでもない，新たな存在として認知されるAI・ロボットの姿である。もしもAIBOのオーナーがAIBOに犬と同じ振る舞いを期待していたら，犬とAIBOの差異の大きさに失望していただろう。他方でAIBOをテレビゲーム機のような娯楽用の機械と捉えるとすれば，AIBOを動かして楽しむことはしても，AIBOを家族の一員と呼んだり，葬儀を行ったりするほどの愛着をもつことは難しそうである。そのどちらでもなく，人間・動物とも機械とも異なる新たな存在として位置づけられることで，ロボットはユーザーから肯定的な評価を受け，彼らの生活の中に溶け込むことができているように思われる。

　ほかにも，自律型ではなく遠隔操作型のロボットを用いた例ではあるが，他者とのコミュニケーションに困難を抱える人へのケアにロボットを導入する試みも行われている（小嶋，2014；西尾，2015）。これらの現場では，普段は他者と積極的に相互作用していなかった認知症の高齢者や自閉症児が，遠隔操作ロボットに対しては言語や身体的接触を通じて働きかけていく様子が見られた。ロボットの何が要因となったのかはわからないが，人間とは異なるものと認知されたからこそ，人間に対するのとは異なる積極的な働きかけを引き出せたのだろう。小嶋（2014）が「ヒトらしさ・モノらしさを兼ね備えたロボットだからこそできる自閉症療育」（p. 112）と表現しているとおり，人間とは異質な存在であることがむしろ好影響をもたらす場合もあることは，人とAI・ロボットの関係を考える際に留意しておく必要がある。

7. おわりに

　本章ではAI・ロボットに対する社会的認知について，道徳的責任の主体としてのAI・ロボット，道徳的権利の主体としてのAI・ロボット，そして日常生活の中での人とロボットの相互作用という3つの観点から研究を概観してきた。今すぐにAI・ロボットが道徳的責任や権利の主体として認められることは難しいだろうが，今後AI・ロボットが普及するなかで私たちがそれらをどのような存在として認知するか次第で，AI・ロボットの道徳的地位に関する私たちの考えは変化していく可能性がある。その

変化について考えるうえで，日常場面での人とロボットの相互作用に焦点を当てた研究は注目に値する。現状ではロボットが道徳的な主体として扱われているとは言い難いが，他の家電製品とは異なり，ロボットを社会的相互作用の相手として認知する人々が一定数存在することは確かなようである。そして彼らはロボットを人間や動物と同一視するのではなく，むしろそれらとは異なる新たな存在として認知しているからこそ，ロボットを肯定的に受け入れられていると考えられる。AI・ロボットを人間とも従来の機械とも異なる新たな位置づけの存在として理解することが一般的になれば，道徳判断においても，AI・ロボットに人間と同じ責任や権利を認めるという単純な話ではなく，AI・ロボットに関する新たな道徳的な規則が徐々に形成されていくのかもしれない[3]。ただし，第5節でも述べたようにAI・ロボットは人間が自由に設計できるという特徴があるため，AI・ロボットをどのように扱うかという問題と，どのようなAI・ロボットを作るかという問題は相互に影響し合う。そのためAI・ロボットを開発する工学者，計算機科学者と，社会への影響を考える法学者，倫理学者，社会心理学者などが研究開発の段階から議論を重ねることが，AI・ロボットが社会にスムーズに受け入れられるために重要になるだろう。

引用文献

Barrett, J. L., & Johnson, A. H. (2003). The role of control in attributing intentional agency to inanimate objects. *Journal of Cognition and Culture, 3*, 208-217.

Bigman, Y. E., & Gray, K. (2018). People are averse to machines making moral decisions. *Cognition, 181*, 21-34.

Epley, N., Waytz, A., Akalis, S., & Cacioppo, J. T. (2008). When we need a human: Motivational determinants of anthropomorphism. *Social Cognition, 26*, 143-155.

Fiske, S. T., & Taylor, S. E. (2008). *Social cognition: From brains to culture* (3rd ed.). New York, NY: McGraw-Hill.（フィスク, S. T.・テイラー, S. E. 宮本 聡介・唐沢 穰・小林 知博・原 奈津子（編訳）(2013). 社会的認知研究——脳から文化まで—— 北大路書房)

Friedman, B., Kahn, P. H. Jr., & Hagman, J. (2003). Hardware companions? What online AIBO discussion forums reveal about the human-robotic relationship. *Proceedings of the 2003 Conference on Human Factors in Computing Systems* (pp. 273-280). Fort Lauderdale, Florida, USA.

Gray, H. M., Gray, K., & Wegner, D. M. (2007). Dimensions of mind perception. *Science, 315*,

---

3　道徳的な規則が対象によって異なる形で適用される例として，動物の道徳的権利がある。犬や猫を殺すと動物愛護管理法に基づいて処罰されるし，法律上の規定を知らなくても，ものを破壊するのとは違った「悪さ」を感じる人が多いのではないだろうか。ペットを飼ってかわいがっている人ならばなおさらだろう。一方で，首輪や柵で行動を制限したり売買したりという，人間に対して行えば道徳に反すると思われる行為をペットに対して行うことはおおむね許容されているし，それを許容できない人はペットを飼っていないだろう。私たちは動物を道徳的権利の主体と見なしているが，決して人間と同じ扱いを認めているわけではないのである。

619.

Gray, K., & Wegner, D. M. (2012). Morality takes two: Dyadic morality and mind perception. In M. Mikulincer & P. R. Shaver (Eds.), *The social psychology of morality: Exploring the causes of good and evil* (pp. 109-127). Washington, DC: American Psychological Association.

Heider, F., & Simmel, M. (1944). An experimental study of apparent behavior. *The American Journal of Psychology, 57*, 243-259.

平野 晋 (2017). ロボット法──AIとヒトの共生にむけて── 弘文堂

人工知能学会 (監修) (2016). 人工知能とは 近代科学社

Kahn, P. H. Jr., Kanda, T., Ishiguro, H., Freier, N. G., Severson, R. L., Gill, B. T., ... Shen, S. (2012a). "Robovie, you'll have to go into the closet now": Children's social and moral relationships with a humanoid robot. *Developmental Psychology, 48*, 303-314.

Kahn, P. H. Jr., Kanda, T., Ishiguro, H., Gill, B. T., Ruckert, J. H., Shen, S., ... Severson, R. L. (2012b). Do people hold a humanoid robot morally accountable for the harm it causes? *Proceedings of the 7th ACM/IEEE International Conference on Human-Robot Interaction* (pp. 33-40). Boston, Massachusetts, USA.

小嶋 秀樹 (2014). ロボットとのやりとりに意味が生まれるとき 岡田 美智男・松本 光太郎 (編) ロボットの悲しみ──コミュニケーションをめぐる人とロボットの生態学── (pp.101-124) 新曜社

久保 明教 (2015). ロボットの人類学──二〇世紀日本の機械と人間── 世界思想社

久木田 水生・神崎 宣次・佐々木 拓 (2017). ロボットからの倫理学入門 名古屋大学出版

松本 光太郎・塚田 彌生 (2014). ロボットの居場所探し 岡田 美智男・松本 光太郎 (編) ロボットの悲しみ──コミュニケーションをめぐる人とロボットの生態学── (pp. 39-68) 新曜社

内閣府 (2019). 人間中心のAI社会原則 〈https://www8.cao.go.jp/cstp/aigensoku.pdf〉 (2020年7月9日閲覧)

西尾 修一 (2015). 遠隔操作アンドロイドを通じて感じる他者の存在 苧阪 直行 (編) ロボットと共生する社会脳──神経社会ロボット学── (pp. 141-174) 新曜社

Shank, D. B., DeSanti, A., & Maninger, T. (2019). When are artificial intelligence versus human agents faulted for wrongdoing? Moral attributions after individual and joint decisions. *Information, Communication & Society, 22*, 648-663.

Singer, P. W. (2009). *Wired for war: The robotics revolution and conflict in the 21st century*. New York, NY: Penguin. (シンガー, P. W. 小林 由香利 (訳) (2010). ロボット兵士の戦争 NHK出版)

Sung, J.-Y., Grinter, R. E., Christensen, H. I., & Guo, L. (2008). Housewives or technophiles? Understanding domestic robot owners. *Proceedings of the 3rd ACM/IEEE International Conference on Human-Robot Interaction* (pp. 129-136). Amsterdam, Netherlands.

鈴木 貴之 (2019). 心の概念を工学する：哲学の側からの応答 戸田山 和久・唐沢 かおり (編) 〈概念工学〉宣言！：哲学×心理学による知のエンジニアリング (pp. 88-106)

Tanibe, T., Hashimoto, T., & Karasawa, K. (2017). We perceive a mind in a robot when we help it. *Plos One, 12*: e0180952.

Ward, A. F., Olsen, A. S., & Wegner, D. M. (2013). The harm-made mind: Observing victimization augments attribution of minds to vegetative patients, robots, and the dead. *Psychological Science, 24*, 1437-1445.

Waytz, A., Morewedge, C. K., Epley, N., Monteleone, G., Gao, J.-H., & Cacioppo, J. T. (2010). Making sense by making sentient: Effectance motivation increases anthropomorphism. *Journal of Personality and Social Psychology, 99*, 410-435.

第11章

組織における社会的認知

池田浩

　組織が存続し続けるためには持続的な成長とそれを支える成果が求められる。その
ため，組織においては合理的なマネジメントやそれに基づく効果的な行動が探求され
てきた。しかし，組織は合理性だけで機能するわけではない。本章では，組織におけ
るリーダーとフォロワーとの関係性におけるリーダーシップ過程に着目し，そこにお
ける社会的認知が果たす役割と機能について議論する。まず，リーダーの視点から，
効果的なリーダー行動を支える社会的認知としてのスキーマの機能について概観する。
次いで，フォロワーが管理者のリーダーシップをどのように解釈して評価するか，
フォロワーによるリーダーシップ認知のメカニズムを理解する。最後に，フォロワー
の活動とそれに後続するパフォーマンスに関するリーダーの原因帰属について議論す
る。

1. はじめに

　いかなる組織も何らかの課題に取り組んでいる。課題を遂行して期待される成果を
上げるために，組織では業務内容に応じた分業（水平方向の分業化）を行い，職場ご
とに複数の成員が協力して課題に取り組んでいる。同時に，職場ごとに効率的に連携
するために，職場集団を率いる管理者（リーダー）と複数の成員（フォロワー）とい
う垂直方向の分業もなされている（Schein, 1980）。こうした組織経営では数多くの成
員を束ねて，そして目標達成に向けて動機づけるために，古くから合理的なマネジメ
ントがなされてきた。とくに，成果主義や目標管理制度など人事評価制度，あるいは
組織における機能や事業内容ごとに集団を構成する組織構造，成員一人ひとりの職務
が定義されている職務記述書などはその代表的な例と言える。
　しかしながら，現実に組織に所属する成員がつねに合理的に行動するわけではない。
人々の行動の背景には，種々の状況や刺激をどのように解釈して，意味を生成するか，
すなわち認知的なメカニズムが介在している。本章では，組織においてとくにリー

ダーとフォロワーとの間に生まれるリーダーシップ過程に着目する。そして，リーダーシップ過程におけるリーダーとフォロワーの社会的認知の役割について議論する。

2. 社会的認知の視点から見たリーダーシップ過程

[1] リーダーシップ過程を巡る変遷

　リーダーシップとは，集団目標に向けてなされる対人的な影響力を意味する。そのため，リーダーシップ研究では古くから，経営者や管理者などのリーダーの行動が，成員やスタッフ，メンバーなどと称される別の人物の態度や意欲，さらには行動をいかに変えるかについて関心が寄せられてきた。たとえば，2要因論（構造づくり，配慮：Halpin & Winer, 1957）やPM論（三隅，1984），変革型リーダーシップ（Bass, 1985）などの理論は代表的なアプローチであるが，これらはリーダーからフォロワーに対する一方向的な影響過程を扱ってきたと言える。

　他方，最近ではこれまでリーダーシップの受け手であったフォロワーの存在と役割の重要性が認識され始めている。米国カーネギーメロン大学のロバート・ケリー（R. Kelley, 1992）は，組織のパフォーマンスに対してリーダーによる貢献度はわずか10〜20％にとどまるのに対し，フォロワーシップのそれは80〜90％も占めていることを主張している。そして，効果的なフォロワーシップのスタイルを提案している（R. Kelley, 1992）。

　このように，リーダーとフォロワーのそれぞれの立場から効果的な行動を明らかにしながら，両者におけるダイナミクスな関係性を解明しようとする研究が進んできている。しかし，現在までのリーダーシップ研究において決定的に欠けていた視点がある。それは，リーダーとフォロワーそれぞれの認知プロセスである。これらは，リーダーシップ研究において長年未解明であったブラックボックスと言える。

[2] リーダーシップ過程におけるブラックボックスとしての「社会的認知」

　リーダーシップ過程において社会的認知を組み込んで描いたのが図11-1である。従来の伝統的なリーダーシップ論では，上述のようにフォロワーに影響力を与え，そして大きな成果を実現する効果的なリーダーシップのあり方が探求されていた。図11-1で言えば，②リーダー行動に焦点が当てられていたと言える。

　それに対して，近年，フォロワーの主体的な役割や行動を明らかにしたケリーらの議論（R. Kelley, 1992）は④フォロワーの対応（働きかけ）を探求したアプローチと言える。しかし，両者の行動は，真空の空間で発生するわけではない。すなわち，それぞれの行動や働きかけの契機となり，そして環境や状況，あるいは相互の存在を解釈

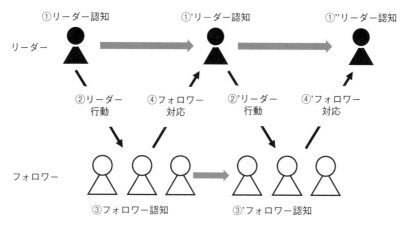

図 11-1　リーダーとフォロワーとの相互作用によるリーダーシップ過程

して意味づけをする社会的認知の役割が存在する。図 11-1 で言えば，①リーダー認知と③フォロワー認知である。

　社会的認知研究は，1970 年代後半に認知革命をきっかけとして人間を情報処理システムとして捉えるようになり，それが社会心理学においても広く普及するようになってきた。ところが，同じ社会心理学や近接する産業・組織心理学の分野におけるリーダーシップ研究であっても，社会的認知の存在について実証的に検証した研究はいまだ希少に留まっている。

　その理由は，リーダーシップ研究が，心理学をはじめ経営学や政治学，社会学の分野を横断する学際的なテーマであることに起因すると考えられる。さらに，学術的にも実務的にも，リーダーシップに関わる主要な関心が，観察可能で，リーダーシップのトレーニングにも適用可能なリーダーの行動にあったからであると思われる。

　リーダーシップ過程における「認知」の役割について概観すると，たとえば②リーダー行動について，どのようなリーダーシップが発揮されるかは，組織の環境や職場において取り組む課題，フォロワーとの関係性などの種々の情報をリーダーが解釈して，処理するかに依存するはずである。また，②リーダー行動に後続する③フォロワー認知についても，古くからフォロワーはリーダーの行動について現実世界をそのまま認識しているわけではなく（古川，1972），集団の業績の成否などによってもバイアスの影響を受けることが示唆されている。そして，フォロワーがリーダーシップをどのように解釈するかによって，その後の反応や対応，そしてリーダーに対する働きかけも変わりうるだろう。すなわち，リーダーとフォロワーが示す行動が生起する意味を理解するうえでも，両者の心理に流れる「社会的認知」を理解する必要がある。

　以下の内容では，主にリーダーとフォロワーの社会的認知に焦点を当てながら，リーダーシップ研究におけるブラックボックスを明確にしていく。

3. リーダーの社会的認知とリーダー行動

　従来のリーダーシップ研究においては，リーダーが発揮する行動がフォロワーのモチベーションやパフォーマンスに与える影響が分析されてきた。しかし，同じ組織であっても，リーダーによって見せる行動には違いがあり，またリーダーは種々の状況の変化に応じて行動を変容させる。また，リーダーが成熟するにつれて見せる行動もより効果的になっていく。

　しかし，リーダー行動がなぜ，どのように生まれているかについては，リーダーシップ研究においてほとんど看過されてきた問題である。それを説明する原理が，リーダーの社会的認知である。すなわち，組織において，経営者や管理者，マネージャーと呼ばれるリーダーが部下などのフォロワーに対する働きかけは，リーダーの社会的認知によって生起すると言える。しかも，その社会的認知には，従来の関連する研究を整理すると，意識，前意識，あるいは非意識レベルの三つに大別することができると考えられる。

[1] 意識レベルとしての目標設定と自信

　1) リーダーの目標設定　　リーダー行動の生起過程に着目した萌芽的研究が，リーダー行動の動機論に関する研究である。その中で，古川（1979）は，リーダーによる目標設定に注目している。すなわち，組織では，職場集団の状況によってリーダーの見せる行動には多様性が見られる。たとえば，職場集団に課せられた課題や部下集団の成熟度の違いが存在するが，古川（1979）は，リーダーは自部署の状況を考慮し，そこに最も適切と考えられる目標を設定すること，そしてこの目標の差異がリーダーとしての行動の違いと関連していることを実証的に明らかにしている。すなわち，職場状況がリーダーにとってきわめて不利あるいは有利な状況の下では課題志向的な職場目標（部下の仕事意欲を高める，職場の業務目標の達成，秩序ある職場づくり）を設定し，他方で集団状況が中程度に有利なときには集団志向的な職場目標（部下との信頼感をつくる，和やかな雰囲気づくり）を設定する。そして，課題志向的な目標を設定したリーダーは課題志向的なリーダー行動を，他方で集団志向的な職場目標を設定したリーダーは関係志向的リーダー行動をそれぞれ多く行使していることを明らかにしている。古川のモデルは，職場集団を取り巻く状況に関する情報を解釈し，それを踏まえた目標を設定することが，その後のリーダー行動を規定していることを示し

ている。

2）リーダー行動の可能感としての自信　　リーダーとして必要な行動を実行できる可能感としてのリーダーの自信（池田・古川，2005）も，リーダー行動を生起させる要因である。その自信とは，リーダーとしての経験によって獲得されるものである。リーダーを取り巻く状況が安定した状況であれば，自信の高さに関わらずリーダーは必要な行動に着手していたものの，困難な状況においては高い自信を有するリーダーほど必要な行動に着手していることを明らかにしている（池田，2008）。さらに，高い自信を有するリーダーほど，状況に応じて相応しい役割行動に着手する「行動の柔軟性」を備えている可能性も示唆されている（池田・古川，2005）。

　これらのリーダーの目標設定や自信は，社会的認知の中でも意識的なプロセスを扱っていると言える。

［2］前意識レベルとしての人間観・価値観

　社会的認知の前意識レベルとは，通常は意識されずに長期記憶として貯蔵されているが，何らかの機会や本人が努力すれば意識化されるものである。リーダーが保有する信念や価値観とも言える。リーダー行動につながる社会的認知の中でも，とくに前意識レベルに位置づけられるものが，古典的ではあるがマクレガー（McGregor, 1960）のXY理論と，最近のサイ（Sy, 2010）による暗黙のフォロワーシップ理論である。

1）XY理論　　マクレガー（McGregor, 1960）は，マズローの欲求階層説（Maslow, 1954）の考え方に基づきながら，組織で働くマネージャー（リーダー）に対して「人はどのようなときに頑張ると思うか，どうやって部下にやる気をださせているか」について尋ねた。そして，リーダーが部下について抱く労働者としての人間観には大きく二つのタイプがあることを見出している。一つは，X理論（Theory X）と呼ばれるものであり，「元来，人間は怠け者であり，強制されたり，命令されたりしないと仕事をしない」というものである。もう一つは，Y理論（Theory Y）と呼ばれるものであり，「元来，人間は仕事を望ましいものと考えており，条件によっては自ら進んで取り組み，また責任を負おうとする」という考え方である。なお，ここで用いている「理論（theory）」とは，通常，学問分野で使用されるように，数多くの実証的な知見に基づいて構築される普遍的な原理として用いているわけではなく，私たちが抱く考え方や価値観を意味するものとして用いられている。すなわち，マネージャーであるリーダーが部下という存在をどのように考えているかを，二つに整理したものと言える。

　X理論とY理論は，労働者のモチベーションのあり方を説明するだけでなく，マクレガーは管理者（リーダー）が部下（フォロワー）に対するマネジメントについても

言及している。X 理論を保持するリーダーは，部下をアメとムチ（報酬と罰）や指示・命令でマネジメントしようとするのに対して，Y 理論をもつリーダーは仕事の機会を提供したり，権限を委譲しながらフォロワー中心的なマネジメントを取ろうとすることが主張されている。

　2) 暗黙のフォロワーシップ理論　　最近では，リーダーが抱くフォロワーシップに関する暗黙の価値観を捉えようとする研究が始まっている。その先駆的な研究を行ったサイ（Sy, 2010）は，製造業に勤務する 149 名のマネージャーを対象にリーダーの考えるフォロワーのプロトタイプについて尋ねた。その分析の結果から，肯定的な要素からなるフォロワーシップ・プロトタイプ（勤勉，熱心，良き市民）と，否定的な要素からなるフォロワーシップ・アンチ・プロトタイプ（順応，不服従，無能）に類型化している。

　さらに，その後の調査結果から，リーダーが肯定的なフォロワーシップ・プロトタイプを保有している場合には，フォロワーによるリーダーへの好意やリーダーとの関係性（LMX），リーダーへの信頼，フォロワーの職務満足と正の関連性を示していた。それに対して，リーダーが不定的なフォロワーシップ・プロトタイプを保持していると，フォロワーに対してネガティブな効果をもち，さらにそれは業績にも結びつくことが明らかにされている。

　二つの理論は，リーダーが部下という存在をどのように考えているかの人間観のもち方によって，その後のリーダー行動が左右されることを示している。

［3］非意識レベルとしてのリーダーの知識構造と活性化

　リーダーの行動は，リーダーが普段明確に意識していない自身が保有する知識群によっても左右される。心理学においては，ある対象や出来事，情報に関する構造化された知識のことを「スキーマ（schema）」と呼ぶ。この長期記憶に蓄えられたスキーマを保有することで，人は情報に対する選択的注意や解釈，意味生成を促すだけでなく，それに関わる予測や推論も可能にする（池上・遠藤，2008）。またスキーマは，さまざまな知識群の内容によっていくつかの種類が存在するだけでなく（パーソン・スキーマ，役割スキーマ，イベント・スキーマ，セルフ・スキーマ），それぞれの知識がネットワークとして結びつき，そして何らかの刺激や情報によってスキーマが活性化する（Fiske & Taylor, 1991）。

　組織経営の管理者であるリーダーも，部下に関するスキーマ（パーソン・スキーマ）や，管理者としてのあるべき役割（役割スキーマ），ある状況において管理者として取るべき行動の手順（イベント・スキーマ，スクリプト）を保有している。そして，経営環境や部下のパフォーマンス（業績），課題内容（業務）などの外的な刺激，リー

ダー自身の自信や期待などの内的な刺激によって，リーダーの保有する各種のスキーマは活性化されて，リーダー行動に影響を及ぼすことになる。このことから，スキーマの内容や活性化のあり方によって，リーダーによって行動に多様性が生じることも想像に難くない。実際，2000年頃からリーダーが長期記憶に保持する記憶構造と，リーダーシップとの関連性を明らかにする研究も稀少であるが報告されている（Mumford, Zacaro, Harding, Jacobs, & Fleishman, 2000; Wofford & Goodwin, 1994）。さらに，上述したリーダーの社会的認知のうち，意識レベルである目標や自信，前意識レベルである人間観・価値観は，スキーマの内容と活性化に影響を及ぼすことで，後続するリーダー行動を左右するとも考えられるだろう。

1）リーダーシップに関わるスキーマ　　リーダーのスキーマとリーダー行動との関係についてウォフォードらの研究グループは実証的な検討を進めている（たとえばGoodwin, Wofford, & Boyd, 2000）。ウォフォードとグッドウィン（Wofford & Goodwin, 1994）は，変革型リーダーや交流型リーダーによって示される行動スタイルが異なるのは，両タイプのリーダーが保持する行動に関するスクリプトや部下（フォロワー）に関する考え方（パーソン・スキーマ），リーダー自身の自己認識やなど（セルフ・スキーマ）が異なるからであると主張している。

この仮説を実証するため，ウォフォードら（Wofford, Goodwin, & Whittington, 1998）は，マネージャー（リーダー）96名とその直属部下（フォロワー）157名に調査を行った。マネージャーには，彼らが保持するスキーマとスクリプトを評価するため，彼らがリーダーとしてどう振る舞うべきかについて自由回答式の質問項目に回答を求めた。その記述内容については，内容分析を行い変革型と交流型リーダーのスキーマとして評価した。他方，部下には直属のマネージャーのリーダーシップ（変革型と交流型リーダーシップ）を評価してもらった。その結果，予測どおり，マネージャーのスキーマが変革型であるほど，部下はそのマネージャーについて変革型リーダーシップを発揮していると評価していた。他方，交流型リーダーについても同様の結果が得られている。すなわち，リーダーは彼らが保持するスキーマに基づいて，リーダーシップを発揮していると言える。

ウォフォードら（Wofford & Goodwin, 1994; Wofford et al., 1998）の一連の研究は，管理者のリーダーシップの発揮可能性を考えるうえで理論的にも実践的にも重要な示唆を提供している。すなわち，リーダーシップ行動がリーダーの保有するスキーマに支えられているとすれば，あるリーダーシップの開発を実現するためには，それに関わるスキーマを獲得する必要があるからである（Hooijberg & Schneider, 2001）。

たとえば，バーリングら（Barling, Weber, & Kelloway, 1996）は，経営者層を対象とした変革型リーダーシップ・トレーニング・プログラムにおいて，参加者に変革型

リーダーシップとは何か，どうすればそれを実行できるか，を議論した効果を報告している。この研究におけるトレーニングでは，リーダーに身につけることが期待されるリーダーシップのスキーマを獲得することを意図していると捉えることができる。また，池田・有吉・縄田・山口（2019）もサーバント・リーダーシップに関するトレーニングにおいて，サーバント・リーダーシップに関する知識に加え，なぜそれを発揮すべきか事例を用いた討論を行った効果を検証している。

2) スキーマとリーダーシップ・スタイル　　部下であるフォロワーに関わるスキーマ（パーソン・スキーマ）の活性化も，リーダー行動に影響を及ぼす（Goodwin et al., 2000; Wofford, Joplin, & Comforth, 1996）。すなわち，フォロワーを優れた人物か否かのカテゴリー化によって，異なるパーソン・スキーマが活性化される。たとえば，ウォフォードら（Wofford, Joplin & Comforth, 1996）は，フォロワーの能力とパフォーマンスの良否をそれぞれ操作した場合，リーダーがどのような行動を取るかについて検証している。すると，フォロワーのパフォーマンスが低く，なおかつ能力も低いときに，リーダーは専制的なリーダーシップを取るようになる。これは，フォロワーの能力とパフォーマンスの低さが，否定的なフォロワー像としてのスキーマを活性化させたためであると言える。

さらに，グッドウィンら（Goodwin et al., 2000）は，架空の部下のパフォーマンス（良い成果，あるいは悪い成果）を提示し，そこで回答者自身がリーダーとして取り得るリーダーシップを回答してもらい，その内容から変革型と交流型スキーマとして評価された。その結果，悪い成果のフォロワーに直面した場合には，アメとムチを多用する交流型リーダーシップのスキーマを活性化させ，良い成果の場合には，ビジョンを意識させる変革型リーダーシップのスキーマを活性化させていることが明らかにされている。

4. フォロワーによるリーダー／リーダーシップ認知

これまでリーダーの視点から社会的認知の機能について考察してきた。一方で，フォロワーの視点から考えたとき，古くから関心が寄せられてきた問題が，フォロワーはリーダー経営者や管理者が発揮するリーダーシップをどのように認知しているか，である。図11-1 で言えば③フォロワーの認知にあたる。

実は，リーダーシップ研究では，リーダーシップとは経営者や管理者による働きかけだけでなく，それをフォロワーが受け入れてはじめて，両者の間にリーダーシップという現象が現れると捉えられている。たびたび，リーダーシップを対人的影響力と形容するように，受け手であるフォロワーのリーダーシップの受容が鍵を握っている。

そのため，リーダーシップを測定するほとんどの尺度は，フォロワーによる回答に基づいている。そのときに暗黙の前提とされていることは，フォロワーが評価するリーダーシップの評定は，経営者や管理者であるリーダーの行動や発言をそのまま反映したものである，と言うことである。しかし，これまでの社会的認知研究が示唆するように，人の対人認知は現実世界を正確に反映しているわけではなく，むしろさまざまなバイアスを受けている。では，フォロワーは，どのようにリーダーシップを認知しているのだろうか。

[1] フォロワーによるリーダーシップ認知

　フォロワーがリーダーシップを認知するモデルについては，ロードとマハー（Lord & Maher, 1990; 1991）が認知心理学に基づいたモデルを提案している。認知心理学をはじめ社会的認知研究においては，人間の情報処理には大きく二つの過程（プロセス）があることが知られている。たとえば，対人認知の研究でも，印象形成の2過程モデル（Brewer, 1988）や連続体モデル（Fiske & Neuberg, 1990）などがその代表的なモデルである。これらのモデルに共通して存在する二つの過程とは，情報処理をする際にほとんど注意を要せずに処理する「自動処理過程」と，情報を注意深く合理的に分析しようとする「統制処理過程」である。前者は無意識的，後者は意識的な情報処理とも言える。こうした2過程モデルに準拠しながら，ロードとマハー（Lord & Maher, 1990）はフォロワーのリーダーシップを認知する情報処理の過程として「再認過程（recognition-based process）」と「推論過程（inference-based processes）」を提案している。

　1）再認過程　　再認過程とは，フォロワーが日頃直接関わる上司や管理者のリーダーシップを認識する際の情報処理プロセスである。最初は，フォロワーがリーダーから直接受ける働きかけを認識することから始まる。フォロワーは，そのリーダーの働きかけについてリーダーシップを発揮しているかどうかを判断する。それを判断する準拠枠となるのがフォロワーの保有する暗黙のリーダーシップ理論（implicit leadership theories; Eden & Leviatan, 1975）である。

　暗黙のリーダーシップ理論とは，私たちがリーダーと非リーダーとを区別する行動や特性に関する信念を意味し，ここで用いられる「理論」は暗黙のフォロワーシップ理論と同様に，その人が保有する考え方や人間観を意味して用いられている。暗黙のリーダーシップ理論の知見から，一般的に，リーダーは，非リーダーよりも，魅力的で，支配的であり，男らしく（男性性），パワフルであるべきと考えられてきた（Lord, Brown, Harvey, & Hall, 2001; Smith & Foti, 1998）。そして，暗黙のリーダーシップ理論の内容については，文化間や個人差によっても異なる（Rule et al., 2010）。すなわち，

フォロワーの暗黙のリーダーシップ理論の内容が異なれば，同じ管理者による働きかけであっても，リーダーシップを発揮していると捉えるフォロワーもいれば，そうでないフォロワーも存在することになる。

　最後に，フォロワーはリーダーの働きかけや行動について，自身の保有する暗黙のリーダーシップ理論に適合する場合には，それをリーダーシップとして認知することになる。

　2) 推論過程　　フォロワーによるリーダーシップ認知を説明するもう一つの情報処理プロセスは「推論過程」である。これは，フォロワーにとって直接関わることの少ないリーダーに対するリーダーシップ認知を説明するものである。たとえば，自身が所属する組織の経営者や，テレビやマスコミ等で見聞きする政治家，スポーツの監督などが該当する。それらのリーダーについても私たちはリーダーシップを認めることがある。それを説明する推論過程では，フォロワーはリーダーに関わる出来事や事例を何らかの媒体を通じて知り，そこからリーダーシップがあるかどうかを解釈することになる。

　この推論過程の根底には，出来事や事例に付随する成功や失敗などのパフォーマンスとリーダーシップとを結びつけようとする因果推論が関わっている。すなわち，優れたリーダーほど，効果的なリーダーシップを発揮し，そして高い成果を上げるという推論が働いている。そのため，私たちは成功や失敗の原因を過度にリーダーに帰属しようとする。マインドルら（Meindl, Ehrlich, & Dukerich, 1985）は，こうした組織や集団の業績の原因を，過剰にリーダーシップに求める傾向を「リーダーシップ幻想」（romance of leadership）と呼んでいる。リーダーシップ幻想とは，組織成員にとって重要であるが因果関係の不明確な組織内の出来事や発生したことに関してリーダーシップの観点から理解するという先入観によって認知する現象を意味する。そして，この立場では，リーダーシップとはフォロワーによって社会的に構成されたものとして考える社会的構成主義によるアプローチを取っている。すなわち，リーダーシップをリーダーの行動や資質やリーダーとの相互作用に求めるのではなく，フォロワー間で特定のリーダーの行為に対して認知が共有されることを通じて作り上げられたものと考える。

　マインドルら（Meindl et al., 1985）は，1972年から1982年にかけてウォールストリートジャーナル紙においてフォーチュン誌が発表した優良企業500社より選択した34社の企業でリーダーシップに関する記事の割合と各社の業績との関連について検討している。その結果，リーダーシップに関する記事の年間の掲載割合と対象企業の年間の売上高の伸びが相関していることを明らかにしている。

[2] リーダーシップのカテゴリー化理論

　ロードらは，フォロワーの有する暗黙のリーダーシップ論がリーダーシップ全体の表象（認知）にどのように結びついているかを説明するモデルとして，「リーダーシップ・カテゴリー化理論（leadership categorization theory; Lord et al., 1984）を提案している。具体的には，暗黙のリーダーシップ論はリーダーシップ・スキーマの中に配置され，特性のネットワークがリーダーと非リーダーとのプロトタイプの中に集約されることを提案している。それを表したのが図 11-2 である。

　ここでは，最初に，対象となるリーダーの低次元の知覚的特徴（具体的特徴）が知覚者であるフォロワーの心（社会的認知モジュール：social cognition module）に取り込まれる。そして，これらの特徴は，その後，ターゲットがリーダーもしくは非リーダーのいずれかを解釈するため，共活性化する特性のネットワークとしてのリーダーシップ・スキーマとして統合される。そしてシステムのアプトプットとなる。この意思決定は，リーダーの発生を促す（Lord, Brown, Harvey, & Hall, 2001）。最後に，このカテゴリー化を経て，最終的にリーダーの効果性の認知につながる。逆に言うと，仮にフォロワーがリーダーであると認知しなければ，そのリーダーはフォロワーに影響力を及ぼすことも，効果性を生み出すことも不可能である。

　このリーダーシップのカテゴリー化理論は，暗黙のリーダーシップ論とリーダーのスキーマと統合したモデルとして説明力をもったモデルと言える。

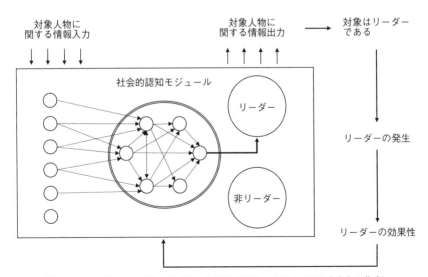

図 11-2　リーダーシップのカテゴリー化理論（Tskhay & Rule, 2018 をもとに作成）

5. リーダーによる原因帰属とリーダー行動

　リーダーは自らの働きかけに対して，フォロワーがどのように行動したのか，また
それに連動したパフォーマンスの如何によっても，その後のフォロワーに対する働き
かけが変わってくる。とくに，フォロワーが取り組んだパフォーマンスの成否だけで
なく，それに至った原因が何であると認識するかが，リーダー行動に違いを与える。
たとえば，リーダーは，フォロワーが優れたパフォーマンスを上げれば，それに対し
て報酬を付与するだろうし，そうでないパフォーマンスであれば罰や叱責などの行動
を行うかもしれない。さらに，低いパフォーマンスであっても，その原因がフォロ
ワーの能力であればコーチングなどの育成支援に向けた働きかけを行うだろうし，ま
た原因がフォロワーの努力に帰属されれば，やる気を引き出そうと罰や叱責を行うか
もしれない。このように，リーダーはフォロワーの行動やパフォーマンスの原因をど
う考えるかが，その後のフォロワーに対する働きかけを左右するのである。図11-1
で言えば，①'リーダーの認知にあたる。

[1] 原因帰属理論

　フォロワーによるパフォーマンスの原因の推論を説明するのが，社会心理学では古
くから着目されてきた原因帰属理論である（Heider, 1958; H. Kelley, 1967; Weiner,
1972）。とくにワイナーら（Weiner, 1972）のモデルは，リーダーシップ研究において，
フォロワーのパフォーマンスに対するリーダーの原因帰属のあり方を考える枠組みに
つながっている（松田，2008）。ワイナーら（Weiner, 1972）による代表的な原因帰属
モデルでは，人は自分自身や他者の業績（パフォーマンス）の原因を探索する欲求を
もつことを仮定している。そして，その業績の原因が，行為者の内的なものによるの
か（能力や努力），あるいは外的なものによるもの（課題の困難度や運）かを考える。
これを統制の所在と呼ぶ。次いで，その原因が今後将来も起こりうる安定したものか，
あるいは今回に限った不安定なものかを考える。これを安定性と呼ぶ。内的な原因で
安定したものは能力であり，不安定な要因は努力になる。他方，外的要因のうち安定
したものは課題の困難度であり，不安定なものは運である。

[2] フォロワーの業績に対するリーダーの原因帰属

　ワイナーによる原因帰属の枠組みをリーダーシップ研究に適用したのがワシントン
大学のミッチェルらの研究グループである（Mitchell, Green, & Wood, 1981; Mitchell
& Kalb, 1981; Mitchell & Wood, 1980）。ミッチェルらは，病院組織の看護師リーダー

を対象とした研究において，とくに看護師リーダーが，フォロワーである看護師の低調なパフォーマンスが生じたときにどのような原因帰属を行い，そしてその後どのような働きかけを行っているかについて，場面想定法やフィールド調査などを用いて明らかにしている。その結果，リーダーがフォロワーの低パフォーマンスの原因について，外的に帰属するよりも内的に帰属（能力ややる気）したときほど，懲罰的な行動を取ることを明らかにしている。これは，リーダーの原因帰属と実際の行動とを時系列的に捉えたギャヴィンら（Gavin, Green, & Fairhurst, 1995）の研究においても支持を受けている。

6. おわりに

　組織におけるリーダーシップを研究対象とする学問分野は，社会心理学，産業・組織心理学，経営学の組織行動論や経営管理論，その他も社会学や政治学など多岐にわたる。学際的な多様な眼差しからリーダーシップという現象を共通言語としてアプローチしようとしたときに，やはり分野を問わずに理解可能なのが，リーダーシップ行動（リーダー行動や働きかけ）である。そのため，現在でもなお，組織経営の環境の変化に応じた多様なリーダーシップ理論が提案され続けている。すなわち，フォロワーを動機づけて，高い成果を実現するためには，リーダーのどのような行動が効果的であるかについての関心が根強い。

　しかし，本章で議論してきたように，リーダーシップという現象が，リーダーとフォロワーとの相互作用で成立することを考えるならば，相互がどのように情報刺激を解釈し，意味を見出しているかの社会的認知の存在は決して見過ごせない重要なプロセスである。とくに，現在もなおリーダーシップ研究において看過され続けている「リーダーの認知」は，リーダーの多様な行動やリーダー行動の柔軟性，さらにはリーダーシップのトレーニングのあり方を理解するうえでも重要な役割を担っていると言える。リーダーシップ研究をさらに進展させるうえでも，今後さらなるリーダーシップ過程における社会的認知の研究が求められるだろう。

引用文献

Barling, J., Weber, T., & Kelloway, E. K.（1996）. Effects of transformational leadership training on attitudinal and financial outcomes: A field experiment. *Journal of Applied Psychology, 81*, 827.

Bass, B. M.（1985）. *Leadership and performance beyond expectations.* New York, NY: Free Press.

Brewer, M. B.（1988）. A dual process model of impression formation. In T. K. Srull & R. S.

Wyer, Jr. (Eds.), *Advances in social cognition, Vol. 1, A dual process model of impression formation* (pp. 1-36). Hillsdale, NJ: Lawrence Erlbaum Associates.

Eden, D., & Leviatan, U. (1975). Implicit leadership theory as a determinant of the factor structure underlying supervisory behavior scales. *Journal of Applied Psychology, 60*, 736.

Fiske, S. T., & Neuberg, S. L. (1990). A continuum of impression formation, from category-based to individuating processes: Influences of information and motivation on attention and interpretation. In M. P. Zanna (Ed.), *Advances in Experimental Social Psychology* (Vol., 23, pp. 1-74). New York, NY: Academic Press.

Fiske, S. T., & Taylor, S. E. (1991). *Social cognition.* New York, NY: McGraw-Hill.

古川 久敬 (1972). 成功あるいは失敗評価がフォロワーのモラールおよびリーダーシップ機能認知に及ぼす効果　実験社会心理学研究, *11*, 133-147.

古川 久敬 (1979). 管理者による職場管理目標の設定過程とリーダーシップ行動　実験社会心理学研究, *19*, 15-24.

Gavin, M. B., Green, S. G., & Fairhurst, G. T. (1995). Managerial control strategies for poor performance over time and the impact on subordinate reactions. *Organizational Behavior and Human Decision Processes, 63*, 207-221.

Goodwin, V. L., Wofford, J. C., & Boyd, N. G. (2000). A laboratory experiment testing the antecedents of leader cognitions. *Journal of Organizational Behavior: The International Journal of Industrial, Occupational and Organizational Psychology and Behavior, 21*, 769-788.

Halpin, A. W., & Winer, B. J. (1957). A factorial study of the leader behavior descriptions. In R. M. Stogdill & A. E. Coons (Eds.), *Leader behavior: Its description and measurement* (pp. 39-51). Columbus, OH: Ohio State University, Bureau of Business Research.

Heider, F. (1958). *The psychology of interpersonal relations.* New York, NY: Wiley.

Hooijberg, R., & Schneider, M. (2001). Behavioral complexity and social intelligence: How executive leaders use stakeholders to form a systems perspective. The nature of organizational leadership (pp. 104-131). San Francisco, CA: Jossey Bass.

池田 浩 (2008). リーダー行動の発生機序におけるリーダーの自信の効果 人間文化, *11*, 49-64.

池田 浩・有吉 美恵・縄田 健悟・山口 裕幸 (2019). サーバント・リーダーは開発可能か？研修を通したサーバント・リーダーシップ開発に関する介入研究　日本グループ・ダイナミックス学会第 66 回大会発表論文集

池田 浩・古川 久敬 (2005). リーダーの自信に関する研究──自信測定尺度の開発およびマネジメント志向性との関連性──　実験社会心理学研究, *44*, 145-156.

池上 知子・遠藤 由美 (2008). グラフィック社会心理学　サイエンス社.

Kelley, E. R. (1992). *The power of followership.* New York, NY: Doubleday.（ケリー, E. R. 牧野 昇 (訳) (1993). 指導力革命──リーダーシップからフォロワーシップへ──　プレジデント社)

Kelley, H. H. (1967). Attribution theory in social psychology. In D. Levine (Ed.), *Nebraska symposium on motivation* (Vol., 15, pp. 192-238). Lincoln, NE: University of Nebraska Press.

Lord, R. G., Brown, D. J., Harvey, J. L., & Hall, R. J. (2001). Contextual constraints on prototype generation and their multilevel consequences for leadership perceptions. *The*

Leadership Quarterly, 12, 311-338.

Lord, R. G., & Maher, K. J. (1990). Alternative information-processing models and their implications for theory, research, and practice. *Academy of Management Review, 15*, 9-28.

Lord, R. G., & Maher, K. J. (1991). Leadership and information processing: Linking perceptions and performance. London: Routledge.

Maslow, A, H. (1954). *Motivation and personality*. New York, NY: Harper.

松田 幸弘 (2008). リーダーシップの帰属モデル 晃洋書房

McGregor, D. (1960). The human side of enterprise. New York, NY: McGraw-Hill.（マグレガー, D. 高橋達男（訳）(1970). 企業の人間的側面 産能大学出版部）

Meindl, J. R., Ehrlich, S. B., & Dukerich, J. M. (1985). The romance of leadership. *Administrative Science Quarterly, 30*, 78-102.

三隅 二不二 (1984). リーダーシップ行動の科学（改訂版）有斐閣

Mitchell, T. R., Green, S. G., & Wood, R. E. (1981). An attributional model of leadership and the poor performing subordinate: Development and validation. *Research in Organizational Behavior, 3*, 197-234.

Mitchell, T. R., & Kalb, L. S. (1981). Effects of outcome knowledge and outcome valence on supervisors' evaluations. *Journal of Applied Psychology, 66*, 604-612.

Mitchell, T. R., & Wood, R. E. (1980). Supervisor's responses to subordinate poor performance: A test of an attributional model. *Organizational Behavior and Human Performance, 25*, 123-138.

Mumford, M. D., Zaccaro, S. J., Harding, F. D., Jacobs, T. O., & Fleishman, E. A. (2000). Leadership skills for a changing world: Solving complex social problems. *The Leadership Quarterly, 11*, 11-35.

Rule, N. O., Ambady, N., Adams, R. B., Jr., Ozono, H., Nakashima, S., Yoshikawa, S., & Watabe, M. (2010). Polling the face: Prediction and consensus across cultures. *Journal of Personality and Social Psychology, 98*, 1-15.

Schein, E. H. (1980). *Organizational psychology* (3rd ed.). Englewood Cliffs, NJ: Prentice-Hall.（シャイン, E. H. 松井 賚夫（訳）(1981). 組織心理学 岩波書店）

Smith, J. A., & Foti, R. J. (1998). A pattern approach to the study of leader emergence. *The Leadership Quarterly, 9*, 147-160.

Sy, T. (2010). What do you think of followers? Examining the content, structure, and consequences of implicit followership theories. *Organizational Behavior and Human Decision Processes, 113*, 73-84.

Tskhay, K. O., & Rule, N. O. (2018). Social cognition and leadership. In J. Antonakis & D. V. Day (Eds.), *The nature of leadership* (3rd ed., pp. 221-243). Los Angeles, CA: Sage.

Weiner, B. (1972). Attribution theory, achievement motivation, and the educational process. *Review of Educational Research, 42*, 203-215.

Wofford, J. C., Joplin, J. R., & Cornforth, B. (1996). Use of simultaneous verbal protocols in analysis of group leaders' cognitions. *Psychological Reports, 79*, 847-858.

Wofford, J. C., & Goodwin, V. L. (1994). A cognitive interpretation of transactional and transformational leadership theories. *The Leadership Quarterly, 5*, 161-186.

Wofford, J. C., Goodwin, V. L., & Whittington, J. L. (1998). A field study of a cognitive approach to understanding transformational and transactional leadership. *The Leadership Quarterly, 9*, 55-84.

第12章

実験哲学と社会的認知

鈴木貴之

　本章の表題を目にして,「実験哲学？なにそれ？」と思った人もいるだろう。哲学は,実験とはもっとも縁遠い学問分野の一つであるように思われるからである。しかし,実験哲学 (experimental philosophy) は,2000 年以降急速に盛んになりつつある研究領域である。その目的は,質問紙調査などの経験的な手法を用いて,伝統的な哲学の問題に関する人々の考えを調査し,そこから何らかの哲学的な結論を導き出すことである。本章では,心,自由意志,道徳という三つの主題を例として,実験哲学研究とはどのようなものであるかを具体的に紹介するとともに,実験哲学研究と社会的認知に関する心理学研究にはどのような相互貢献の可能性があるのかを考えてみたい。そこから見えてくるのは,主題に応じて哲学的な問題の性格は変化し,それとともに,両者の関係もさまざまに変化するということである。

1. 実験哲学とは

　まずは,実験哲学がどのような研究領域であるかを,もうすこしくわしく見てみよう[1]。

　実験哲学は,20 世紀以降英語圏を中心に行われている分析哲学のなかで登場した。分析哲学は,概念の分析,論理的な論証,そしてときには経験的な知見の参照によって,伝統的な哲学の問題の解決に取り組むことを特徴とする。そこで目指されているのは,哲学研究を自然科学研究と同様に,明快で厳密な営みとすることである。

　分析哲学のおもな目的の一つは,哲学的に重要なことがら,たとえば自由や道徳的な善悪といったことがらの本質を解明することである。そしてそのためには,思考実験 (thought experiment),すなわち,さまざまな現実または仮想の事例について考えることが有用である。それらの事例について何が言えるかを考えることによって,たとえば道徳的に善い行為にはどのような事例が含まれるかが明らかになり,それらの

---

[1]　実験哲学の概説としては鈴木 (2020),とくにその第 1 章を参照。

共通点を明らかにすることで，道徳的な善さの本質を明らかにできるからである。

　思考実験を行う際，これまで，哲学者はみずからその事例について考えてみるだけであった。そこでは，さまざまな事例に対する哲学者の反応は典型的なものであり，それが哲学者以外の人々にも広く共有されているということが，暗黙の前提となっていたのである。しかし，近年の文化心理学研究などを踏まえれば，道徳的な善悪に関する人々の反応は，文化によって異なっているかもしれない。また，さまざまなバイアスに関する研究を踏まえれば，私たちの反応は，それほど安定したものではないかもしれない。哲学者の反応は典型的であるということは，経験的に検証可能であり，検証すべき仮説なのである。

　このような問題関心のもと，ラトガーズ大学のスティーヴン・スティッチを中心とした哲学者のグループが，質問紙と統計分析を用いて，さまざまな思考実験に関する一般人の反応を体系的に調査しはじめた。これが実験哲学のはじまりである。

　現在の実験哲学研究には，大きく分けて三つのプロジェクトがある。第一のプロジェクトは，経験的な調査を通じて，ある哲学理論を擁護したり批判したりするというものである。たとえば，功利主義的には許容される行動（5人の命を救うために1人を殺す）に関して，多くの人々はそれが許容できないと考えていることが明らかになれば，功利主義は不利な立場に置かれることになる。このようなプロジェクトは，肯定的プログラム（positive program）と呼ばれる。

　第二のプロジェクトは，思考実験に対する人々の反応が普遍的でないことや安定的でないことを示すことで，思考実験に基づく理論構築の営み自体を批判するというものである。たとえば，道徳的な事例に関する人々の反応が文化によって異なり，かつ，特定の文化に属する人々の反応が正しいと考えるべき理由がなければ，功利主義のような特定の立場の妥当性を文化を超えて論じることはできないことになる。このようなプロジェクトは，分析哲学の従来の方法論自体に対する批判となることから，否定的プログラム（negative program）と呼ばれる。

　第三のプロジェクトは，これら二つのプロジェクトとは大きく異なるもので，人々の反応を生み出す心のメカニズムを解明するというものである。たとえば，さまざまな道徳的な事例に対する人々の反応が，論理的な推論に基づくものなのか，情動に基づくものなのかを，経験的に明らかにしようというのである。このようなプロジェクトは，認知科学としての実験哲学と呼ばれる。

　以上のようなおおまかな説明からも，実験哲学が社会心理学と親和性の高い研究領域であることがわかるだろう。では，両者はより厳密にはどのような関係にあるのだろうか。そして，両者にはどのような協働の可能性が開かれているのだろうか。以下の3節では，両者に共通する主題として，心知覚，自由意志，道徳を取り上げ，それ

ぞれにおける両者の関係を見てみよう。そこからわかることは，両者の関係は主題ごとに異なること，そして，その背景には哲学的な問題の多様性があるということである。

2. 心知覚の社会心理学と実験哲学

　私たちは，ヒトやヒト以外の動物と，机や椅子，植物や小石とを，根本的に異なるものとして扱う。前者は心あるものであり，後者は心をもたないものであるという違いがあるからである。私たちは，私たちが出会うもののうち，あるものだけに心を認めているのである。このような現象は，心知覚（mind perception）と呼ばれる。では，心知覚について，社会心理学と実験哲学は，何を明らかにしているだろうか[2]。

　社会心理学者カート・グレイら（Gray et al., 2007）は，大規模なウェブ調査において，ヒト，動物，ロボットなどのさまざまな対象をペアで提示し，ある心的特性をどちらが多くもつかを回答させた。その結果を分析すると，心には経験性（experience）と行為者性（agency）という二つの次元があることが明らかになった。経験性とは，痛みのような感覚や怒りのような感情を経験する能力のことであり，行為者性とは意図などをもって能動的に行動する能力のことである。人々の回答からは，ヒトの成人は経験性と行為者性の両者を兼ね備えるが，幼児やヒト以外の動物は経験性だけを高くもち，神やロボットは行為者性だけを高くもつと考えられていることも明らかになった。

　心に関するこのような見方は，差別や偏見にも関係している。ニック・ハスラム（Haslam, 2006）は，私たちがある集団を差別し，非人間化するときには，人間に固有の能力（合理性など）をその集団の成員がもつことを否定する場合と，機械と人間を区別する心のはたらき（感情など）をその集団の成員がもつことを否定する場合とがあると言う。これら二つの非人間化のあり方は，それぞれ行為者性の否定と経験性の否定に対応すると考えることができる。

　この区別と関連するもう一つの重要な区別として，行為者性（agency）と被行為者性（patiency）がある。私たちが何かをするとき，とくに道徳的な意味をもつことをするときには，何かをする行為者とその影響を受ける被行為者の2項関係が基本的な図式になると言うのである。グレイとダニエル・ウェグナー（Gray & Wegner, 2009）の道徳的タイプキャスト理論によれば，道徳的な場面では，行為者性と被行為者性は排他的な関係にある。私たちがある人を行為者と見なせば，その人の被行為者性は弱

2　心知覚に関する社会心理学研究とその哲学的意義については，戸田山・唐沢（2019）の第3章を参照。

まる。逆も同様である。また，ある人が行為者と見なされるか，被行為者と見なされるかによって，その人に対する道徳的な評価や処遇は変化する。行為者は行為の結果に対する責任を多く帰せられ，やむをえない場合には危害を加える対象とされやすい。被行為者は責任を軽減され，つねに保護の対象となる。

　これらの研究からわかるように，心知覚は私たちの基本的な認知能力であり，道徳をはじめとするさまざまな社会実践の場面で用いられているのである。

　では，この問題について，実験哲学者はどのような研究を行っているのだろうか。たとえば，ジョシュア・ノーブとジェシー・プリンツ（Knobe & Prinz, 2008）は，人間以外のさまざまな対象（たとえば企業）にさまざまな心的記述を適用した文を実験参加者に提示し，どのような記述が自然であるかを回答させた。彼らの分析によれば，経験性に相当する現象的意識（phenomenal consciousness）に関連する心的状態（痛みや怒りなど）と，行為者性に相当する志向的な心的状態（考えや意図など）は，それぞれ独立の証拠に基づいて帰属されるという。これはグレイらの2分法を支持する研究結果である。

　このような研究からわかるのは，心知覚に関する社会心理学研究と実験哲学研究は連続的だということである[3]。その基本的な理由は，どちらの領域における研究も，前節で紹介した分類のうち，認知科学としての実験哲学に属するものだということである。

　しかし他方で，このことは，心についての哲学研究においては，心知覚の実験哲学研究が，周辺的な位置づけをもつものでしかないことを意味している。「Xは心をもつか？」という問いと「Xは心をもつと私たちは考えるか？」という問いは異なる問いであり，心の哲学において重要な問いは前者である。では，「Xは心をもつか？」という問いに答えるには，どのような作業が必要だろうか。Xの行動に関する経験的な証拠を収集し，Xの行動を理解するためにはどのような内的状態を措定する必要があるかを考える，というような作業だろう。これは，Xについての私たちの常識的な考え方とは独立に検討されるべき問題であるように思われる。たとえば，多くの人は，魚類は痛みを感じないと考えているかもしれない。しかし，魚類の行動や生理学的な構造に関する知見から，魚類の行動を理解するためには魚類にも痛みの感覚を措定する必要があるということが判明するかもしれないのである。

　心の本性に関する哲学的問題を考える際には，当然のことながら，経験的なデータが重要な役割を果たす。しかし，ここで重要な意味をもつデータは，私たちの心知覚

3　実際，ノーブはグレイと共同研究も行っている（Gray et al., 2011）。この研究は，人間の身体に着目することは，心知覚そのものを妨げるのではなく，行為者性の知覚を減じ，経験性の知覚を高めるということを明らかにしたものである。

に関するものではなく，研究対象そのものの行動や内部構造に関するものである。心の問題に関して言えば，実験哲学研究と社会心理学研究の間ではなく，両者と心そのものに関する哲学研究の間にギャップが存在するのである[4]。

3. 自由意志の社会心理学研究と実験哲学研究

　自由意志の問題に関しては，やや事情が異なるように思われる[5]。

　自由意志は哲学の根本問題の一つである。その本質的な問題は，自由意志と因果的決定論の関係である。現在多くの人が受け入れている科学的世界観によれば，原子レベルで見れば，ある時点における世界のあり方と自然法則が定まれば，その後世界がどのように展開していくかは完全に決定される。このような見方は，因果的決定論と呼ばれる。このような考え方は，人間は自由意志をもつという常識的な考え方と両立しないように思われる。私たちが自由意志をもつとは，ある時点において A することも A しないことも可能であり，私たちはいずれかをみずから選択できるということであるように思われる。しかし，因果的決定論が正しいとすれば，そのような選択の余地は存在しないことになるからである。

　この問題に関する哲学的な立場は三つある。第一に，両立論（compatibilism）の支持者は，自由意志と因果的決定論は両立可能であり，それゆえ，科学的世界観が正しいとしても私たちは自由意志をもちうると考える。第二に，リバタリアニズム（libertarianism）の支持者は，すくなくとも人間の行動に関しては因果的決定論は成り立たず，そこに自由意志の余地があると考える。第三に，強硬な決定論（hard determinism）と呼ばれる立場の支持者は，自由意志と因果的決定論は両立不可能で，かつ，科学的世界観は正しいので，私たちはじつは自由意志をもたないのだと主張する[6]。

　この問題に関するこれまでの社会心理学研究は，三つのタイプに分類できる。第一のタイプの研究は，私たちの行動を生み出すメカニズムの研究である。たとえばダニエル・ウェグナーらの研究（Wegner et al., 2004）では，実験参加者が二人羽織状態になり，前の参加者は，さまざまな仕方で手を動かす指示の音声をヘッドホンで聴きながら，後ろの参加者が（本来前の人の手がある場所で）手を動かすのを眺めた。実験の結果，前の参加者は，自分の意志で手を動かしている感じを抱くことがわかった。

4　他方で，心知覚に関する社会心理学研究は，心の本性の解明とは別の形で，興味深い哲学的・倫理的問題を提起する。これについては戸田山・唐沢（2019）の第 3 章を参照。

5　自由意志に関する社会心理学研究とその哲学的意義については，戸田山・唐沢（2019）の第 4 章を参照。また，自由意志に関する実験哲学研究については，鈴木（2020）の第 4 章を参照。

6　自由意志の問題については，Campbell（2011）などを参照。

ウェグナーらによれば，自由意志の感覚は，①意志が行為に先立って生じること，②意志の内容と行為が整合的であること，③意志以外に行為の原因が見当たらないことによって生じるが，この実験条件では①と②が成り立つため，自由意志の感覚が生じるというのである。ウェグナーは，私たちの行動一般においてこれと同様の事態が生じていると主張する。多くの場合，私たちの行動は，みずからが意識する意図とは別の原因によって生み出されている。しかし，私たちはそのことを知らず，意志は行為に先立って生じ，その内容が行動と整合的であるがゆえに，みずからの意志が行動を引き起こしていると感じるのである。しかし，それは事実ではない。ウェグナーによれば，自由意志は「錯覚」なのである（Wegner, 2002）。

　第二のタイプの研究は，私たちの自由意志概念の内実を解明することを目的とするものである。たとえばモンローとマレ（Monroe & Malle, 2010）は，大学生を対象に「自由意志をもつとは何を意味するか？」という質問に自由記述で回答させた。その回答を分析した結果，①決定や選択をする能力，②自分がしたいと思うことをすること，③内外の要因に拘束されずに行動すること，という回答が多く見られた。このような研究を踏まえて，自由意志に関連するさまざまな質問への回答を因子分析することで，自由意志の尺度を構成することも試みられている[7]。

　第三のタイプの研究は，自由意志信念の役割に関するものである。人間は自由意志をもたないと考えれば，私たちのものの見方や行動は，さまざまな点で，自由意志の存在を信じる人とは違ったものになるかもしれない。たとえば，バーグナーとラモンの研究（Bergner & Ramon, 2013）によれば，自由意志信念と責任帰属の間には正の相関が見られると言う。自由意志の存在を信じている人ほど，何かをした人に，その責任を強く帰属させるのである。自由意志信念は，みずからの行動にも影響を与える。ヴォスとスクーラー（Vohs & Schooler, 2008）は，実験参加者に自由意志の存在を否定する文章または自由意志とは無関係な文章のいずれかを読ませ，その後不正行為（テストの自己採点結果の過大申告）の機会を与えた。すると，自由意志の存在を否定する文章を読んだ参加者では，無関係な文章を読んだ参加者よりも，不正行為の割合が有意に多かったのである。

　他方，自由意志に関するおもな実験哲学研究は，第 1 節で紹介した分類のうち肯定的プログラムに属するものである。たとえばナーミアスら（Nahmias et al., 2005）は，実験参加者に因果的決定論が成立する状況を想定させ，そこである人がある行動をとったときに，それが自由意志によるものと言えるかどうかやその人には道徳的責任があるかどうかを尋ねた。多くの人の回答は，そのような状況においても自由意志や

---

[7]　たとえば Paulhus & Carey（2001）がある。

道徳的責任は認められるというものであった。この研究結果から，彼らは，私たちの素朴な自由意志概念は両立論的なものであり，自由意志の問題においては，自由意志と因果的決定論は両立しないと考える側に挙証責任があると主張した。

　これに対して，ニコルズとノーブ（Nichols & Knobe, 2007）は，同じく因果的決定論が成り立つという想定の下，実験参加者に強い感情的な反応を引き起こす犯罪（妻の殺害）とそうでない犯罪（脱税）についての記述を読ませ，それぞれの道徳的責任について質問した。参加者の多くは，前者においては道徳的責任があると回答したが，後者においてはないと回答した。このような結果から，彼らは，両立論的な回答は，シナリオによって怒りなどの感情が引き起こされ，それによって本来の認知プロセスが歪められた結果であり，私たちの本来の自由意志概念は非両立論的であると反論した。

　その後，話はさらに複雑になっていった。ロスキーズとニコルズの研究（Roskies & Nichols, 2008）によれば，因果的決定論が現実世界で成り立つという想定の下では人々の回答は両立論的だが，現実世界とは別の世界で成り立つという想定の下では人々の回答は非両立論的になるという。また，フェルツとコークリーの研究（Feltz & Cokely, 2009）によれば，外向性スコアの高さと，因果的決定論の下で道徳的責任を認めることの間には，正の相関が見られるという。このような研究は現在も続けられており，素朴な自由意志概念の内実はそれほど単純ではないということが明らかになりつつある。

　では，自由意志に関する社会心理学研究と実験哲学研究はどのような関係にあるのだろうか。社会心理学研究には，意思決定のメカニズムに関する研究，素朴自由意志概念に関する研究，自由意志信念の役割に関する研究の三つがあった。ここまでの紹介からもわかるように，第二のタイプの研究は，実験哲学における肯定的プログラムに属する研究と重なる内容をもち，哲学的な自由意志の問題と密接に関連する。

　この点で，心知覚の社会心理学研究と自由意志の社会心理学研究には違いがある。そして，この違いは，哲学的な問題を考えるうえでのリソースの問題と関係しているように思われる。心の本性を解明するという課題においては，心についての私たちの見方だけでなく，心理学や認知科学，神経科学などの知見を参考にすることが可能である。と言うよりもむしろ，おもなリソースはこれらであり，素朴概念は副次的な材料にすぎない。これに対して，自由意志の問題を考える際には，人間の意思決定に関する経験的な知見はそれほどの重要性をもたないように思われる。自由意志に関する哲学的な問題は，自由意志に関する素朴概念と科学的な世界観の衝突にある。ここで鍵となるのは，自由意志の素朴概念の内実である。第二のタイプの社会心理学研究が哲学的に重要な意味をもつのは，このような理由による[8]。

　他方，第三のタイプの研究も，これまで哲学者が十分な注意を払ってこなかった問題に注意を喚起するという点で重要である。これまでも，哲学者は，自由意志を否定することの帰結について考察してきた。しかしそれは，自由意志を否定すれば刑罰の根拠が失われる，あるいは生きる意味が失われるといった，きわめて一般的な考察でしかなかった。これに対して，一連の社会心理学研究は，自由意志信念（やその否定）の役割について，より具体的な知見を与えてくれる。その知見を踏まえれば，哲学者，とくに強硬な決定論者は，私たちは不都合な真実にどう対処すべきかという難しい問題に直面することになるかもしれないのである。

4. 道徳の社会心理学と実験哲学

　道徳もまた，社会心理学と実験哲学の両者において活発に研究されている主題の一つである。

　道徳に関する初期の心理学研究としては，発達心理学的な研究がある。たとえばコールバーグ（Kohlberg, 1969）は，道徳的な問題を考える際の子供の理由づけがどのように発達するかを調べ，慣習的な理由づけからより普遍的な理由づけへと変化することを明らかにした。また，テュリエル（Turiel, 1983）は，子供は，慣習的な規則（「男の子はスカートをはかない」）と道徳的規則（「人を殴ってはいけない」）を早い段階から区別していることを明らかにした。

　2000 年以降になると，哲学者の問題関心により密接に関連する研究が登場するようになった。たとえばグリーンら（Greene et al., 2001）は，トロリー問題をはじめとするさまざまな道徳的ジレンマ，すなわちどちらの選択肢を選ぶべきかが明らかでないような道徳的問題を実験参加者に提示し，それらに回答する際の脳の活動を MRI で計測した。その結果，道徳的ジレンマの種類によって，論理的思考に関連する部位と感情に関連する部位のどちらが強く活動するかが異なることや，前者が功利主義的な回答に，後者が義務論的な回答に関連することが明らかになった。その後グリーン（Greene, 2013）は，このような実験結果に基づいて，規範倫理学の理論としては功利主義が適切であると論じている[9]。

8　［前ページ］ただし，第二のタイプの研究のみによって自由意志の問題に決着がつけられるとはかぎらないという点に注意が必要である。経験的探求の結果，私たちの自由意志概念は不整合なものであることが明らかになるかもしれない。自由意志概念は，人によってあるいは文化によって異なるものであることが明らかになるかもしれない。このような場合には，私たちは現在有している自由意志概念をどのように修正すべきかを考える必要が生じるもしれない。この点については戸田山・唐沢（2019）の第 4 章を参照。

9　グリーンの研究については鈴木（2020）の第 6 章を参照。

　ジョナサン・ハイト（Haidt, 2001）は，道徳における感情の役割について，グリーンとは異なるモデルを提案している。ハイトによれば，私たちがある出来事（の記述）を目にすると，嫌悪感などの否定的な感情が生じる。この感情が，それは道徳的に悪いという判断の基盤であり，論理的な理由づけは，後づけとして与えられるものにすぎない。みずからのモデルの根拠として，ハイトは，私たちが道徳的に悪いと判断するがその理由を示せない事例（合意があり避妊措置を講じたうえでの近親相姦など）があることや，催眠を用いて不快感を導入することで人々の道徳判断を変化させることができること（Wheatley & Haidt, 2005）などを挙げている。

　道徳に関する社会心理学研究では，私たちの道徳判断がさまざまな要因の影響を受けることも明らかになっている。たとえばヴァルデソロとデステノの研究（Valdesolo & DeSteno, 2006）によれば，コメディ番組を見せた後でトロリー問題に回答させると，功利主義的な回答が増加したという。また，シュノールらの研究（Schnall et al., 2008）によれば，汚い部屋で質問に回答させたり，不快な経験を想起させた後で質問に回答させたりすると，道徳判断はより否定的になるという。また，ペトリノヴィッチとオニールの研究（Petrinovich & O'Neill, 1996）によれば，道徳的ジレンマを提示する際にどのような表現を用いるかや，同種のジレンマをどのような順番で提示するかによって，同じジレンマへの回答は変化するという。

　では，道徳に関する実験哲学研究には，どのようなものがあるだろうか。規範倫理学，たとえば功利主義の是非をめぐる論争においては，さまざまな思考実験が用いられてきた。とくにトロリー問題に関しては，哲学者はさまざまなバリエーションを考案し，わずかな設定の違いによって私たちの直観が変化することを明らかにし，その意味を論じてきた。しかし，心理学者や認知科学者による体系的な調査が始まるまでは，一連の論争は哲学者自身の直観に基づくものでしかなかった[10]。

　他方で，実験哲学研究の中には，社会心理学者があまり注目してこなかった話題に関するものもある。メタ倫理学（metaethics）に関する実験哲学研究がその一例である。道徳に関する哲学者の関心は，トロリー問題においてトロリーの進路を切り替えることは許されるか，あるいは，より一般的な話として功利主義は正しい理論かといったことにある。しかし，これらの問題をめぐる論争に決着の兆しが見えなければ，そもそもこれらの問題に正解はあるのか，あるとしたら私たちはそれをどのようにして知ることができるのか，といった疑問が生じる。これらの問題を論じるのが，倫理学という学問についての哲学的分析，すなわちメタ倫理学である。

　メタ倫理学における一つの根本問題は，道徳的な問題に普遍的な正解はあるかとい

10　トロリー問題をめぐる論争については Edmonds（2014）を参照。

う問いである。グッドウィンとダーリー（Goodwin & Darley, 2008）は，事実に関する問題，道徳的な問題，慣習に関する問題，趣味に関する問題について意見の対立が見られたときに，どちらか一方が正しいのか，あるいはどちらも間違っていないのかを尋ねた。参加者の回答は，道徳的な問題に関しては，事実に関する問題ほどではないが，慣習や趣味に関する問題よりも，どちらか一方が正しいと考えていることを示していた。

　さて，道徳に関する社会心理学研究と実験哲学研究はどのような関係にあるのだろうか。道徳に関する哲学者と心理学者の関心には，ややずれがあるように思われる。哲学者の関心は，個別的な道徳的問題に回答することや，その基礎としてどのような規範倫理学理論が適切かを明らかにすることにある。そこで重要なのは，道徳概念の分析や，さまざまな個別事例に関する道徳判断である。これに対して，社会心理学者の関心は，道徳判断を生み出す心的メカニズムの解明にある。いわば，哲学者は肯定的プログラムに属する実験哲学研究を行っているのに対して，社会心理学者は認知科学としての実験哲学研究を行っているのである。

　とはいえ，両者の研究は，さまざまな仕方で関連しうる。第一に，社会心理学者も，個別事例に関する人々の考えを体系的に調査することができる。その結果は，規範倫理学理論を構築するうえで重要なデータとなる[11]。

　第二に，道徳判断の心的メカニズムに関する研究は，私たちはこのメカニズムをどの程度信頼してよいのかという問いを喚起しうる。たとえばグリーン（Greene, 2013）は，陸橋問題において，太った男を突き落とすか棒で突いて落とすかによって人々の回答が変化するというような実験結果から，私たちの道徳判断のメカニズムは，自然選択の結果，身体的な暴力に対してとくに敏感になっており，重要な違いがないはずの二つの事例に異なる反応を示してしまうのだと主張する。私たちの道徳判断のメカニズムにはこのようなバイアスが多数含まれると考えられるので，規範倫理学理論を構築する際には，それらをすべて額面通りに受けとめるべきではないというのである。

　社会心理学研究の第三の役割は，道徳的な問題に関する正解が明らかになった後に，それを達成する手段を与えてくれるということである。たとえば，先進国の人々は発展途上国の人々にいま以上に寄付をすべきだということが明らかになったとしても，それを実現することは難しい。しかし，たとえば抽象的な犠牲者よりも具体的な犠牲者に強く同情するという知見（Small & Loewenstein, 2003）を踏まえれば，ユニセフ

11　たとえば Greene et al., 2001 では，実験参加者にトロリー問題をはじめとするさまざまな道徳的ジレンマに回答させている。また，ハーヴァード大学の Moral Sense Test ウェブサイト（http://www.moralsensetest.com）では，さまざまな道徳的問題に対する回答を，オンラインで世界中から収集している。

などがすでにやっているように，子供の顔写真や具体的なストーリーを用いて支援を呼びかけることは効果的かもしれない。哲学者は，私たちは何をすべきかについて盛んに論じてきたが，どうしたらそれができるのかについては，これまであまり議論してこなかった。社会心理学研究は，この問いにさまざまな実効性のある答えを与えてくれるのである。

5. 哲学・実験哲学・社会心理学

　ここまで，三つの主題における社会心理学研究と実験哲学研究の関係を見てきた。これを踏まえて，哲学・実験哲学・社会心理学の三者関係について，あらためて考えてみよう。

　これまで見たように，多くの場合，実験哲学研究と社会心理学研究は，同じ主題を扱う場合でも，問題関心に違いがある。実験哲学研究は，その主題にとって重要な概念の内実を解明し，何らかの哲学的な結論を導き出すことを目的とする。社会心理学研究の目的は，その主題に関連する心的メカニズムの解明にある。そして，後者の知見は，前者に対して直接的な帰結をもつとはかぎらない。

　たとえば自由意志の問題において，実験哲学者は，自由意志概念に因果的決定論と両立しない要素が含まれるかどうかを明らかにしようとしていた。これに対して一部の社会心理学者は，私たちの実際の意思決定のメカニズムがどのようなものであるかを探求していた。しかし，哲学的な自由意志論にとって，メカニズムの詳細は本質的ではないのである。

　もちろん，社会心理学研究が哲学研究に重要な意味をもたないわけではない。第一に，社会心理学者は，実験哲学者と同様に，素朴概念そのものを研究対象とすることができる。自由意志に関する研究にもそのようなものがあることは，第3節でも確認したとおりである。このような研究においては，社会心理学と実験哲学は連続的であり，哲学の問題解決に，直接的に貢献できることになる。

　第二に，社会心理学研究は，哲学理論に一定の制約を課すことができる。たとえば，自由意志の問題において，両立論者は，ある特定の心的メカニズムによって私たちの行動が生みだされているならば，それは自由意志に基づく行為だと言える，と主張する。しかし，社会心理学研究によって，実際の心的メカニズムはそのようなものではない（それゆえこのような理論では自由意志を確保できない）ということが明らかになるかもしれない。また，第4節で見たように，社会心理学研究は，哲学者が理論構築の際に用いるデータ（典型的には個別事例に関する直観）が，じつは信頼できないものであることを明らかにするかもしれない。このように，社会心理学は，哲学理論

の妥当性を評価するうえで，哲学そのものが得ることのできないデータを提供してくれるのである[12]。

　第三に，社会心理学研究は，さまざまな実践的問題を明らかにすると同時に，解決のための道具立てを与えてくれる。たとえば，私たちの心知覚のあり方は，公正な裁判の妨げとなっているかもしれない。他方で，心知覚を特定の方向に誘導することで，途上国支援などの目的は達成しやすくなるかもしれない。

　ただし，問題領域によって，実験哲学研究や社会心理学研究の重要性は変化するという点には注意が必要である。たとえば，心の哲学の中心問題，意識の自然化や志向性の自然化，あるいは認知の基本的なメカニズムの解明といった問題を考えるうえでは，私たちがそれらについてどのように考えているかは，重要な材料ではない。これらの問題を考えるうえで重要なのは，現象を理解するうえでどのような心的状態や心的メカニズムを措定する必要があるかということだからである。これに対して，規範倫理学の理論構築においては，さまざまな道徳的問題について私たちがどのように考えるかは，決定的に重要な材料だと考えられる。道徳に関する私たちの常識的な見方とまったく合致しない倫理学理論は，そもそも倫理学理論と呼ぶに値しないものであるように思われるからである。

　一般的に言って，哲学のある問題領域において，実験哲学研究や社会心理学研究が重要な役割を果たすかどうかは，その問題を考えるうえで，関連する素朴概念の解明がどの程度重要な役割を果たすかということや，素朴概念や個別事例に関する直観以外に理論構築のための材料が存在するかどうかによると考えられる。心の哲学や生物学の哲学といった広義の科学哲学の問題を考えるうえでは，心理学や生物学の経験的な知見そのものが主な材料となる。これに対して，自由意志や道徳の問題においては，私たちの常識的な見方以外には，問題を考えるうえで利用できる材料はほとんど存在しないように思われる。実験哲学研究や社会心理学研究が大きな力を発揮するのは，これらの問題領域においてである。

　実験哲学研究や社会心理学研究は，哲学研究にとって重要な手がかりであると同時に，哲学そのもののあり方についてあらためて考え直すきっかけを与えてくれるものなのである。

---

[12]　一般的に言えば，社会心理学研究の教訓は，私たちの心のメカニズムは，さまざまな点で常識的に考えられるものとは大きく異なる（具体的には，無意識的な過程や自動的な過程が大きな役割を果たし，さまざまなバイアスが存在し，感情や動機が大きな役割を果たす）ということだと言えるだろう。心に関するこのような見方は，哲学の理論構築における基本的な制約であると考えることができる。

引用文献

Baumeister, R., Masicampo, E., & DeWall, C. (2009). Prosocial benefits of feeling free: Desbelief in free will increases aggression and reduces helpfulness. *Personal and Social Psychology Bulletin, 35*, 260-268.

Bergner, R. M., & Ramon, A. (2013). Some implications of beliefs in altruism, free will, and nonreductionism. *Journal of Social Psychology, 153*, 598-618.

Campbell, J. K. (2011). *Free will*. Cambridge, UK: Polity. (キャンベル, J. K. 高崎 将平 (訳) (2019). 現代哲学のキーコンセプト 自由意志 岩波書店)

Edmonds, D. (2014). *Would you kill the fat man? The trolley problem and what your answer tells us about right and wrong*. Princeton, NJ: Princeton University Press. (エドモンズ, D. 鬼澤 忍 (訳) (2015). 太った男を殺しますか?――トロリー問題が教えてくれること 太田出版)

Feltz, A., & Cokely, E. (2009). Do judgments about freedom and responsibility depend on who you are? Personality differences in intuitions about compatibilism and incompatibilism. *Consciousness and Cognition, 18*, 342-350.

Gray, H., Gray, K., & Wegner, D. M. (2007). Dimensions of mind perception. *Science, 315*, 619.

Gray, K., & Wegner, D. M. (2009). Moral typecasting: Divergent perceptions of moral agents and moral patients. *Journal of Personality and Social Psychology, 96*, 505-520.

Gray, K., & Wegner, D. M. (2011). To escape blame, don't be a hero-Be a victim. *Journal of Experimental Social Psychology, 47*, 516-519.

Greene, J., Sommerville, B., Nystrom, L., Darley, J., & Cohen, J. (2001). An fMRI investigation of emotional engagement in moral judgment. *Science, 293*, 2105-2108.

Greene, J. (2013). *Moral tribes: Emotion, reason, and the gap between us and them*. New York, NY: Penguin. (グリーン, J. 竹田 円 (訳) (2015). モラル・トライブズ――共存の道徳哲学へ (上・下) 岩波書店)

Goodwin, G. P., & Darley, J. M. (2008). The psychology of meta-ethics: Exploring objectivism. *Cognition, 106*, 1339-1366.

Haidt, J. (2001). The emotional dog and its rational tail: A social intuitionist approach to moral judgment. *Psychological Review, 108*, 814-834.

Haslam, N. (2006). Dehumanization: An integrative review. *Personality and Social Psychology Review, 10*, 252-264.

Knobe, J., & Prinz, J. (2008). Intuitions about consciousness: Experimental studies. *Phenomenology and the Cognitive Sciences, 7*, 67-83.

Kohlberg, L. (1984). *The psychology of moral development: The nature and validity of moral stages*. San Francisco, CA: Harper and Row.

Monroe, A. E., & Malle, B. F. (2010). From uncaused will to conscious choice: The need to study, not speculate about people's folk concept of free will. *Review of Philosophy and Psychology, 1*, 211-224.

Nahmias, E., Morris, S., Nadelhoffer, T., & Turner, J. (2005). Surveying freedom: Folk intuitions about free will and moral responsibility. *Philosophical Psychology, 18*, 561-584.

Nichols, S., & Knobe, J. (2007). Moral responsibility and determinism: The cognitive science of folk intuitions. *Noûs, 41*, 663-685.

Paulhus, D. L., & Carey, J. M. (2011). The FAD-Plus: Measuring lay beliefs regarding free will and related constructs. *Journal of Personality Assessment, 93*, 96-104.

Petrinovich, L., & O'Neill, P. (1996).. Influence of wording and framing effects on moral intuitions. *Ethology & Sociobiology, 17*, 145-171.

Roskies, A., & Nichols, S. (2008). Bringing moral responsibility down to earth. *The Journal of Philosophy, 105*, 371-388.

Schnall, S., Haidt, J., Clore, G., & Jordan, A. (2008). Disgust as embodied moral judgment. *Personality and Social Psychology Bulletin, 34*, 1096-1109.

Small, D., & Loewenstein, G. (2003). Helping a victim or helping the victim: Altruism and identifiability. *The Journal of Risk and Uncertainty, 26*, 5-16.

Turiel, E. (1983). *The development of social knowledge: Moral and social convention.* Cambridge, UK: Cambridge University Press.

Valdesolo, P., & DeSteno, D. (2006). Manipulations of emotional context shape moral judgment. *Psychological Science, 17*, 476-477.

Vohs, K., & Schooler, J. (2008). The value of believing in free will: Encouraging a belief in determinism increases cheating. *Psychological Science, 19*, 49-54.

Wegner, D. M. (2002). *The illusion of conscious will.* Cambridge, MA: MIT Press.

Wegner, D. M., Sparrow, B., & Winerman, L. (2004). Vicarious agency: Experiencing control over the movements of others. *Journal of Personality and Social Psychology, 86*, 838-848.

Wheatly, T., & Haidt, J. (2005). Hypnotic disgust makes moral judgments more severe. *Psychological Science, 16*, 780-784.

鈴木 貴之 (編) (2020)　実験哲学入門　勁草書房

戸田山 和久・唐沢 かおり (編) (2019).　＜概念工学＞宣言！ 名古屋大学出版会

＊本章は JSPS 科研費 (16H03347 および 20H01752) による研究成果の一部である。

第13章
結果の再現性問題

藤島喜嗣

　社会的認知は，科学的手法を重視し，方法論的行動主義に則った心理学実験を用いて仮説検証研究を行ってきた。そこでは，反証可能性と再現性が重要となるが，それぞれに問題を抱えている。とくに，2011 年以降，社会的認知研究を中心に再現性が疑問視され，再現性の危機と呼ばれる事態に発展した。その背景には，新しい，有意な結果のみを重要視する出版バイアス，*p*-hacking に代表される問題ある研究実践，実験結果から仮説を構成し論文を作成する事後的仮説生成などの慣行がある。再現性の危機を脱するには，これらの慣行を廃するとともに，研究の事前登録，事前審査を促進する必要がある。現在，これらに関わる取り組みがなされつつある。Many Labs プロジェクトはその例である。これらで示された結果の多くは，社会的認知研究に再考を促すものであるが，科学の自浄作用として健全なものである。

1. 科学としての社会心理学とその課題

　心理学は，こころの「科学」として発展してきた。オルポート（Allport, 1954）によれば，社会心理学は「実在の，想像上の，または暗黙の他者の存在が，人々の考え，気持ち，行動に与える影響についての科学」と定義される。そこでは，体系的な経験主義を活用し，反証可能性と再現性を重要視してきた（Stanovich, 2013）。社会的認知研究もこの流れに沿うものである。

[1] 体系的な経験主義
　体系的な経験主義とは，構造化された観察の結果によってある特定の理論を支持するかしないかを決定する姿勢である。そのため，社会心理学では，その理論で用いる概念を観察可能な事象に関連づけて操作的定義をする。さらに，新行動主義から派生した方法論的行動主義を採用する。方法論的行動主義は，刺激-行動関係に有機体（organism）が媒介しており，行動をデータとして観察することで心の作用を分析で

きると考える。有機体の機序を理論として構成し，その理論から予測される行動反応を仮説として検証するのである。そのため，社会心理学は，状況を操作し行動を観察する心理学実験を行うことが多い。この弊害として，社会心理学における実験は，個人に焦点を当てた方法論となったが（唐沢，2012），個人内過程の同定を目的とする社会的認知研究には親和性が高かった。その結果，社会的認知研究は心理学実験を通じて多くの知見を積み重ね，「成功」した学問における「成功」した領域となった。

［2］反証可能性と「弱い」理論

　体系的な経験主義に基づく科学理論には，反証可能性と再現性が重要となる。反証可能性とは，測定データによって理論が間違っていると見なされる可能性を指す。そのため，科学を標榜する理論では，そこから導出される予測が誤りである可能性もあるという形式で示される必要がある。具体的には，理論は，特定の事象に関する予測を高い精度でもたらすことを求められる。そうすることで，反証事例となる測定も可能な事態が実現するのである。言い換えれば，なんでも説明可能な理論は，反証可能性を担保しないため，科学理論として無益となる。

　この点について，社会心理学の諸理論は一般的に「弱い」とされる（池田・平石，2016; Eysenck, 1985）。アイゼンク（Eysenck, 1985）によると，「強い」理論は，根拠が確かで実験により立証された多くの前提群に基づいており，理論の前提が相互に依存し合っている。「弱い」理論はこれらが満たされない。社会心理学には，社会心理学全体に適用できる発見や一般理論がなく，研究領域ごとに発見や理論が蓄積されてきた歴史がある（岡，2016）。その意味で，社会心理学の諸理論は，前提群の相互依存が弱く，厳密で正確な予測ができていない。ひいては，反証可能性を担保できていない可能性がつねにつきまとっている。

　社会心理学を含む心理学の歴史は，自然科学と比較して随分と新しい。すべての科学理論は，その初期段階において厳密さと正確さを犠牲にして柔軟な予測を許容した「弱い」理論から始まる（Eysenck, 1985）。社会心理学も「弱い」理論から始まり，「強い」理論づくりの途上にある。そのため，定義の変化や論理の破綻，暗黙の前提の設定を許容せず，理論モデルをより厳密に構築することがつねに求められる（竹澤，2018）。さらに，このような厳密な理論への志向だけではなく，十分に立証された前提群を研究データから準備する必要がある。そこでは，再現性の担保が重要になる。

［3］再現性と2種類の追試

　再現性（replicability）とは，ある研究知見に対し，他の研究者が，同じ手続きで実験を試みたとき，同じ知見が得られる可能性を指す。先行研究と同じ手続きで実験を

試みることを追試（replication）と言うが，この追試の成功可能性が再現性である。再現性が担保されることで，その研究知見が特定の研究者の単なる思考，虚偽や誤りでないことが保証される。言い換えると，再現性が担保されてはじめて，研究知見は共有された，公的なものになる。その意味で，実験手続きは，報告者以外の研究者が追試を実施しうるよう公開することが求められる。さらには，追試は知見をもたらした研究者本人が行うのではなく，利害関係のない第三者的立場にある研究者が行うのが望ましい。

　追試には，概念的追試と直接的追試の2種類がある。概念的追試（conceptual replication）は，仮説は先行研究と同一とし，刺激や測定などの手続きを変更して行う。研究の核心は仮説検証にある一方，心理学が扱う内容は不可視な構成概念である。この構成概念を確実に操作，測定しているか確認するため，同一のものを操作，測定していると考えられる別手続きに変更し，仮説どおりの結果が得られるか確認するのが概念的追試である。概念的追試に成功することにより，概念測定の妥当性が高まり，ひいては仮説を導いた理論が妥当である可能性が高まる。さらには，研究知見の一般化が可能になる。

　これに対し，直接的追試（direct replication）は，先行研究とまったく同一の手続きを用いて行い，先行研究の報告どおりの結果が得られるか確認することを指す。直接的追試に成功することにより，先行研究の知見が頑健で信頼できることが確認できる。単一の研究知見だけで理論の是非を問うことは困難なので，直接的追試は理論検証に直接寄与するわけではない。その一方で，理論が依拠する知見の一つを頑健にすることにつながる。直接的追試に失敗したときには，先行研究の知見が正しくない，もしくは偶然認められた可能性が高まる。ひいては，この知見に依拠する理論への疑義も高まる。

　社会心理学領域では伝統的に，直接的追試よりも概念的追試を，さらには追試よりも新奇な知見をもたらす研究を重視してきた（安藤，2009）。これは，社会心理学の理論志向が根底にあると考えられる。言い換えると社会心理学は，その理論の精緻化と検証を重要視してきた。このとき，理論の精緻化に関わる情報を直接もたらすのは，新奇な知見をもたらす研究なので，これが重視された。次に，理論の要素たる概念の測定妥当性を検討する概念的追試が重要となり，相対的に直接的追試は軽視された。この傾向は社会的認知領域でも同様であった。社会心理学および社会的認知は，理論的精緻化と検証を重要視する一方で，研究知見の頑健性の保証を犠牲にしてきた歴史がある。

2. 再現性の危機

　2011年は社会心理学，とくに社会的認知領域にとって大きな意味をもつ1年となった。社会的認知領域を揺るがす問題，後に「再現性の危機」と呼ばれる問題が明らかになったのである。この問題は，世界中の多くの研究者ならびに研究に関心を寄せる人たちの間で論争を引き起こした。

[1] 未来予知研究と追試の失敗

　2011年，社会心理学の主要な学術誌である Journal of Personality and Social Psychology（JPSP）誌に，著名な社会心理学者だったベム（Bem, 2011）によって，人は将来予知をすることができると主張する論文が掲載された。9つの研究を通じての平均効果量が.22であるこの論文は，理論的には他の社会心理学理論と直接的に整合しない知見を提供していた。その一方で，体系的な経験主義に基づいた支持の証拠が提出されており，それは査読を通過するほどのものだったのである。

　このような場合，直接的追試が有用となる。研究知見が頑健で信頼できるか確かめ，追試に成功したのであれば仮説とその基底にある理論を受け入れ，追試に失敗したのであれば研究知見を放棄すればよいからである。事実，第三者的な研究者集団二つが直接的追試を行い，追試に失敗したという知見を得ている（Ritchie et al., 2012; Galak et al., 2012）。これらに基づけば，ベム論文の知見を放棄するのが妥当である。

　ただし，もっとも早く取り組まれたリッチーら（Ritchie et al., 2012）の研究は，JPSP誌をはじめ多くの学術誌に掲載拒否された。当時，学術誌の多くが追試研究を掲載しない方針であったためである。この結果，短期間とはいえ，直接的追試の失敗という研究知見が共有されなかった。このことは，出版バイアス（publication bias）の存在を浮き彫りにした。出版バイアスとは，新奇な知見をもたらしている統計学的に有意な結果を報告する論文を優遇して掲載し，仮説を支持しなかったり，単なる追試であったりしたら掲載しないという出版の偏りである。ベム論文の直接的追試研究は，出版バイアスにより闇に葬られる危険があったのである。

　さらにこの事態は，既存の論文にも再現性が担保されない研究が存在し，それを見逃している危険性を示していた。ベム論文はその知見の奇異さから当初から注目を集めた。そのため，直接的追試を行い，再現性を確かめる機運が高まった。しかし，研究知見が一見もっともらしいものであったならば，どうだっただろうか。社会心理学は直接的追試を軽視する伝統があるので，おそらく再現性が確認されないまま読者の目に触れ続けただろう。そして，重要な知見であれば，それを前提として新しい研究

が企図されるという悪夢のような状況が現出したことだろう。

[2] データ捏造事件と見過ごし

　同じ 2011 年に，その悪夢が少し異なる形で現実となった。社会的認知の主要な研究者であったディーデリク・スタペル（Diederik Stapel）のデータ捏造が，内部告発によって発覚したのである。当時，スタペルは，社会的比較（social comparison）や身体化認知（embodied cognition）を中心に多くの研究論文を執筆していた。そして，彼の研究は頻繁に引用されていた。しかし，彼が関与したほぼすべての研究データが捏造されていたことが発覚し，それら論文のほぼすべて 58 編が取り下げられたのである。その結果，彼の研究知見を前提とし，引用していた研究の多くが再考を余儀なくされた。

　捏造は許されるものではないが，個人の問題とも言える。スタペルのような悪意ある研究者はそうそう現れるものではない。その意味では，全体に関わる構造的問題とは言えないかもしれない。社会的認知領域にとっての悪夢は，そこではない。虚偽に満ちた論文が査読を通過し，多くの読者の目に触れ，多くの研究者に受け入れられたという事実である。つまり，虚偽データに基づく信頼できない研究を誰も見抜けなかったのである。

　スタペルが論文で主張した理論は，先行研究を引用しつつ論理的に見えるもので，社会的認知の研究としてもっともらしいものであった。しかしながら，もっともらしい理論が妥当なのではない。社会的認知研究は，体系的な経験主義に基づいている。ここで支持的な証拠を得ることで，はじめて理論は妥当かもしれないと判断されるのである。ある研究が手続きどおりのデータに基づいているかどうかは，直接的追試をすることで判断しうる。同じ手続きによって同じ結果を得ることができれば，元研究の信憑性も高まるのである。残念ながら，スタペルの研究は，直接的追試の対象にはならなかった一方で，重要研究として数多く引用された。社会的認知領域を含む社会心理学は，理論を重視するあまり，データよりも理論のもっともらしさに重きを置くようになっていたのである（池田・平石，2016）。理論のみを重視する学問も，当然存在するが，それを科学とは呼ばない。社会心理学は，科学を志しながら科学の方法に反する動きをとっていたのである。

[3] 行動プライミング論争

　これまでの話とほぼ同時期の 2012 年，行動プライミングに関わる重要研究に，再現性の疑義がもたれる事態となった。行動プライミングとは，ある特定概念を活性化させるとその概念に関連する行動が知覚者に発現するという効果である。バージら

(Bargh et al., 1996) は，高齢者ステレオタイプ手がかりに非意識的に接触した人が，接触していない人と比較して歩行速度が遅くなることを見出した。行動プライミングの典型例として数多く引用されていたこの研究が，再現性の疑義の対象となった。

　それまでも直接的追試に失敗したという話は非公式に語られていたが，ドイエンら (Doyen et al., 2012) は，バージら (1996) の研究結果が実験者効果であると指摘した。彼らは，第一実験として直接的追試を行い，仮説を支持しない否定的な結果を得たうえで，第二実験を行った。そこでは，実験者の研究結果に対する信念も操作したが，行動プライミングの効果は，実験者が行動プライミングを支持する信念を保持しているときにのみ生じたのである。これに対して，原著者であるバージ (Bargh, 2012) は，ドイエンら (2012) の手続きにはいくつか問題点があると主張し，彼らの知見が行動プライミングとは直接関わらないと主張した。さらに，プライミング効果を支持する多くの概念的追試の証拠があると主張した。

　この論争は，議論が噛み合っていないところがあった。ドイエンら (2012) の主張は，バージら (1996) の知見が再現されないというものであった。つまり，疑義を示しているのはバージら (1996) の研究知見であって，行動プライミングそのものではない。もちろん行動プライミングは，バージら (1996) の研究知見を重要な証拠としているので，バージら (1996) の研究知見が疑わしいとなると，理論は重要な証拠を失うことにつながる。しかしながら，他にも証拠となりうる知見が存在し，理論自体が否定されたわけではないのである。

　これに対しバージ (2012) の反論は，研究知見そのものではなく，それが支持する理論の擁護に主眼があった。もちろん論争の文脈の影響もあったし，彼自身，ドイエンら (2012) の手法に対する批判も行ったが，それ以上にバージは行動プライミングを支持する証拠を示すのに紙幅を割いたのである。ここにも，社会心理学および社会的認知領域における理論と概念的追試の重視を見てとることができる。確かに，理論の精緻化の追求は重要であり，そのために概念的追試が多くなされることに何の問題もない。他方で，個々の研究知見やそれに対する個々の概念的追試が再現可能で信用しうるものかも重要なのである。概念的追試をさまざまに試み，肯定的な結果を報告したとしても，それぞれを直接的追試で再現できなければ，理論が依拠する証拠がないに等しくなる。

[4]「追試成功率 39％」

　2011 年，2012 年と同時多発的に再現性に関わる議論が起きたことを受けて，オープン・サイエンス・コラボレーション (Open Science Collaboration, 2015) と名乗る研究者集団が，大規模な直接的追試プロジェクトを実行した。このプロジェクトの目的は，

2008 年に社会心理学，認知心理学の主要科学雑誌へ掲載された研究を網羅的に直接的に追試することであった。具体的には，先にも登場した JPSP 誌，Psychological Science 誌，Journal of Experimental Psychology: Learning, Memory, and Cognition 誌から一定の基準を満たした 100 編の研究が対象となった。さて，社会的認知領域を中心に社会心理学の研究はどのくらいの再現性をもっていただろうか。

　結果は惨憺たるものだった。再現性の評価はさまざまな指標で可能であるが，いずれも芳しくなく，社会心理学研究の再現性が低いことを示していた。追試結果の効果量（r）の平均は 0.20 であり，元研究のおよそ半分であった。元研究の 97％が有意な効果（$p <.05$）を示したのに対し，追試の 36％でしか有意な効果は示さなかった。追試結果の効果量の 95％信頼区間内に効果量が含まれた元研究は，47％にとどまった。元研究と追試を合わせた場合に，もともと示されていた効果の有意性が保たれたのは 68％であった。

　そして，追試を実施した研究者たちの主観的評価，つまり「新奇の結果が再現されましたか？」と言う質問に「はい」と答えた比率は 39％であった。この主観的評価の結果は理解しやすいものであったため，「追試成功率が 39％」という数字がさまざまに報道され，耳目を集めることとなった。この段階で，社会心理学の「再現性の危機」は周知のものとなった。

　追試の成否の要因は複数ありえる。一つは元研究の効果量の大きさである。元研究の効果量が大きいほど，追試が成功しやすくなる。もう一つは，実験者の熟練の程度である。一般に実験は熟練が必要であり，その領域の実験に精通しているほど，追試が容易になり，成功しやすくなることが期待される。しかし，オープン・サイエンス・コラボレーション（2015）の分析は，追試の成否に実験者の熟練が関連しないことを示した。そうではなく，元研究の効果量が大きいほど，追試に成功しやすかったのである。

3. 再現性はなぜ低いのか？

　社会的認知領域を中心とする社会心理学研究はなぜ再現性が低いのだろうか。この理由として，新奇な知見と概念的追試を重要視し，直接的追試を軽視していたことは無視できない。出版バイアスの存在はその象徴である。再現できない研究知見を淘汰する作業がほとんど行われなかったことで，再現性の低い研究と高い研究とが混在したと考えられる。

　しかし，オープン・サイエンス・コラボレーション（2015）が明らかにしたのは，2008 年という，当時，比較的新しい知見の再現性がそもそも低いことであった。ここ

には，社会心理学の理論的「弱さ」が関与するかもしれない。精緻な予測ができていなかったり，明示されていない前提や調整変数が存在したりしてうまく追試できなかった可能性がある。そして，それ以外にも，社会的認知領域を含む社会心理学における研究実践に問題があった可能性がある。

[1] 研究者の自由度と *p*-hacking

　心理学実験を実施し，データを分析する際，研究者はさまざまな選択を求められる。実験手続きにより分析方法の大まかなところは事前に決定できるが，その詳細に関しては標準的方法が確立されていないことがしばしばある。その際には研究者が詳細を選択する。これはある意味，細部に関して研究者が恣意的に選択できることを意味している。これを研究者の自由度（researcher degrees of freedom）と呼ぶ（Simmons et al., 2011）。たとえば，反応時間に関する外れ値の扱いは，論文により異なる。早すぎる反応を外れ値として除外することもあれば，しないこともある。外れ値として除外するにしても，上位2.5％の早い反応や，平均から標準偏差の2倍以上早い反応を除外するなど相対的に判断することもあれば，20msや100msより早い反応を除外するなど絶対的に判断することもある。遅すぎる反応に関しても同様である。さらには，反応時間の分布の歪みを補正するために，対数変換を施すこともあればしないこともある。ここに標準的な手続きはなく，研究者が自由に選択している現状がある。これが研究者の自由度である。

　研究者の自由度が高くなる局面はさまざまある。たとえば，サンプルサイズをどれくらいに設定するのか，実験条件のうちどの条件群を分析対象にするのか，測定したデータのうち，どれを分析対象とし，どのような変換を施すのか，共変量を投入するのかしないのか，などである。このように，分析のときだけではなく，実験の立案，実施の段階から研究者の自由度が高い局面が存在する。

　このような研究者の自由度があるなかで，研究者はどのような基準で手段を選択するだろうか。また，研究者の自由度があり，さまざまに手段を選択することで何が起こるだろうか。前者に関して確たる証拠があるわけではないが，筆者の個人的経験から言えば，仮説を支持する有意な結果（$p < .05$）が得られるように分析手段を選択することが多かった。そうでなくても，できるだけ「ノイズ」を除去するように探索的に分析を重ねる。意図的であれ，非意図的であれ，仮説を支持するような有意な証拠が得られるように，仮説確証的な分析手順を選択していると考えられる。この意味で，研究者の自由度があるなかで私たちが行う選択は，"$p < .05$"を探す"*p*-hacking"だと言える。

　シモンズら（Simmons et al., 2011）は，正規分布から無作為抽出して生成した帰無

仮説が真となる仮想データに対し，①従属変数の選択，②データの選択的追加，③共変量の使用，④実験条件の削除などの p-hacking を行い，実際には研究仮説が偽なのに真であるとして採択される偽陽性（false positive）が生じる可能性を検討した。このシミュレーション研究の結果，"$p < .05$" の偽陽性が生じる可能性は，①から④までのすべての手段を講じた場合には 60.7％に到達した。つまり，p-hacking を行うことで，偽陽性の結果が得られる可能性が高まるのである。

　また，実際の研究データに対して p-hacking を行っても，偽陽性の結果が得られることが確認されている。シモンズら（2011）は，ビートルズの"When I'm Sixty-Four"を聴いた人は，ウインドウズ 7 に無償添付されている"Kalimba"を聴いた人よりも，1.5 歳若返ったという荒唐無稽な実験結果を得ている。もちろんこの研究では，従属変数を取捨選択する，無意味な共変量を投入する，サンプルサイズを小さくし，理由をつけて不都合なデータを除外するなどの p-hacking を行った。つまり，若返り効果は，p-hacking によってもたらされた偽陽性の結果だったのである。また，藤島・樋口（2016）は，身体化認知に関わる直接的な追試研究を，十分な検定力を担保したうえで 2 件実施した。いずれにおいても元研究の知見は再現されなかったが，シモンズら（2011）と同様の p-hacking を行うことによって一見仮説を支持するような分析結果を得ることに成功している。

[2] 疑わしい研究実践（QRPs）とその普及

　前項で，研究者の自由度が高いなか，p-hacking を行うことで，偽陽性の研究結果が増加する可能性を示した。もし多くの研究者がこのような p-hacking を行っているならば，その領域の研究は偽陽性の結果で溢れかえることになる。実際のところ p-hacking はどの程度普及しており，どれくらいの頻度で用いられているのだろうか。

　ジョンら（John et al., 2012）は，p-hacking を含め統計学的に妥当でないと考えられる研究手法を「問題のある研究実践（questionable research practices: QRPs）」と名付けた（表 13-1）。そのうえで，5,964 名の心理学者にこの QRPs に関わる匿名調査を行った。その回収率は高いものではなく 36％であったが，匿名性を保証しながら真実を話すことに誘因を設ける独自の工夫がなされていた。その結果によれば，QRPs を行ったことのある研究者の割合が高い傾向にあった。たとえば，うまくいった研究だけを報告したことのある研究者は，およそ 5 割に達した。p-hacking に相当する，従属変数を選択的に報告した研究者の割合は 6 割を超えた。また，これら QRPs は，認知，神経科学，社会領域で多く見られ，さらには行動指標を用いた実験室実験を用いる場合に多く報告された（John et al., 2012）。社会的認知は，社会心理学の中で実験室実験を多く用いる領域である。その意味で，社会的認知領域は QRPs が普及し，多く

表 13-1　ジョンら（John et al., 2012）の研究で調査項目となった問題ある研究実践（QRPs）

No	項目内容	是認割合（%）
1	論文の中で従属変数の一部しか報告しない	63.4-66.5
2	結果が有意かを確かめた後，データを更に収集するか決める	55.9-58.0
3	論文の中で実験条件の一部しか報告しない	27.7-27.4
4	求めていた結果が得られたので予定よりも早くデータ収集をやめる	15.6-22.5
5	論文の中で p 値を「丸める」（たとえば，.054 を .05 未満として報告する）	22.0-23.3
6	論文の中で「うまくいった」研究だけを報告する	45.8-50.0
7	そのデータを削除したら結果にどう影響するか確認したうえで分析対象から除く	38.2-43.4
8	論文の中で，想定外の結果をあらかじめ想定していたかのように報告する	27.0-35.0
9	論文の中で，実際は確認していない，もしくは影響することを知ったうえで，社会的属性（たとえば，ジェンダー）は結果に影響しなかったと主張する	3.0-4.5
10	データを改ざんする	0.6-1.7

註：John et al. (2012), Table 1 より作成。是認割合は，やったことのある人の割合を示す。研究内で正確に答える誘因を用意しなかった場合と用意した場合とがあるため，値が二つある。

用いられる分野である可能性が高い。社会的認知研究の再現性が低くなる理由の一つは，社会的認知領域において p-hacking を含む QRPs が普及し，高い頻度で用いられているためだと考えられる。

［3］事後的仮説生成（HARKing）

　QRPs が問題であったとしても，それは研究論文の手続きや結果を読めば明らかになると思うかもしれない。QRPs の普及度から考えても，研究論文に QRPs があからさまに記載されていてもよさそうである。しかし，実際はそうではない。QRPs を明記していることは少なく，疑わしい場合も正当な手順と判別することは困難である。このような困難の理由に，事後的仮説生成（hypothesizing after the results are known: HARKing; Kerr, 1998）がある。

　事後的仮説生成（HARKing）とは，実験結果を元にそれを予測するような仮説を生成し，あたかも事前にわかっていたかのように論文に記載する行為を指す（Kerr, 1998）。仮説が事前に導かれたように記載するために，背景理論を再構成して論文記載することも含まれる。HARKing をする誘因が，論文の著者，査読者，読者のいずれにも存在する。事前に生成した仮説が支持されることは，研究として理想的だし，効

率的に記述することができる。そして，期待を確証する文章は，一貫していて読みや
すいのである。

　しかしながら，当初の研究手続きは，事後的に生成した仮説を検証するようには立
案されていない。事後的な仮説に併せて論文を構成していくなかで，想定していな
かった前提や調整変数が生まれる可能性がある。そのため，仮説を事後的に生成した
場合には，あらためてそれを検証するような研究を立案する必要がある。HARKing
は QRPs であり，ジョンら（2012）が示した例にも含まれている（表 13-1）。

　さらに，HARKing は，QRPs が行われたことを隠蔽しうる。その結果，QRPs が行
われた研究論文を特定しづらくなり，ひいては偽陽性の研究論文を特定しづらくなる。
具体例として，シモンズら（2011）による若返り研究とその種明かしを見てみよう（表
13-2）。彼らの研究には，QRPs が多く用いられていた。ウィグルスの"Hot Potato"を
聞かせる条件も存在したが除外し，数多くの従属変数を用意していたが都合の良い
「父親の年齢」だけを共変量として選択した。そして，父親の年齢を統制する理由を後
付けで用意した。さらに，音楽による若返り効果という事後的な仮説に沿って報告が
作成されるなかで，これらの QRPs の記述はすべて省略されたのである。

表 13-2　シモンズら（Simmons et al., 2011）における研究 2 に記載された方法とその実際

研究 1 と同様の手続きを用いてペンシルベニア大学生 20 34 名に，ビートルズの"When I'm Sixty-Four"か，"Kalimba"か，ウィグルスの"Hot Poteto"のいずれかを聞かせた。実験参加者の約 10 名ごとに分析を実施したが，データ収集をいつやめるかについては事前に決定しなかった。それから，一見無関連な課題として，生年月日と，年をとったと感じる度合い，夕食をとるのがどれぐらい楽しいか，100 の平方根，コンピューターを複雑な機械と感じるか，父親の年齢，母親の年齢，食事の早割を利用するか，政治的志向，4 人のカナダ人 QB のうち受賞するのは誰か，昔はよかったと感じる頻度，ジェンダーを尋ねた。父親の年齢を参加者の年齢の個人差を統制するために共変量として用いた。
共分散分析は予測通りの効果を示した。生年月日によると，"When I'm Sixty-Four"を聞いた場合（調整平均 20.1 歳），"Kalimba"（調整平均 21.5 歳）よりも 1 年半近く若返っていた（$F(1, 17)=4.92$, $p=.040$）。父親の年齢を統制しなかった場合，年齢の差は小さくなり，有意でなくなった（平均 20.3 歳 vs. 21.2 歳；$F(1, 18) =1.01$, $p=.33$）。

　　　註）Simmons et al.（2011）Table 3 より作成。下線部のみ最初に報
　　　　告されていたが，実際には全文の手続きと分析が行われていた。シ
　　　　モンズら（2011）は，研究不正の例示としてこれを行っている。

4. 自浄作用と研究の再考

　社会的認知研究の再現性を下げる要因として，出版バイアスの問題を指摘し，
QRPs と HARKing の普及を指摘した。再現性の危機が生じてから，これらに対しさ

まざまな改善案が講じられている。これらの対策は科学の健全な自浄作用と言えるものである。

[1] 追試結果報告の奨励

　出版バイアスへの対応策の一つは，追試結果報告の促進である。とくに仮説を支持しない結果の報告は，再現性検証に重要な情報をもたらす。これを実現するため，2012 年に PsychoFileDrawer（http://www.psychfiledrawer.org/）というサイトが立ち上がった。このサイトは，追試報告を実験素材とデータも含めて公開保存するものである。サイト開設当時は，追試研究を掲載する科学雑誌がほとんどなかったので，このサイトは追試データを公開する有用な場として機能した。ただし，雑誌での刊行ではないので，研究者の業績にはならない。そのため，研究者が積極的に利用することは考えづらかった。

　現在では，心理学の主要な雑誌において追試研究が掲載可能になっている。JPSP 誌においても最終的にベム（2011）の追試研究が掲載されたし，他の雑誌においても追試研究が奨励されるようになった。また，追試されやすい環境を整えるべく，TOP 指針（transparency and openness promotion guideline）が提言されている（Nosek et al., 2015）。TOP 指針は，研究の透明性や追試の奨励などの評価基準であり，対応度によって 4 段階評価をする。各雑誌は，この指針に基づき自己評価し，結果を公開する。対応できていない点については改善を試みる。この作業に多くの雑誌が参加することで，追試が掲載されやすい編集体制の実現が期待される。2017 年時点で，750 誌以上の雑誌と 60 以上の研究組織が TOP 指針を採用し，自己評価をしている。

[2] 事前登録とその限界

　問題ある研究実践（QRPs）と事後的仮説生成（HARKing）への対応策には，研究の事前登録（pre-registration）がある。研究の事前登録とは，研究目的，実験参加者数，実験刺激，実験手続き，分析方法を含む研究計画を，実験実施前に公的登録機関に登録することを指す。登録機関には，Open Science Framework（https://osf.io/）や，AsPredicted（https://aspredicted.org/）が存在する。これらの登録機関に研究計画を登録すると，タイムスタンプとともに計画内容が凍結保存される。その登録後，実験を行うのである。

　登録後は改変ができなくなるので，研究計画に詳細な手続きと分析方法を登録しておけば，研究者の自由度に大幅な制限がかかることになる。たとえば，事前登録時に，想定される効果量，基準とする有意水準と検定力をもとに実験参加者数の設計を行い，その数だけ実験を行うと宣言することができる。こうすることで，分析結果に併せて

実験参加者を減らしたり，増やしたりができなくなる。また，事後的仮説生成をすると事前登録時の仮説やその背景理論と相違が生じることになる。これは事後的仮説生成の抑制につながる。

　しかし，研究の事前登録には欠点がある。まず，事前登録によって研究者の自由度をどのくらい制限できるかは，登録される研究計画がどのくらい詳細であるかにかかっている。たとえば，実験手続きに関して，その概要のみを事前登録した場合と，教示シナリオなどすべての詳細な資料を事前登録した場合とでは，前者のほうが研究者の自由度が高くなり，その分 QRPs も容易になる。さらには，事前登録に対するQRP も存在しうる。事後的事前登録（pre-registering after the results are known: PARKing, Yamada, 2018）とは，データ取得を終え，自らが望む結果を p-hacking を通じて得て，事後的仮説生成を行ったうえで，事前登録をする行為である。PARKing は，事前登録の形骸化をもたらす。

[3] 事前審査制度とその困難

　研究の事前登録の欠点を解消し，QRPs と HARKing をさらに抑制する手段として期待されるのが，事前審査制度（pre-review）もしくは査読つき事前登録制度と呼ばれる制度である。これは，実験実施前に研究計画を雑誌に投稿し，審査を受ける制度である。この段階の査読を通過した研究が，事前登録され，実験実施に移る。そして，実験結果が仮説を支持するものであれ，不支持なものであれ，研究報告が雑誌に掲載される。すべての研究が終了し，論文の形にまとめられたものが査読を受ける現状とは，手続きが大幅に異なる。

　この制度では，査読を通過した研究計画は論文として刊行が約束されるので，QRPs を実施する誘因がない。事後的仮説生成をすることで研究として一貫したストーリーを作り上げる誘因も存在しない。それだけではなく，査読の対象が仮説とその根拠，仮説検証の手続きに集中するため，理論を中心とした議論が可能になる。そこでは，論理の破綻や暗黙の前提などのチェックに焦点化することができ，理論の精緻化を図ることが容易になる。事前審査制度でも分析結果とその考察の審査を行うが，報告の要件をチェックするのみで，必要とされる労力は減る。

　その一方で，事前審査制度には負担もある。研究者は，査読を通過するまで実験を実施することができない。そのため，資金的な問題，キャリア的な問題から研究に期限がある場合は，時間との戦いが待っている。また，気軽にデータを収集してみるという動きは困難になる。事前審査制度は探索的研究を否定するものではないが，従来の気楽さが損なわれたと受け取る研究者もいるだろう。また，査読者は，研究計画の理論的検討を行った結果，事実上の共同研究者となる可能性がある。査読者が匿名で

あった場合，その貢献は明らかにならない。雑誌の編集者も，審査から刊行までの進捗管理を行う労力が生じる。事前審査制度は，特定の研究に対する学会全体の共同作業制度と言え，自由な研究環境を希求する研究者には負担となりうる。

［4］ 事前登録ならびに事前審査制度に基づく直接的追試

　事前登録を行ったうえで直接的追試を実施し，研究の再現性を検証した大掛かりな計画として Many Labs プロジェクトがある（Klein et al., 2014）。このプロジェクトは，世界中の36研究機関が参加し，古典研究や比較的新しい研究など13研究を事前登録して直接的追試したものである。実験参加者は総数で6,344名にのぼる。そこで研究機関がそれぞれ独立して直接的追試を行うことで，各研究の追試の効果量がどのくらい変動しうるのかが検証された。その結果，係留と調整のような古典的効果では元研究と同様の結果が得られ，効果量も大きかった。その一方，いくつかのプライミング効果（たとえば，星条旗プライミング，金銭プライミング）は追試できず，再現性に疑義が生じた。

　Many Labs プロジェクトは2019年の段階で第5弾まで展開されており，第3弾までが論文として公開されている。そのうち第2弾である Many Labs 2 （Klein et al., 2018）は，事前審査制度に基づく直接的追試プロジェクトとなっている。このプロジェクトは，アメリカの学会である Association for Psychological Science （APS）の登録追試報告（registered replication report: RRR）という新しい制度の中で進められた。

　APS の RRR は，事前審査制度の典型である。データ収集がされていない計画段階で査読され，査読後は事前決定された実験刺激を共有し，計画に参加する研究者が各自独立して直接的追試を実施する。元研究の著者は，査読段階でコメントをすることができる。研究結果は所定の基準を満たした報告であれば必ず刊行され，追試に参加した研究者全員が報告の著者となる。RRR の中では，計画立案者，元論文の著者，追試実施研究者のそれぞれにメリットがある。APS のサイトからは，実験刺激とデータを手に入れることができ，後続の研究者があらためて直接的追試ができるようになっている。この意味で，読者にもメリットがある。

　Many Labs 2 は，36の国と地域から15,305名の実験参加者が参加し，125のサンプルを形成し，前回以上に大規模のものとなった。実際に分析対象となったのはそのうち半分相当であるが，古典研究から最新の研究まで28の研究を直接的追試し，54％で元研究と同方向の有意な結果を得ている。付加的分析からは，追試の効果量の分散がサンプルや実験状況に左右されず，元研究の効果によるところが大きいことが示されている。

　Many Labs プロジェクトをはじめとする RRR のプロジェクトは，まだ始まったばかりであり，今後どのように展開，発展していくのかは未知数である。現状報告される追試結果は芳しいものではなく，社会的認知研究の再考を促すものばかりである。プライミング研究については，数世代前まで議論を巻き戻さなければいけないかもしれない。しかし，この動きは，新しい知見，新しい理論の創出に偏重してきた社会心理学の，科学としての自浄作用を示すものである。再現性問題とそれへの対応は，より洗練された科学としての社会心理学理論を構築するための産みの苦しみとして捉えるべきであり，積極的に取り組むべき問題である。

引用文献

Allport, G. W. (1954). The historical background of modern social psychology. In G. Lindzey (Ed.), *The handbook of social psychology* (Vol. 1, pp. 3-56). Cambridge, MA: Addison-Wesley.

安藤 清志 (2009). 問題の設定と仮説の構成　安藤 清志・村田 光二・沼崎 誠 (編) [補訂新版] 社会心理学研究入門 (pp. 15-23) 東京大学出版会

Bargh, J. A. (2012). Priming effects replicate just fine, Thanks: In response to a ScienceNews article on priming effects in social psychology. *Psychological Today*, May 11. https://www. psychologytoday.com/blog/the-naturalunconscious/201205/priming-eects-replicate-just--ne-thanks

Bargh, J. A., Chen, M., & Burrows, L. (1996). Automaticity of social behavior: Direct effects of trait construct and stereotype priming on action. *Journal of Personality and Social Psychology, 71*, 230-244.

Bem, D. J. (2011). Feeling the future: Experimental evidence for anomalous retroactive influences on cognition and affect. *Journal of Personality and Social Psychology, 100*, 407-425.

Doyen, S., Klein, O., Pichon, C. L., & Cleeremans, A. (2012). Behavioral priming: It's all in the mind, but whose mind? *PLoS ONE*, i, e29081.

Eysenck, H. J. (1985). The place of theory in a world of facts. In K. B. Madsen & L. Mos (Eds.), *Annals of theoretical psychology* (Volume 3, pp. 17-72). New York, NY: Plenum Press.

藤島 喜嗣・樋口 匡貴 (2016). 社会心理学における"p-hacking"の実践例　心理学評論, *59*, 84-97.

Galak, J., LeBoeuf, R. A., Nelson, L. D., & Simmons, J. P. (2012). Correcting the past: Failures to replicate psi. *Journal of Personality and Social Psychology, 103*, 933-948.

池田 功毅・平石 界 (2016). 心理学における再現可能性危機：問題の構造と解決策　心理学評論, *59*, 3-14.

John, L. K., Loewenstein, G., & Prelec, D. (2012). Measuring the prevalence of questionable research practices with incentives for truth telling. *Psychological Science, 23*, 524-532.

唐沢 かおり (2012). 「成功」した学問としての社会心理学　唐沢 かおり・戸田山 和久 (編) 心と社会を科学する (pp. 13-40) 東京大学出版会

Kerr, N. L. (1998). HARKing: Hypothesizing after the results are known. *Personality and Social Psychology Review, 2*, 196-217.

Klein, R. A., Ratliff, K. A., Vianello, M., Adams, R. B., Jr., Bahník, Š., Bernstein, M. J., . . . Nosek, B. A. (2014). Investigating variation in replicability: A "many labs" replication project. *Social Psychology, 45*, 142-152.

Klein, R. A., Vianello, M., Hasselman, F., Alper, S., Aveyard, M., Axt, J. R., ... Nosek, B. A. (2018). Many labs 2: Investigating variation in replicability across sample and setting. *Advances in Methods and Practices in Psychological Science, 1*, 443-490.

Nosek, B. A. et al. (2015). Promoting open research culture. *Science, 348*, 1422-1425.

岡 隆 (2016). 社会心理学の古典的研究　北村 英哉・内田 由紀子（編）社会心理学概論（pp. 1-15）　ナカニシヤ出版

Open Science Collaboration (2015). Estimating the reproducibility of psychological science. *Science, 349*, aac4716.

Ritchie, S. J., Wiseman, R., & French, C. C. (2012). Failing the future: Three unsuccessful attempts to replicate Bem's 'Retroactive Facilitation of Recall' effect. *PLoS ONE, 7*, e33423.

Simmons, J. P., Nelson, L. D., & Simonsohn, U. (2011). False-positive psychology: Undisclosed flexibility in data collection and analysis allows presenting anything as significant. *Psychological Science, 22*, 1359-1366.

Stanovich, K. E. (2013). *How to think straight about psychology* (10th ed.). Upper Saddle River, NJ: Pearson Education. (スタノヴィッチ, K. E. 金坂 弥起（監訳）(2016). 心理学をまじめに考える方法：真実を見抜く批判的思考　誠信書房)

竹澤 正哲 (2018). 心理学におけるモデリングの必要性　心理学評論, *61*, 42-54.

Yamada, Y. (2018). How to crack pre-registration: Toward transparent and open science. *Frontiers in Psychology, 9*, 1831.

第14章
人間知と実証的根拠に基づく公共政策

白岩祐子

　社会的認知や意思決定の場面において私たちが系統的な癖や逸脱といったバイアスを呈することを明らかにしたのは，社会心理学の主要な貢献の一つである。そうした成果はこれまで人間工学や行動経済学，さらには公共政策の分野で活用されてきた。本章はそれらの動向を概観するとともに，とくに「エビデンスを踏まえた政策立案（evidence-based policy making）」という新しい潮流に着目する。本章の目的は，実効性ある政策をデザインするために心理学の知見を活用するムーブメントがどのように生まれ発展してきたかを論じることによって，社会心理学の成果を他分野の視点から相対化することにある。そのうえで社会心理学と上記の潮流が今後直面すると思われる諸課題を検討し，社会心理学研究に期待される役割と展望を考察する。

1. 人間知の展開

　「正しい情報が与えられ，熟慮するための時間や能力さえあれば，私たちはつねに最適な選択肢を選びとることができる」。現在，このように考えている心理学者はおそらくいないだろう。人間は必ずしも規範的な存在ではない，という事実は心理学者にとってあまりに自明であったため，それ以上の展開が生まれることはなかった。しかし，この「発見」は隣接分野では驚きと関心をもって受け止められ，さまざまなムーブメントに発展してきた。本章では，人間の実態についての知識と洞察を「人間知」と呼び，主として心理学研究が生み出してきた人間知が社会でどう活用されてきたかを明らかにする。

　はじめに本節では認知バイアス，つまり系統的な癖や最適解からの逸脱に関する知見が，工業製品のデザインや経済活動の予測，選択肢の設計などの領域で活用されてきた状況を概観する。

［1］人間中心デザイン

　心理学実験でよく使われるストループ課題というものがある。赤や緑など，あらかじめ指定された色がパソコン画面に提示されたら，参加者はできるだけすばやく特定のキーを押さなければならない。このとき，たとえば「緑」という単語が「赤」の色で表示されるなど，表示色と単語の意味が矛盾する場合キー押しの速度は遅くなる。私たちは単語を目にするとその意味を自動的に読みとってしまうため，この意味情報による干渉を受けて色判定のキー押しが遅れてしまうのである。

　同様のことは日常的な生活空間でも起きており，私たちのスムーズな動作を妨げる要因となっている。たとえばドアの把手には紛らわしいものがある。長いハンドルが縦についたデザインは「これを掴んで引く」という直観を私たちにもたらすが，実際には押し出すタイプの扉だったりすることがある。やむをえず「押す」などの誘導プレートを貼ったとしても，ハンドルの外観がもたらす干渉効果を完全に打ち消すことは難しい。このことは，前掲したストループ効果の発生条件に照らせば明らかだろう。

　ユーザーを混乱させるこうしたドアをノーマン・ドアと言う。これは，私たちの直観に訴えかけるデザインと実際の機能との間に齟齬があるモノの総称であり，工学者，認知心理学者，またアップル社などでヒューマン・インターフェースの開発に携わったノーマン博士に由来している。ノーマン（Norman, 2013）は，モノの多くが人の実態（どんな存在か）ではなく作り手の規範や願望（こうあるべき，こうあってほしい）にあわせて作られているとして，デザインに携わるならばまず人を理解するところから始めるべきだと指摘した。ヒューマン・インターフェースの業界で彼の主張は人間中心デザイン（human-centered design）としてひろく知られている。

　人間中心デザインは，フィードバックやマッピングなど，人とモノとがスムーズに相互作用するための基本原則を生みだした。フィードバックとは，モノがユーザーの期待どおりに稼動していることを伝える機能である。エレベーターで階数ボタンを押したとき，赤ランプが点灯するなど何らかの変化が起こるからこそ，私たちはボタンを連打せずにすむのである。またマッピングとは，操作と結果のつながりを可視化する試みである。たとえば，広いオフィスや大教室の入口にはたくさんの電灯スイッチがあるが，どのスイッチがどの電灯に対応しているかはひとめ見て把握できないことがある。しかし電灯とスイッチの空間的配置を一致させておけば，そうした問題は起きないだろう。モノをうまく使いこなせないとき，私たちは自分に過失があると考えがちだが，人間中心デザインはこれをヒューマン・エラーではなくデザイン・エラー，すなわちモノをデザインする側の人間知の不足によるものと考える。

　規範的な人間観に照らせばバイアスは好ましくない現象であるため，これまではその解消や低減にむけた取り組みが行われてきた。これに対して人間中心デザインは，

人々がバイアスを呈することを所与と見なし，人ではなく環境のほうを改善しようとする発想からもたらされた。その影響は，工業・ウェブのデザインや商業活動一般（マーケティング）にとどまらず，公共政策の分野にまでひろがっている。

[2] 行動経済学・ナッジ

　人ではなく環境の側に働きかけるという発想は今や，人々の意思決定を本人や社会にとってプラスになるよう誘導することを目指す行政にまで波及している。これらのムーブメントは主として行動経済学から生まれ発展してきた。

　行動経済学は，経済活動を予測・分析するうえでとくにバイアスを考慮する学問である。依田（2011）によれば，規範的な人間像，つまり正しい情報が与えられれば最適な意思決定が下せるという人間観を前提にしてきた従来の経済学に対し，行動経済学は人がもつ限定的な合理性を中心に，規範的で最適な行動からのギャップを分析の中心に据える学問である。その萌芽は1940年代，政治学者であり認知心理学者でもあったハーバート・サイモンが著わした『経営行動』に見出すことができるが，経済学では1990年代から認知されはじめ，ダニエル・カーネマンがノーベル経済学賞を受賞した2002年前後に定着した。2017年，リチャード・セイラーが同賞を受賞すると，行動経済学は一躍経済学の主流の一つとなり現在に至る。「経済心理学」と呼ばれた時代もあったが今では上記が一般的な呼称となっている[1]。

　人が意思決定を下す環境，とくに選択肢の設計に注目し，これに働きかけることで本人や社会にとって望ましい結果を得ようとするアプローチをナッジと言う（nudge：注意・合図するため横腹をそっと押すこと）。行動経済学者であるセイラーとサンスティーン（Thaler & Sunstein, 2008）は，選択肢を構築する際に考慮するべき原則（nudges）として，インセンティブ（incentives），マッピングの理解（understand mappings），デフォルトの活用（defaults），フィードバック（give feedback），エラー予測と対策（expect error），そして複雑な選択肢の体系化（structure complex choices）の6つを挙げた。

　なかでも強力とされるデフォルトの力，つまり惰性と先送りによる現状維持に陥りがちな人の特性を逆手にとって，これを望ましい結果につなげようとする試みが行われている。もっともよく知られた取り組みは，セイラーとベナルチ（Thaler & Benartzi, 2004）が考案したSMarT制度（save more tomorrow：明日はもっと貯蓄しよう）に関わるものだろう。多くの人は経済的な余裕をもって老後を過ごしたいと願うが，何十年も先の暮らしのために今，欲しいものや娯楽を諦めることができるかと

1　カーネマンは行動経済学という呼称が心理学者らを締め出すものだとして，「応用行動科学」という新しい呼び名を提唱している（Kahneman, 2013）。

いえばそれも難しい。実際，ある企業の従業員の多くは，余裕のある老後を送るには低すぎる年金拠出率に甘んじていた。うち75％近くの人は，その事実を金融コンサルタントから伝えられてもなお手取りを減らすことを嫌がり，推奨された拠出率の引き上げを拒んだ。この人たちに，今度は昇給のタイミングと連動して拠出率を自動的に引き上げる（したがって手取りは変わらない）SMarT制度を提案したところ，78％の従業員が加入することに同意した[2]。

　3年後，コンサルタントとの面談自体を拒んだ従業員や，勧めに従って拠出率を引き上げた従業員に比べても，SMarT制度に加入した従業員の拠出率は平均13.6％ともっとも高くなっていた（上限は15％）。離脱者はほとんどいなかった。この効果は，入社時点でSMarT制度を自動加入とすることで（Madrian & Shea, 2001），つまり加入することをデフォルトとし，そこから抜けるには手続きを必須とするオプト・アウトの導入によって強化された。それまで人々の貯蓄を阻害していた現状維持バイアスが，ひとたび制度に加入した後は逆に，貯蓄行動を促進する方向に作用したわけである。この事例以後，アメリカ国内ではSMarT制度の導入が進み，2007年時点で大企業の39％が同様の制度を導入したという（Thaler et al., 2013）。この動きはイギリスなどアメリカ国外にもひろがっている。

［3］人間中心デザインとナッジの共通項

　人ではなくその環境に働きかけ，望ましい結果を引き出そうとしている点で，ナッジは人間中心デザインと同じ発想を共有している。実際，セイラーはノーマン・ドアの事例を取り上げて，講義中にこっそり抜け出そうとする学生と，直観に反した把手のある，教室に一つしかないドアとの格闘ぶりをユーモラスに語っている（Thaler et al., 2013）。バイアスの存在を前提として，モノのデザインから選択肢のデザインへと人間中心主義を展開したところにナッジの新しさがあると言えるだろう。

　もちろん社会心理学研究でも，環境面に働きかけることを通して，実際に問題が生じているフィールドで反社会的行動を減らしたり向社会的行動を増やしたりする試みは行われてきた。たとえば，国立公園内で禁止されている自然物の持ち帰りを減らすために（Cialdini et al., 2006），あるいはホテルの連泊客にタオルの再使用を促すために（Goldstein et al., 2008），効果的な注意喚起の方法が検証されてきた。後述するように，ナッジの先を見据えた「行動インサイト」と呼ばれる取り組みが実践されつつあり，そこでは上記のような社会心理学の研究成果も多く活用されている。

　今や社会心理学の一部領域と行動経済学は非常に近い分野となり，扱うテーマに

2　この時点では，直近のコストや利益に比べて将来のコストや利益を過小評価するバイアスが活用されている。

実質的な違いは見られなくなっている。ただし社会に及ぼしている影響力という点では，現在のところ主導権を握っているのは行動経済学のほうだろう。これに関して，経済学は心理学より高い信頼性と権威を社会から寄せられているからだ，との指摘がある（Kahneman, 2013）。そうした側面も否定できないが，これには双方の志向性の違いも関わっているように思われる。少なくとも近年の社会心理学が人間行動のニッチな発見，ディテールの目新しさを重視し，結果的に多くの tips を量産する方向に進んでいるのに対して，行動経済学のほうは，現状維持バイアスや損失回避などの限られたごく頑健な知見を用いて規模とインパクトの大きい研究を進め，成果を社会にわかりやすく伝えようとする傾向にある。分野外から見たときに，後者のほうが参照しやすいと感じるのも自然な流れだろう。

［4］行動インサイト

　近年，行動インサイト（behavioral insight）と呼ばれる新しい動向が生まれ，「ナッジの先」を目指す潮流として存在感を強めている。行動インサイトとは，人間知，つまり行動科学から引き出された人に対する洞察を意味している（Lunn, 2014）。その目的は，実証的に得られた成果を踏まえて政策を策定し，人々の福祉と幸福を改善することにあり（OECD, 2017），これは伝統的な公共政策の手段（規制，インセンティブ，情報提供・啓発など）を補完するものと位置づけられている。行動インサイトとは要するに，6 原則に集約されるナッジより幅広い人間知に基づいて，これを公共政策に活かそうとする新しい試みのことを言う。そこでは主として社会心理学の理論が活用されている。

　OECD（Organisation for Economic Co-operation and Development: 経済協力開発機構）は税，公共インフラ，環境問題，消費者保護，高齢化などの諸問題に取り組み，また各国政府のそうした対応を支援する国際機関であり，2019 年 9 月時点で 36 か国の先進諸国が加盟している。それらの国を中心に広範囲に及ぶ研究が行われてきた。OECD によれば，200 を超える組織や機関が公共政策に行動インサイトを活用しており，日本でも環境省が主催する「日本版ナッジ・ユニット（Behavioral Sciences Team: BEST）」や，横浜市の有志団体が展開する「行動デザインチーム（Yokohama Behavioral Insights and Design Team: YBiT）」などが行動インサイト活用組織として認定されている。このうち環境省主催の BEST は，「産・学・政・官・民にわたるオールジャパンの統合プラットフォーム」を合言葉に，人間知を踏まえた政策のアイデアや検証の進捗，成果などを共有する連絡会議を開催するなど近年活発な活動を行っている。連絡会議では，成功例だけでなく失敗例も積極的に報告されるなど，学術界より自由な取り組みが一つの特色となっている。

[5] 策定者の人間観と政策

　ここまで見てきた動向はすべて，人間を対象とする実証研究とその知見を重視する立場を基盤としている。

　公共政策が人間の行動を予測し，規制し，誘導するものである以上，政策の内容には多少なりとも策定者自身がもつ人間観が反映される。たとえば，人々の能力を過大評価する策定者であれば，その政策は放任度・自由度の高いものとなりやすく，人々が不適切な意思決定を下すリスクも高くなる。一例を挙げれば，アフターピル（望まない妊娠を防ぐ緊急避妊薬）の処方をめぐるアメリカの政策がこれに該当するだろう。アメリカでは2006年以降，18歳以上の女性であれば処方箋がなくとも薬局でアフターピルを購入することができる。性犯罪被害者など緊急措置を要する人がこれを手に入れやすくなり，また人々に選択の自由を保障する一方で，恒常的な使用による性病罹患や望まぬ妊娠など誤用のリスクも生じることになる。

　これとは逆に，人々の能力を過小評価する策定者であれば，政策は選択肢のない規制的・保護的なものとなりやすく，本当にこれを必要とする人の便宜や，経験から学ぶ機会・選択の自由などを人々から奪うことになる。現状の日本のアフターピル政策は後者のほうに該当すると言えるだろう。2017年に市販化が検討されたものの，「ユーザーの知識不足による安易な利用が懸念される」との理由から導入は見送られた。その翌年にはさらに手軽なオンライン処方を解禁する動きも見られたが，識者の反対に遭うなどして議論は今なお二転三転している。

　このように，策定者が人々の能力や傾向をどう評価しているかは政策の方向性をおのずから規定することになる。策定者の人間観が実態に即していればよいが，そうでない場合，政策は実効性を欠いたものになるか，状況をむしろ悪化させることにつながるだろう。そうした事態を避けるためには，策定者の先入観や過去の経験だけではなく，実証的根拠を踏まえて政策をデザインすることが求められる。政策が人の行動を予測し，先回りして規制したり誘導したりするものである以上，人に対する現実的な理解と洞察，そして，実証的根拠は不可欠である。

2. 政策策定プロセスにおける実証研究

[1] 実証的根拠を踏まえた政策

　高度に複雑化した予測の難しい現代社会において，策定者の過去の経験や先入観に頼ってよい政策をデザインすることには限界がある。その一方で，政策問題の背後には困窮している人をはじめとする複数の利害関係者が存在し，また多くの税金と労力が投入されることから，政策の推移と結果には厳しい吟味の目線が注がれる。この傾

向は，行政の説明責任が問われる昨今さらに強まっていると言えるだろう。政策を本格的に導入する前に，理想的には複数の実証研究を実施して，目指す効果は得られるか，望まぬ副次的効果はないか，もしあればそれは許容範囲におさまっているか，などを検証する必要がある。このようなプロセスを経て形成された政策を，エビデンスを踏まえた政策策定（evidence-based policy making[3]；以下 EBPM）と言う。

　従来の政策策定プロセスでも，現状分析の段階で調査やヒアリングなどは行われてきた（秋吉，2017）。調査やヒアリングはとくに策定プロセスの上流工程で不可欠である。ただし，絞り込まれた政策が本当に狙った効果をもちうるかは，政策を実施する文脈にできるだけ近い状況で実際に検証してみなければわからない。これを可能にするのは調査ではなく実験である。独立変数を操作して従属変数に与える効果を検証し，因果関係を特定する実験の手続きは，政策がもちうる効果を予測するために，あるいはすでに導入された政策の効果検証を行ううえで不可欠である。比較試験という考え方は，因果関係の厳密性がとくに問われる医療でははやくから実践されてきた。その後，より予測の困難な公共政策へも展開されるようになっている。

[2] フィールド実験

　群間比較という現在の実験計画法を考案したのは統計学者フィッシャーであるが，彼はフィールド（田畑）実験の語源になったとされる実験を行ったことでも知られている（Fisher, 1971）。農場試験場に勤務していた 1920 年代，フィッシャーは収穫量をさまざまな条件間で比較することを通して，無作為（ランダム）化をはじめとする主要な原則を見出した。

　今日ひろく行われている実験室実験はフィッシャーの編み出した実験計画法を踏襲しており，その強みは，介入・操作する変数以外の諸要因を無作為化によってコントロールしうるところにある。その反面，テーマによっては，大学生らを対象に人為的なセッティングのなかで得られた結果を，現実社会にそのまま適用できないところに弱点がある（Harrison & List, 2004）。公共政策についても同様であり，実験室実験で得られた知見をもとに策定された政策が，変数の海というべき現実世界で予測どおりに機能するとは限らない。政策を全面実施する前段階でフィールド実験，つまり実際に政策を適用する現場での実験，できれば無作為化比較試験を行うことにより政策の実効性を事前に明らかにし，本番での失敗リスクを下げることができる。

　アメリカやイギリスでは 1960 年代から，税制，雇用，電力，医療などに関連して大規模なフィールド実験が行われてきた。たとえば RAND 研究所は医療費の自己負担

---

[3]　evidence-informed policy making（EIPM）と言うこともある。

率を操作して，人々の受診行動や健康状態，医療費の総計や医療の質に及ぼす影響を15年にわたって検証した。その知見は現在でも医療行政で参照されている。90年代後半にフィールド実験はいったん下火となるが，その後オバマ政権下で実証的根拠が予算要求時に必須とされ，さらに2019年1月には「2018年エビデンスに基づく政策策定の基盤法」(Foundations for Evidence-Based Policymaking Act of 2018) が成立するに至っている。またイギリスでは，90年代後半のブレア政権下や，2010年以降のキャメロン政権下でEBPMを促進する部局が設置され，ここでは主として教育，貧困，福祉などに関わる政策が検討されてきた。

　日本の場合，実験，それもフィールドでの実験を政策プロセスに取り入れる動きは長らく医療行政や道路行政など一部に限られてきた。しかし近年，前掲した環境省のBESTや横浜市のYBiTなどが始動しているほか，各府省庁がナッジ・行動インサイトの実践やEBPMの予算を措置するなど，政策の根拠としての実証的知見を重視する流れは確実に進んでいる。2016年には「官民データ活用推進基本法」が制定され，官民が保有するデータの公開と活用に向けた取り組みもはじまった。その基本理念として，「データから得られた情報を根拠とする施策の立案によって効率的な行政を推進する」(3条3項)，と記されていることからも，EBPMの思想が国内で定着しつつあることは明らかだろう。

［3］国内の先駆的なフィールド実験

　政策策定において統計や実証を必須とする考え方そのものは，日本国内でもかなりはやい時期（少なくとも明治時代）から存在し，また実践されてきた。大隈重信は今の財務大臣にあたる職に在任中，ある政策を評価するには過去の別の政策がもたらした結果との比較が欠かせないと認識していた。1881年，その設立に尽力した統計院が設置され，大隈公は初代院長として自ら統計整備に乗り出していく。またこれと同時期，近代の実験計画法にほぼ準拠した形のフィールド実験がまさに帝国海軍で始まろうとしていた。都市部を中心に多くの死者を出し，「江戸煩い」と呼ばれていた脚気の治験である（岡村，2013）。

　この時代，脚気は依然として致死的な原因不明の病であり，治療法の発見と確立はとくに大勢の兵士を預かる陸海軍の急務であった。海軍軍医，高木兼寛は和食，それも精製された白米に原因があることを突き止める。海軍病院でのパイロット研究で確証を得た高木は，パン食への変更や予算膨張を厭う反対派を説き伏せて，およそ3年の歳月をかけて遠洋練習航海での比較試験にこぎつけた。兵食を従来通り和食とした統制艦の罹患者は138名（うち死亡22名），洋食を中心とした実験艦は罹患者15名（死亡者なし）となり，高木の仮説は裏づけられた。しかしこの結果をまとめた論文は，

従来の脚気・細菌説に固執する陸軍軍医団からの強い批判を受ける。森林太郎（鴎外）も批判者の一人であった。実験艦にも和食中心の統制群を設けるべきで，高木の比較試験は完全には無作為化されていない，というのがその主たる理由であった[4]。

　この批判には実際どれほどの妥当性があるのだろうか。ファーリントンら（Farrington et al., 2002）は，犯罪予防政策の効果検証について，その厳密さを把握するための基準を示している。犯罪予防の分野で無作為化比較試験を実施するには医療と同程度の困難がつきまとう。犯罪は人為的に起こすことができないため自然発生的に生じた事件を扱うことが多くなるし，人の生命・身体に深刻な影響を与える問題だからである。こうした事情から自然実験を含むさまざまなレベルの実証的検討が行われ，また検証の厳密性を判定する簡易基準が開発された。この基準で判定されるのは，【レベル1】介入の強度と犯罪発生の相関関係，【レベル2】犯罪発生率における介入前後の比較，【レベル3】比較可能な統制条件を併用した介入前後の比較，【レベル4】実験群と統制群それぞれで複数行われる前後比較，【レベル5】完全な無作為化比較試験の5水準であり，このうちレベル3以上が推奨されている。

　1884年に行われた海軍フィールド実験は，脚気という致死性の疾患を対象としているため前後比較こそ行われていないが，統制条件は設けられていたことから上記基準のうちレベル3には相当していると言える。もちろん完全な無作為化比較試験ができればそれに越したことはないが，政策固有の事情や現実的な制約が存在する場合，実施者はできる範囲内で最善を尽くすよりほかに仕方がない。もし陸軍軍医団が先入観を排してこの結果を考慮し，追試などを行っていれば，「銃弾より多くの生命を奪った」と言われる脚気による死者は，その後大幅に減らすことができていたかもしれない。結局，陸軍が白米の代わりに麦飯を導入したのは，海軍から遅れて30年後の1913年のことであった。厳密な手続きはもちろん重視されるべきだが，そのために政策問題の解消が遅れるとすれば，それは本末転倒と言わざるをえない。厳密さの水準は，主題がもつ緊急性とフィールドの特性に応じて柔軟に決定される必要があるだろう。

　一人の海軍軍医がこの実験にこぎつけるまでに経験した苦難はまた，外部の人間が独力でフィールド実験を行うことの難しさを示唆している。この事情は現代も変わっていない。現場の理解と承諾・協力を得るために多大な労力と時間を割かねばならないフィールド実験固有の事情は，応用志向性のある研究者がフィールドに進出しようとする際の大きな障壁になっている。これらの困難を少しでも低減しながら実証的根拠を踏まえた政策プロセスを実現するには，多くの裁量をもつ行政が実験の立案から

4　致死性疾患の治験で同一艦に統制群を設けるのは，人道的な見地から躊躇するものだと岡村（2013）は指摘している。

実施，分析までを一貫して行う行政実施型か，官学が協同し役割分担して一連の作業を遂行する分担実施型のいずれかを採用することが有効だろう。国内では公務員の効率化が進められてきたことや，採用試験では必ずしも行動科学の素養が問われないこと，また定期的な人事異動があって専門特化するのが難しいことを踏まえると，官学による分担実施型が今のところは現実的な道と言えるかもしれない。

［4］　人間知を踏まえたフィールド実験

　件数はまだ限られるが，官学による分担実施型のフィールド実験が近年行われつつある。以下に紹介する事例は，さらに産業界も加わった官学産の分担実施型フィールド実験であり，前節で挙げた行動インサイトを活用している点も特徴となっている。

　これは，2011 年に発生した福島原子力発電所の事故により電力政策の見直しが要請されるなか，経済産業省などが支援し，各自治体と電力会社，メーカー各社，そして行動経済学者（依田・田中・伊藤，2017）が主導した一連の社会実験である。ここでは 2014 年夏に横浜市で行われた検証の一部をレビューする。電力供給がとくに逼迫する昼間の使用を抑制するために料金を上げ，逆に夜間は料金を下げて需要を喚起することで全体の使用量をフラットにする試みを，ダイナミック・プライシング（変動型料金）と言う。この実験では，ダイナミック・プライシングへの契約切り替えを人々に促すための方策が検討された。

　実験への参加意思を表明した世帯のうち，インターネット環境などの適格性を満たした世帯を無作為に 4 群化し，【実験群 1】手続きすることでダイナミック・プライシングに変更できる，【実験群 2】実験群 1 に加え，前年度並みの電力使用であればどれほど節約効果を見込めるかが情報提示される，【実験群 3】実験群 2 に加えて，ダイナミック・プライシングへの切り替え時に 6 千円の報奨金が払われる，そして【統制群】何も処置しない群のいずれかに振り分けた。ダイナミック・プライシングへの変更率を 3 つの実験群間で比較すると，実験群 1 は 16%，実験群 2 は 31%，実験群 3 では48% と順次増えていく傾向が確認された。

　この検証の一つの目的は，現状維持バイアスに打ち克つ方策を明らかにすることであった。現状維持バイアスは，他に望ましい選択肢があるとわかっていても，心理的なスイッチング・コストが邪魔をして現状を維持してしまうバイアスである。人々が現状に固着する傾向は強く，これを打破する方策としては，年金拠出事例のようにデフォルトを変える方法が活用されてきた。横浜市で行われたフィールド実験は，何も手当てされない場合ダイナミック・プライシングへの切り替え率は低調であること，つまり現状固着とデフォルトの強さを改めて示すとともに（実験群 1），インセンティブのようにデフォルトを変える以外のやり方でもある程度は現状維持を減らせる（実

験群 2, 3) ことを明らかにするものだろう。

[5] フィールド実験の意義と限界

　フィールドで人間知を踏まえた比較試験を行う際，留意しておくべき事項がいくつかある。そのうちの一つは，政策や介入の効果を特定できたとしても，フィールド実験はそのメカニズムまでを必ずしも明らかにするものではない，ということである。参照する心理学の理論的背景やメカニズムについては，調査や実験室実験の段階で精緻化しておくことが望ましい。また実験参加が任意であり，「やる気」のある参加者に限定される以上，結果を一般化するうえでは一定の留保を置く必要がある。調査や実験室実験がそうであるように，たとえ無作為化されたフィールド実験であっても，サンプルから母集団を推計する際には誤差がつきまとう。フィールド実験は誤差を減らすがゼロにはしないことに留意する必要がある。さらに，特定の政策や介入が長い時間をかけて社会にもたらす変化は，フィールドでの検証をもってしても把握することが難しい。そうした変化が副次的・間接的なものであればなおさらである。中短期的なスパンでは測定できない事柄があると認識しておくことも必要だろう。

　以上見てきたように，フィールド実験にも制約があり，またつねに完全な無作為化ができるわけではないという限界もある。このことを考慮してもなおフィールド実験は，特定の政策が狙った効果を発揮するかどうかについて有益な情報を与えてくれる手続きと言える。とくに人間知を踏まえたフィールド実験は，政策策定プロセスにおける有力な手段として今後ますます重用されることになるだろう。

3. 課題と展望

　本章ではここまで認知バイアス，すなわち系統的な癖や最適解からの逸脱を中心に社会心理学が蓄積してきた知見が，工業デザインや選択肢の設計場面で活用されてきたことを概括した。さらに，国や地方自治体に対する効率化・透明化の要請の高まりなどを推進力として，実証的根拠に基づいた政策策定のプロセスが重視されつつあること，その有力な手段の一つであるフィールド実験では，バイアスをはじめとする人間知が活用されていることを略言した。これらのムーブメントは，人が示す固有のバイアスを所与と見なし，それを解消するのではなく環境の側を変化させることで，個人や社会にとって望ましい意思決定を導こうとしている点に特徴がある。

　本章の最後に，こうしたムーブメントが今後迎えるであろう展開と課題，そして，そのなかで社会心理学研究に求められる役割について考察したい。ここでは論点を，価値判断の重要性，ナッジの限界と行動インサイトの意義，ナッジが依拠する理論の

枯渇，の 3 点に絞る。

[1] 価値判断

　政策問題では価値判断，ものごとの優先順位づけと取捨選択が不可避である。政策問題は本質的に相反性，利害の対立を内包している。政策によって新しい価値が実現されれば，その一方で古い価値が毀損されることは避けられない。それぞれの価値を重視する立場からすれば，それぞれの価値を実現し維持することが正義であるが，そうしたローカルな正義をよりメタな視点から重みづけ，選び取ることが政策には求められる。この局面において実証研究にできることはほとんどない。それは実証研究が，どうあるべきか（規範）ではなく，どうなっているか（実態）を記述することに強みをもつ手段だからである。デフォルトの威力を実証したある研究をもとにこの点を掘り下げてみたい。

　年金の自動加入・増額制度（SMarT 制度）と並んでよく知られているデフォルト研究が，臓器移植政策の自然実験（Johnson & Goldstein, 2003）である。日本では 2010 年の法改正以前，臓器ドナーになるには，本人による明確な意思表示と家族の同意が必須とされていた。ここで採用されていたのは，同意しないことをデフォルトとし，同意する場合に手続きを要するオプト・インと呼ばれる方式である。対してヨーロッパの一部の国では 80 年代以降，脳死者・心臓死者からの移植件数を増やすためにオプト・アウト方式へのデフォルト変更が行われた。つまり同意がデフォルトで，不同意の場合に手続きを要する方法であり，これは推定同意方式とも呼ばれている。

　これらのデフォルト変更に着目し，各方式による臓器提供の同意率を比較したところ，結果は劇的なものとなった。イギリス，ドイツ，オランダなど，オプト・インを採用する国の同意率が 4～28％にとどまるのに対して，フランス，ベルギー，ポーランドなど，オプト・アウトを採用する国の同意率はほぼ 100％に達していた。前者のうち 28％という比較的高いオランダの同意率は，制度創設時に大規模な啓発活動が実施されたためであり，それでもコストゼロのオプト・アウトには遠く及ばない結果となっている。デフォルトのもつ力はこのように甚大であるとして，研究者は考察で，アメリカでもオプト・アウト方式を導入することを推奨している。

　しかし，政策問題はもっと複雑なものである。元来，脳死というきわめて人為的な新しい死の概念が，心臓死という従来の死の境界を侵犯する形で持ち込まれるに至ったのは，主として医療技術の発達と，心臓死後では移植可能な臓器が限られてしまうという現実的な要請を受けてのことであった。「死」の定義をめぐるこうした本質的な問題のほかにも，ドナーカードを持っていると救命がおろそかになるといった懸念や，現在の脳死判定基準が不完全であるために，移植時にドナーが痛みを感じるなど

意識や感覚が残っている——実際にドナーが血圧上昇と頻脈を示す事例は少なくなく，麻酔の使用が常態化している——可能性があること，現在の国内の死因究明制度の不備とあいまって，殺害された被虐待児がドナーになるという美名のもとで犯罪が隠蔽される懸念など問題は山積している。推定同意方式を導入すれば，ドナー候補者の不足という問題は解消されるかもしれないが，それ以外の問題は顕現化・深刻化することになるだろう。

　公共政策が守るべき価値は一つではない。この点が政策問題の難しさである。実証的根拠は個々の政策の有効性を示唆してくれるものであるが，複数ある価値のうちどれをより重んじるべきかを教えてくれるものではない。実証研究によって，それまで見過ごされてきた価値に焦点を当て，新しい論点を提起したり，個々の政策の有効性に関する情報を入手したりすることはできる。しかし複数の価値を総合的に考慮し，調整し，痛みとともにいずれかを選び取る決定は実証研究の及ばない領域である。政策に言及する場合，研究者が自身のデータの意義とともにその有限性も知っておくことは必要だろう。

[2] ナッジの限界と行動インサイトの意義

　デフォルトがもつ力は確かに強大である。そのことは前掲した事例からも明らかだろう。デフォルトをはじめとするナッジが，人々の自由を損なわず浅薄な意思決定を減じる手段であり，個人と社会に福利をもたらす効果的な設計の一つであることには疑いの余地がない。しかし，すでに述べたように政策問題は複雑さを内包した本質的にやっかいなものであり，単に選択肢をよりよく設計するだけでは対処できない問題，枠組みそのものの再考と，より抜本的な対応とを要する問題があることも事実である。デフォルトは人が意欲や動機，あるいは認知資源を欠く状況でとくにその効果を発揮するが，学習したり試行錯誤することそれ自体に意味があったり，責任ある主体的な判断が求められたりする局面では多くの場合無力である。こうした問題に対してはナッジ以上のことが必要となる。

　この点に関しては，リマインダーや社会的比較，社会規範など，前述した行動インサイト以外のツールが有効になるだろう。これらは教育的なナッジとも呼ばれている（Sunstein & Reisch, 2019）。ブースト（boosts）という考え方も同様の問題認識を前提としている。ブーストとは，人々が元々もっている意思決定能力を拡張・涵養することで，状況が変わっても対応可能な行為者性を訓練することを重視する考え方である（Hertwig & Grüne-Yanoff, 2017）。望ましい選択・決定に導く効果の強さを優先するか，あるいは教育的な効果を重視するか，政策の目的に応じてふさわしいツールを選ぶことが次の段階では求められるだろう。

[3] ナッジの理論的枯渇

　ナッジや行動経済学が参照している社会心理学の知見には，実はさほどのバリエーションがなく，現状維持バイアスなど，限られた知見や理論が繰り返し活用されているのが現状である。実際，経済学系論文が引用している社会心理学系論文は 2008 年以前に刊行されたものにほぼ限られており，このことは，複数の研究の裏づけを得た比較的古い理論が集中的に参照されていることを示している（亀田, 2020）。行動経済学やナッジは，心理学の主要理論を重要な問題群にひととおり適用し尽くしたあとは，遠からず縮小していく運命にあるのだろうか。こうした見通しに対して亀田（2020）は，なお検討の余地を残しているテーマがあると指摘する。それは，これまで頑健と見なされてきた各種バイアスの発生境界条件を検討することである。たとえば現状維持バイアスの発生境界条件は必ずしも明瞭になっているわけではない。実際，ナッジを活用した研究のなかには，予測どおりの結果を得ていないものが一定数あり，それらの理論的解明は避けて通れない課題としてひろく認識されている。これらの応用研究は否応なく，基本に立ち返ることを余儀なくされるだろう。

　心理学の立場からは，基礎的な検討はいつの時代でも不可欠であり，その重要性は他分野の動向や社会の要請に左右されるものではない，との意見が提出されるかもしれない。その趣旨には筆者も賛同するが，社会心理学は他分野や社会からのニーズに対してもっとオープンであるべきではないか，という思いもまた打ち消しがたく抱いている。社会心理学の理論がこれほどひろく活用されている外部にも目を向け，外部の視点をもって自分野を見つめることは，この分野を相対化し，その強みを伸長することにつながるだろう。本章がそうした役割の一端を担うことができれば幸いである。

引用文献

秋吉 貴雄（2017）．入門公共政策学：社会問題を解決する「新しい知」　中央公論新社

Cialdini, R. B., Demaine, L. J., Sagarin B. J., Barrett, D. W., Rhoads, K., & Winer, P. L. (2006). Managing social norms for persuasive impact. *Social Influence, 1*, 3-15.

Farrington, D. P., Gottfredson, D., Sherman, L. W., & Welsh, B. C. (2002). The Maryland scientific methods scale. In L. W. Sherman, D. P. Farrington, B. C. Welsh, & D. L. Mackenzie (Eds.), *Evidence-based crime prevention* (pp. 13-21) New York, NY: Routledge.（シャーマン，L. W. 他（編集）津富 宏・小林 寿一（監訳）（2008）．エビデンスに基づく犯罪予防（pp. 13-22）　財団法人社会安全研究財団）

Fisher, R. A. (1971). *The design of experiments.* New York, NY: Hafner.

Goldstein, N. J., Cialdini, R. B., & Griskevicius, V. (2008). A room with a viewpoint: Using social norms to motivate environmental conservation in hotels. *Journal of Consumer Research, 35*, 472-482.

Harrison, G. W., & List, J. A. (2004). Field experiments. *Journal of Economic Literature, 42*,

1009-1055.

Hertwig, R., & Grüne-Yanoff, T. (2017). Nudging and boosting: Steering or empowering good decisions. *Perspectives on Psychological Science, 12*, 973-986.

依田 高典（2011）．行動経済学：感情に揺れる経済心理　中央公論社

依田 高典・田中 誠・伊藤 公一朗（2017）．スマートグリット・エコノミクス：フィールド実験・行動経済学・ビッグデータが拓くエビデンス政策　有斐閣

Johnson, E. J., & Goldstein, D. (2003). Do defaults save lives? *Science, 302*, 1338-1339.

Kahneman, D. (2013). Preface. In E. Shafir, (Ed.), *The behavioral foundations of public policy* (pp.vii-ix). Princeton, NJ: Princeton University Press.（シャフィール，E.（編）白岩 祐子・荒川 歩（監訳）（2019）．行動政策学ハンドブック：応用行動科学による公共政策のデザイン（pp. vii-x）　福村出版）

亀田 達也（2020）．行動科学の視点から見た行動経済学　日本労働研究雑誌, *714*, 28-38.

OECD (2017). *Behavioral insights and public policy: Lessons from around the world.* Paris: OECD Publishing.（OECD 齋藤 長行（監訳）濱田 久美子（訳）(2018)．世界の行動インサイト：公共ナッジが導く政策実践　明石書店）

岡村 健（2013）．軍艦「筑波」：偉大なる航海（上）（下）．福岡南ロータリークラブ月刊誌, *653*, 1-10; *654*, 3-15.

Lunn, P. (2014). *Regulatory policy and behavioral economics.* Paris: OECD Publishing.（ラン，P.齋藤 長行（訳）(2016)．行動公共政策：行動経済学の洞察を活用した新たな政策設計　明石書店）

Madrian, B. C., & Shea, D. F. (2001). The power of suggestion: Inertia in 401(k) participation and savings behavior. *Quarterly Journal of Economics, 116*, 1149-1187.

Norman, D. A. (2013). *The design of everyday things* (revised and expanded edition). New York, NY: Basic Books.（ノーマン，D. A. 岡本 明・安村 通晃・伊賀 聡一郎・野島 久雄（訳）(2018)．増補・改訂版誰のためのデザイン？：認知科学者のデザイン原論　新曜社）

Sunstein, C. R., & Reisch, L. A. (2019). *Trusting NUDGES: Toward a bill of rights for nudging.* London: Routledge.

Thaler, R. H., & Benartzi, S. (2004). Save more tomorrow: Using behavioral economics to increase employees saving. *Journal of Political Economy, 112*, S164-S187.

Thaler, R. H., & Sunstein, C. R. (2008). *Nudge: Improving decisions about health, wealth, and happiness.* New Haven, CT: Yale University Press.（セイラー，R. H.・キャス・サンスティーン，C. R. 遠藤 真美（訳）(2016)．実践行動経済学：健康，富，幸福への聡明な選択　日経 BP 社）

Thaler, R. H., Sunstein, C. R., & Balz, J. P. (2013). Choice architecture. In E. Shafir (Ed.), *The behavioral foundations of public policy* (Chap. 25, pp. 428-439). Princeton, NJ: Princeton University Press.（シャフィール，E.（編）白岩 祐子・荒川 歩（監訳）(2019)．行動政策学ハンドブック：応用行動科学による公共政策のデザイン（pp. 574-591）　福村出版）

索　引

事項索引

人名・団体索引

執筆者紹介 (*編者)

唐沢かおり* 東京大学大学院人文社会系研究科教授 まえがき・第1章
宮本 聡介 明治学院大学心理学部教授 第2章
田戸岡好香 高崎経済大学地域政策学部准教授 第3章
尾崎 由佳 東洋大学社会学部教授 第4章
橋本 剛明 東洋大学社会学部准教授 第5章
北村 英哉 東洋大学社会学部教授 第6章
橋本 博文 大阪市立大学大学院文学研究科准教授 第7章
柳澤 邦昭 神戸大学大学院人文学研究科講師 第8章
阿部 修士 京都大学こころの未来研究センター准教授 第8章
堀毛 一也 東洋大学人間科学総合研究所客員研究員・岩手大学名誉教授 第9章
谷辺 哲史 新潟大学人文学部科学技術振興研究員 第10章
池田 浩 九州大学大学院人間環境学研究院准教授 第11章
鈴木 貴之 東京大学大学院総合文化研究科教授 第12章
藤島 喜嗣 昭和女子大学人間社会学部教授 第13章
白岩 祐子 埼玉県立大学保健医療福祉学部准教授 第14章

社会的認知
現状と展望

2020 年 11 月 10 日　初版第 1 刷発行　　定価はカヴァーに
2022 年 4 月 20 日　初版第 2 刷発行　　表示してあります

編　者　唐沢かおり
発行者　中西　　良
発行所　株式会社ナカニシヤ出版
〒606‑8161　京都市左京区一乗寺木ノ本町 15 番地
Telephone　075‑723‑0111
Facsimile　075‑723‑0095
Website　http://www.nakanishiya.co.jp/
Email　iihon-ippai@nakanishiya.co.jp
郵便振替　01030‑0‑13128

装幀=白沢　正／印刷・製本=亜細亜印刷株式会社
Copyright © 2020 by K. KARASAWA
Printed in Japan
ISBN978‑4‑7795‑1507‑1 C3011